BIBLIOTHÈQUE THÉOSOPHIQUE

ÉTUDE

SUR

LA CONSCIENCE

PAR

ANNIE BESANT

TRADUIT DE L'ANGLAIS

DEUXIÈME ÉDITION

PARIS

PUBLICATIONS THÉOSOPHIQUES

81, RUE DAREAU (XIVᵉ)

1918

La Bibliothèque Théosophique se compose d'ouvrages publiés par les soins du *Comité de Publications Théosophiques*, 4, Square Rapp, Paris, VIIe.

BIBLIOTHÈQUE THÉOSOPHIQUE

ÉTUDE

SUR

LA CONSCIENCE

PAR

ANNIE BESANT

TRADUIT DE L'ANGLAIS

DEUXIÈME ÉDITION

PARIS

PUBLICATIONS THÉOSOPHIQUES

81, RUE DAREAU (XIV°)

1918

AVANT-PROPOS

Le but de ce livre est d'aider l'étudiant dans
l'étude de la croissance et du développement de
la conscience, en lui suggérant quelques idées
qui pourront lui être utiles. Il ne prétend pas
être une exposition complète, mais plutôt, comme
son sous-titre l'indique, une contribution à
l'étude de la psychologie. Des matériaux beaucoup plus importants que ceux actuellement en
notre possession seraient nécessaires pour former une exposition complète d'une science aussi
importante que celle qui a pour objet le développement de la conscience. Ces matériaux commencent à s'accumuler entre les mains d'étudiants sérieux, mais jusqu'ici aucun effort n'a

été tenté pour les grouper systématiquement en un tout coordonné.

Dans ce livre, je n'ai rassemblé qu'une petite partie de ces matériaux, espérant que cela pourrait être utile à quelques-uns de ceux qui étudient l'Evolution de la conscience, et que cela pourrait aussi servir de base à l'édifice qui doit s'élever un jour. Certainement il faudra un architecte bien habile pour dresser le plan du Temple de la Connaissance, et des maîtres maçons très adroits pour mener à bien les travaux de construction.

Qu'il nous suffise pour l'instant de faire le travail des apprentis, et de préparer les pierres brutes, afin que des ouvriers plus expérimentés puissent s'en servir un jour.

ANNIE BESANT.

INTRODUCTION

L'étude du développement de la conscience chez des êtres qui ont pour champ d'évolution un Système solaire est une tâche pleine de difficultés, et pour le moment nous ne pouvons espérer en comprendre qu'une très faible partie, tant la nature en est complexe ; mais il nous est possible de l'étudier de telle manière que nous arriverons à combler les lacunes de notre savoir, en même temps que nous obtiendrons une esquisse générale assez claire, qui nous guidera par la suite dans notre travail.

Cependant il nous serait impossible de tracer cette esquisse d'une façon qui satisfasse à notre intelligence, si nous ne considérions au préalable notre Système solaire dans son ensemble, et si nous ne cherchions à nous faire, une idée, si vague soit-elle, des « commencements » dans un tel Système.

§ 1. — ORIGINES

Nous savons que la matière qui constitue notre Système solaire se présente sous sept grandes formes particulières ou plans ; l'évolution normale de l'humanité se poursuit sur trois de ces plans — le plan physique, le plan émotionnel ou astral et le plan mental — qu'on appelle souvent « les trois mondes » les Triloki ou Tribhouvanam bien connus de la cosmogonie hindoue. C'est sur les deux plans supérieurs, plans spirituels de sagesse et de pouvoir, les plans boud. dhique et àtmique, que se poursuit l'évolution spécifique de l'Initié après la première des grandes Initiations. Ces cinq plans constituent le champ d'évolution de la conscience, jusqu'au jour où l'humanité ira se fondre dans la Divinité. Les deux plans au-dessus des cinq représentent la sphère d'activité divine qui entoure et enveloppe tout, et d'où se déversent toutes les énergies divines qui vivifient et soutiennent le système en entier. Ces plans échappent pour le moment à notre compréhension, et il est probable que les quelques informations qui nous ont été données à leur sujet sont à peu près tout ce que nos capacités si limitées nous permettent de saisir. Ce sont, nous dit-on, les plans de la Conscience divine ; c'est sur ces plans que se manifeste le Logos ou trinité divine des Logoï ; c'est de là qu'Il apparaît dans toute sa splendeur, sous la forme du Créateur, du Préservateur et du Destructeur, évoluant un univers, le soutenant durant sa période d'existence, et le réabsorbant en Lui-même lorsque la dernière heure de cet univers a sonné. On nous a donné aussi les noms de ces deux plans : le moins élevé est l'Anoupâdaka, celui sur lequel « aucun véhicule n'a encore été formé » (1) ; le plan supérieur est l'Adi, « le premier », la base et le soutien de l'univers, la source à laquelle il puise sa vie. Nous avons ainsi les sept plans d'un univers, d'un Système solaire, et nous pouvons les séparer en trois groupes distincts : (1) Le champ de manifestation du Logos seul ; (2) le champ de l'évolution supra-normale, celle de l'Initié ; (3) le champ de l'évolution élémentale, minérale, végétale, animale et humaine normale ; ou, en

---

(1) Tirée du *Pranava-vâda*, un manuscrit qui n'a jamais été publié.

présentant ceci sous la forme d'un tableau :

I Adi	⎫ Champ de manifestation du
II Anoupâdaka	⎭ Logos seul.
III Atmique	⎫ Champ de l'évolution hu-
IV Bouddhique	⎭ maine supra-normale.
V Mental	⎫ Champ de l'évolution miné-
VI Émotionnel	⎬ rale, élémentale, végétale,
VII Physique	animale et humaine nor-
	⎭ male.

Supposons que nous considérions les deux plans les plus élevés avant la formation du Système solaire. Nous pouvons par exemple imaginer que le plan Adi est constitué par une certaine quantité de la matière de l'espace — symbolisée par des points — quantité que le Logos a fixée pour former la base du système qu'Il est en train de construire. De même qu'un ouvrier choisit les matériaux nécessaires à son travail, le Logos choisit l'emplacement de Son univers et les matériaux qui doivent entrer dans sa construction. Nous pouvons imaginer que le plan suivant, l'Anoupâdaka — symbolisé par des traits — est formé de cette même matière de l'espace modifiée par Sa vie individuelle, colorée, pour

employer une métaphore appropriée, par Sa conscience qui anime tout ; de sorte que, dans une
certaine mesure, ce plan diffère du plan correspondant dans un autre Système solaire.

On nous dit également que le processus suprême de ce travail préparatoire peut être repré-
senté par des symboles ; de ces symboles, on
nous en a donné deux groupes. L'un représente
la triple manifestation de la Conscience du Logos ;
l'autre, le triple changement dans la matière,
correspondant à la triple Vie, les aspects « Vie »
et « Forme » des trois « Logoï ». On peut les pla-
cer côte à côte, comme événements simultanés :

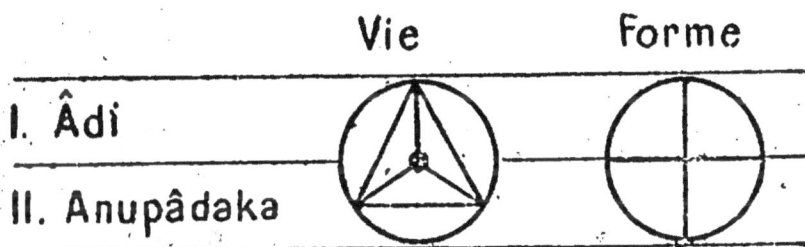

	Vie	Forme
I. Âdi		
II. Anupâdaka		

Dans le premier symbole, le symbole de la
Vie, nous voyons le point primitif dans le centre
du cercle, le Logos, l'Un, dans la sphère de matière extrêmement subtile qui L'entoure, limite
qu'Il s'est imposée et dans laquelle Il s'enferme
dans le but de Se manifester, d'émaner des profondeurs des Ténèbres.

Pourquoi trois Logoï? se demandera-t-on au premier abord.

C'est là un des problèmes les plus ardus de la métaphysique et l'expliquer, même succinctement, demanderait un volume tout entier ; nous allons cependant montrer comment, par un raisonnement minutieux, nous pouvons arriver à le résoudre.

Si nous analysons tout ce qui existe dans l'univers, nous arrivons à la grande généralisation suivante : « Tout est séparable en « Moi » et « Non-Moi », en « Soi » et « non-soi » ; et chaque objet séparé prendra place dans l'une ou l'autre de ces deux grandes catégories du « Soi » et du « non-soi ». Tout ce qui existe dans l'univers doit se ranger dans l'une ou l'autre de ces deux divisions. Le Soi est la Vie, la Conscience ; le non-soi est la matière, la forme. »

Nous voici donc en présence d'une dualité. Mais les deux choses qui constituent cette dualité ne sont pas deux choses séparées, indépendantes, sans rapports mutuels ; au contraire, il y a entre elles une relation continue ; sans cesse elles s'attirent, puis se repoussent, s'identifiant l'une avec l'autre et se répudiant tour à tour ; ce jeu continuel constitue l'univers toujours changeant. Nous avons donc une trinité au lieu d'une dualité : le Soi, le non-soi, et la relation qui existe entre eux deux.

L'univers entier se résume en cette trinité ; toutes les choses, toutes les relations, existantes ou possibles, tout se résume en elle ; et nous en arrivons à la conclusion que le nombre trois, la Trinité, forme la base de tous les univers pris dans leur ensemble et de chaque univers en particulier (1).

Voilà l'explication de cette triplicité dans la manifestation du Logos dans un système ; et voilà pourquoi, lorsqu'il s'épanouit dans trois directions vers la circonférence du cercle de la matière pour revenir ensuite sur lui-même, le point, « l'Un », se manifeste à chaque point de contact avec cette circonférence sous un aspect différent, chacun de ces aspects étant une des trois expressions fondamentales de la Cons-cience : Volonté, Sagesse et Activité, la Triade ou Trinité divine (2). En effet, lorsque le Soi

_____

(1) L'étudiant devrait lire avec soin *Science of Peace*, de Bhagavân Dâs, ouvrage dans lequel ces questions métaphy-siques ont été très heureusement traitées et avec une préci-sion rare.

(2) Ou bien encore : « Pouvoir-Sagesse-Amour » une autre façon de rendre cette idée de triplicité ; mais dans ce cas l'Activité est mise de côté, et l'Amour se trouve répété, à moins qu'amour ne soit pris dans le sens d'activité, car en réalité l'Amour est essentiellement actif. Il me semble que la Sagesse et l'Amour sont un seul et même aspect de la conscience ; ce

Universel, le Pratyag-Atmâ, le « Soi intérieur » pense au « non-soi », il S'identifie avec ce non-soi, partageant avec lui son Être même : c'est l'Activité divine, Sat, l'Existence prêtée à la non-existence, l'Intelligence universelle. Lorsque le Soi se réalise lui-même, il devient la Sagesse, Chit, le principe préservateur. Lorsque le Soi, se séparant du non-soi, se replie sur lui-même, en sa propre nature, il devient la Félicité : Ananda, délivré de toute forme.

Le Logos de chaque univers particulier reproduit cette *Soi-Conscience* universelle. Dans Son Activité, Il est l'Intelligence Créatrice, Kriyâ, qui correspond au Sat universel — c'est Brâhmâ pour les Hindous, le Saint-Esprit pour les Chrétiens, Binah dans la Kabbale. Dans Sa Sagesse, Il est la Raison préservatrice et ordonnatrice, Jñâna, qui correspond au Chit universel — c'est pour les Hindous, Vishnou ; le Fils pour les Chrétiens ; Chochmah dans la Kabbale. Dans Sa Félicité, Il est le Destructeur des formes, la Volonté : Ichchâ, l'Ananda universel — c'est le Schivâ, des Hindous, le Père, des Chrétiens, Kéther dans la Kabbale.

qui se manifeste au delà de la Sagesse, c'est-à-dire la réalisation de l'Unité, se manifeste dans le monde des formes en Amour, cette force attractive qui conduit à l'Unité dans un monde d'êtres complètement séparés.

Dans chaque univers nous trouvons ainsi ces trois Logoï, ces trois Êtres qui créent préservent et détruisent leur univers ; chacun d'Eux, dans sa fonction dans l'univers, se manifeste sous un aspect spécial, dominant, auquel les deux autres sont subordonnés, quoique naturellement toujours présents. C'est pour cette raison que le Dieu manifesté nous est présenté sous forme d'une Trinité. Si nous joignons ces trois aspects ou phases de manifestation par leurs points extrêmes de contact avec le cercle, nous obtiendrons le triangle basique, en contact avec la matière, et ce triangle, avec les trois triangles formés par les lignes que trace le point dans son épanouissement, nous donne le Tétraktys divin, appelé souvent le Quaternaire cosmique; les trois Aspects divins en contact avec la matière et prêts à créer. Les Aspects, dans leur totalité, constituent l'Ame suprême (1) du Cosmos à venir. Examinons d'abord les effets de ces Aspects quant à la forme, et voyons de quelle manière la matière y répond. Il est clair que ces Aspects ne sont pas dus au Logos d'un système ; ils sont les correspondances du Soi universel dans la matière. L'aspect Félicité, ou Volonté, impose à la matière une qualité : l'inertie, Ta-

(1) Emerson.

mas, le pouvoir de résistance, la stabilité, le
calme. L'aspect Activité lui confère la faculté d'action, Râjas, ou le mouvement. Enfin l'aspect Sagesse lui donne le Rythme, Satva, vibration,
harmonie. C'est à l'aide de cette matière ainsi
préparée, que les Aspects de Conscience du Logos peuvent se manifester sous forme d'êtres.

Le Logos — qu'on ne peut encore qualifier de
« premier », puisque jusqu'ici il n'y en a pas de
second — apparaît comme un Point irradiant
une sphère de matière, sphère qu'Il décrit autour
de Lui-même, pour servir de champ d'évolution
à l'univers futur. D'une splendeur inimaginable,
« Il est, dit Manou, comme une véritable mon-
tagne de Lumière » mais de Lumière invisible,
excepté sur les plans spirituels. Cette grande
sphère a été nommée Substance primordiale ;
c'est le Logos — qui S'est conditionné Lui-
même, inséparable de cette matière qu'Il S'est
appropriée pour son univers — avant le moment
où Il S'en sépare en partie, lors de la seconde
manifestation ; c'est la sphère de la Volonté qui
s'est conditionnée elle-même et qui doit conduire
à l'Activité créatrice : « Je suis Cela » — lorsque
Cela, le non-soi, est connu.

Le Point — symboliquement parlant, afin de
suggérer l'idée de la forme au point de vue des

apparences — vibre du centre à la circonférence, traçant ainsi une ligne qui marque la séparation de l'Esprit et de la matière (1), et rendant de cette façon la connaissance possible ; il donne ainsi naissance à la forme pour le second As-pect, cet Être qu'on appelle le Second Logos — symboliquement la Ligne ou le diamètre du cercle ; c'est à Lui que se rapporte cette phrase mystique : « Tu es mon Fils ; en ce jour je t'ai conçu » (Psaumes, II, 7). Cette relation entre le Père et le Fils dans le sein de l'unité de l'Exis-tence 'divine, ce rapport entre le Premier et le Deuxième Logos, appartient naturellement au *Jour de la Manifestation* à la période de vie d'un univers. C'est cette conception du Fils, cette apparition du Deuxième Logos, la Sagesse qui est marquée dans le monde de la forme par la différentiation, la séparation de l'Esprit et de la matière — les deux pôles entre lesquels est tis-sée la trame d'un univers — la séparation de l'électricité neutre et inactive, qui symbolise le Premier Logos, en électricité positive et électri-

(1) Il faut se rappeler que cette « séparation » n'a lieu que dans la conscience, seulement : l'idée d'esprit est sépa-rée de l'idée de matière. Dans le monde des phénomènes il n'y a pas d'esprit qui ne soit conditionné par la matière, pas de matière même en particules si petites soient-elles, qui ne soit animée par l'esprit. Toutes les formes sont cons-.ientes, toutes les consciences ont une forme.

cité négative, dualité qui symbolise le Second
Logos — appelant ainsi le Non-Manifesté à la
manifestation. Cette séparation qui a lieu dans
le sein du Logos se trouve représentée d'une façon frappante sur le plan physique par le travail qui se fait dans la multiplication des cellules ; nous y trouvons ce processus qui fait
apparaître une sorte de cloison séparatrice et
qui d'une cellule finit par en faire deux. Tout ce
qui se produit ici-bas n'est qu'une réflexion dans
la matière grossière, de ce qui a lieu sur les plans
supérieurs, et l'étude du plan physique et de son
développement pourra souvent servir de guide à
notre intelligence incertaine. « En haut comme
en bas », le monde physique n'est qu'une réflexion du monde spirituel.

Le Point, entraînant la Ligne dans son mouvement giratoire, vibre maintenant à angle droit
avec la direction des vibrations précédentes, et
la Croix se trouve formée, toujours en dedans
du cercle ; la Croix « procède donc du Père et
du Fils » ; elle est le symbole du Troisième Logos, l'Intelligence créatrice, l'Activité divine,
prête dès lors à se manifester comme Créateur.
Le Logos se manifeste ensuite sous la forme de
la Croix active ou Svastika. C'est, des Trois
Logoï, le premier qui se manifeste en dehors

des limites des deux plans les plus élevés, bien
que nous soyions déjà arrivés, là, au trois.ème
degré de « l'épanouissement » divin.

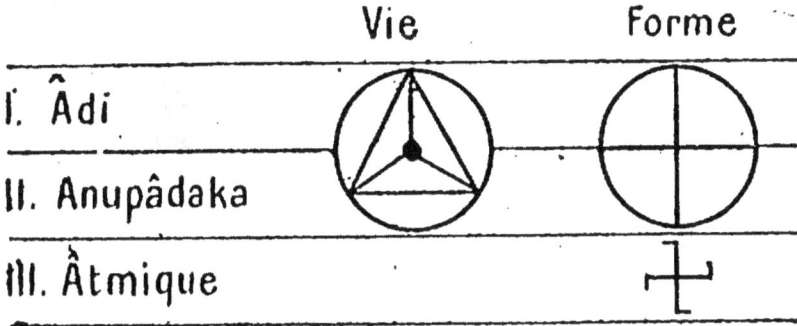

	Vie	Forme
I. Âdi		
II. Anupâdaka		
III. Âtmique		

§ 2. — Origine des Monades

Avant d'examiner l'activité créatrice du Troisième Logos, notons en passant la création des
Monades ou « unités de conscience » pour lesquelles l'étendue de tout un univers doit être
préparé afin de leur permettre d'évoluer dans la
matière. Nous y reviendrons avec plus de détails au chapitre II. Les myriades d'unités de ce
genre qui doivent être développées dans l'univers en formation, sont engendrées dans le sein
de la Vie divine de la même manière que les
cellules-germes dans les organismes, avant que
le champ d'évolution qui leur est destiné ne soit

formé. Il a été dit de cette émission : « Cela voulut : « Je multiplierai et naîtrai » (1), et, sous l'action de cette Volonté, la multiplicité est engendrée au sein de l'Unité. La Volonté se présente sous deux aspects : l'attraction et la répulsion, l'inspiration et l'expiration ; lorsque l'aspect répulsion a la prépondérance, il y a séparation, écartement.

Cette multiplication des unités au sein de « l'Un » par l'action de la Volonté nous montre le lieu de leur origine — le Premier Logos, le Seigneur indivisible, le Père éternel. Ces Unités sont des étincelles du Feu suprême, des « fragments divins » (2) qu'on appelle généralement « Monades ».

La Monade est un fragment de la Vie divine, séparé du reste en tant qu'entité individuelle, par une enveloppe de matière extrêmement raréfiée, si raréfiée que, bien qu'elle donne une forme à chaque monade, elle ne gêne en rien les rapports étroits entre cette « Vie » ainsi enfermée et les vies du même genre qui l'entourent. La vie des Monades vient donc du Premier Logos, et par là même se présente sous trois aspects, la Conscience sous forme de Volonté, Sagesse et

(1) *Chânodgyâponishad*, VI, ii, 3.
(2) *Lumière sur le sentier.*

Activité. Cette vie prend naissance sur le plan
de la Manifestation divine, le second plan ou
Anoupâdaka. Les Monades sont les enfants du
Père au même titre que le Deuxième Logos ; plus
jeunes cependant, et incapables de faire agir
leurs pouvoirs divins dans une matière plus
dense que celle de leur propre plan, tandis que
Lui, après les âges d'évolution qu'Il a traversés,
Se trouve prêt à mettre en œuvre tous Ses pouvoirs divins ; Il est « le Premier-né parmi de
nombreux frères » (1).

Ces Monades occupent le plan Anoupâdaka,
tandis que les racines de leur vie se trouvent sur
le plan Adi ; elles sont encore dépourvues de
véhicules leur permettant de s'exprimer, et attendent *le Jour de la Manifestation des Fils de
Dieu* (2). Elles restent là, tandis que le Troisième Logos commence au dehors le travail de
la manifestation, et façonne l'univers objectif.
Il va infuser Sa Vie dans la matière pour la façonner en matériaux propres à servir à la construction des véhicules dont les Monades ont
besoin pour évoluer. Mais Il ne sera pas absorbé
par Son œuvre ; car, tout vaste que ce travail
nous paraisse, il n'est qu'un jeu pour Lui :

(1) Ép. aux Romains.
(2) *Id.*

« Ayant répandu dans l'Univers tout entier une portion de Moi-même, Je demeure » (1).

Sa merveilleuse Individualité reste entière, elle demeure Elle-même ; et il n'en faut qu'une petite partie pour donner la vie à tout un Cosmos. Le Logos, l'Ame suprême, reste sans cesse Lui-même, le Dieu de Son Univers.

(1) *Bhagavad-Gîtâ.*

Étude sur la Conscience

PREMIÈRE PARTIE

LA CONSCIENCE

CHAPITRE PREMIER

PRÉPARATION DU TERRAIN

§ 1. — Formation de l'atome

Le Troisième Logos, l'Intelligence universelle commence son activité créatrice en agissant sur la matière, tirée de tous côtés de l'infini de l'espace pour la construction de notre Système solaire. Cette matière existe dans l'espace sous des formes incompréhensibles pour nous ; mais elle est évidemment déjà façonnée pour des Systèmes beaucoup plus importants que le nôtre, car H.-P. Blavatsky nous dit que les sous-plans ato-

miques de nos plans constituent le premier, c'est-à-
dire le plus inférieur des plans du Cosmos. Si nous
représentons symboliquement ce Plan cosmique
par une note de musique, nos atomes tels qu'ils
sont formés par le Troisième Logos représenteront
des harmoniques de cette note. Ce qui est certain, c'est que nos atomes sont en relation étroite
avec les « atomes de l'espace » et leur correspondent sans toutefois leur être identiques dans
leur forme présente. Mais les sept types de matière
qui deviennent nos atomes sont destinés dans
la matière tirée de l'espace à former le Système
solaire et peuvent ultimement retourner à cet état.

H.-P. Blavatsky attire notre attention sur cette
division septuple répétée en atomes toujours
plus inférieurs, lorsqu'elle dit : « l'Atome cosmique unique se sépare en sept atomes sur le
plan matériel, et chacun d'eux se transforme en
un centre d'énergie. Ce même atome, sur le plan
spirituel donne naissance à sept rayons... séparés
les uns des autres jusqu'à la fin du Kalpa et cependant en relation mutuelle étroite (1) ».

En dehors des limites d'un univers nous trouvons cette matière dans un état tout particulier ;
les trois qualités de la matière, l'Inertie, la Mobilité

_____

(1) *Doctrine secrète*, Ed. anglaise, I, 696.

et le Rythme (1), se contrebalancent mutuellement et se trouvent dans un état d'équilibre parfait. On peut se les figurer enfermées dans un cercle, à l'état de repos. Quelques ouvrages anciens considèrent en effet la matière dans son ensemble et dans cet état comme inerte. Parfois on l'appelle vierge : c'est la « céleste Vierge Marie », l'océan de matière vierge qui doit devenir la Mère par l'opération du Troisième Logos. Lorsque l'activité créatrice entre en jeu le cercle fermé s'entr'ouvre et l'équilibre stable des qualités de la matière se trouve transformé en équilibre instable. Vie est synonyme de mouvement ; la vie du Logos solaire, son « souffle », comme il a été dit poétiquement, entrant en contact avec cette matière au repos, les qualités de cette matière entrent dans une condition d'équilibre tout à fait instable et sont par conséquent en mouvement continu, les unes par rapport aux autres. Durant toute la période de vie d'un univers, la matière se trouve dans un état de mouvement intérieur incessant.

H.-P. Blavatsky dit que : « Fohat durcit et disperse les sept Frères,... vivifie par son action électrique la substance primordiale ou matière pré-générique et la sépare en atomes (2). »

---

(1) Tamas, Rajas et Satwa.
(2) *Dootrine secrète*, Éd. angl., I, 105.

Il y a trois stades dans la formation de l'atome. En premier lieu, il faut déterminer les limites entre lesquelles vibrera la vie animatrice du Logos dans l'atome ; cette délimitation de la longueur des ondes vibratoires constitue ce qu'on appelle techniquement « la divine mesure (1) ». C'est ce qui donne à l'atome d'un plan ce caractère particulier qui le distingue de l'atome de tous les autres plans.

En second lieu, d'après cette « mesure divine », le Logos trace les lignes qui déterminent la forme de l'atome, les axes fondamentaux autour desquels il doit croître, et les relations angulaires de ces axes entre eux, ce qui donne la forme à l'atome, forme qui est celle de l'atome cosmique correspondant (2). Les axes des cristaux, sur le plan physique, présentent avec ces axes fondamentaux de l'atome, les plus grands points d'analogie.

En troisième lieu, la superficie, ou la paroi de l'atome est déterminée à l'aide de cette mesure des vibrations, ou ondes vibratoires, et des axes de croissance avec leurs relations angulaires mutuelles.

Nous trouvons donc dans chaque atome : la mesure de la Vie qui l'anime. les axes de croissance, et la paroi de cet atome.

(1) Tanmâtra, la mesure de « Cela » — l'esprit divin.
(2) Collectivement, un Tattva.

Le Logos crée cinq sortes d'atomes, les cinq différentes « mesures » impliquant cinq vibrations différentes, et chaque espèce d'atomes forme la base matérielle d'un plan. C'est pourquoi chaque plan, si nombreux que soient les objets qu'il renferme, a son type d'atome fondamental auquel sont ramenées finalement toutes les formes de ce plan.

§ 2. — L'Esprit-Matière

Peut-être comprendrons-nous mieux ce terme Esprit-Matière, si nous considérons un moment la méthode de formation des atomes sur les plans successifs. La matière de l'espace qui environne chaque système, constitue pour ce Système la *Racine de la matière* ou Moûlaprakriti comme l'appellent les Hindous. La matière de chaque Système a pour racine, pour base, cette matière qui l'environne, et la matière particulière de chaque univers est issue de cette matière qui l'enveloppe.

Le Logos, l'Ame suprême du Système, attire autour de Lui, de l'espace environnant, la matière dont il a besoin, et l'anime en lui infusant Sa propre vie ; cette vie au sein de la matière subtile

ou Moûlaprakriti, est l'Atmâ, le Soi, l'Esprit,
qui est emprisonné dans chaque particule de
matière. « Fohat, l'énergie du Logos, dit H.-P.
Blavatsky, creuse des trous dans l'espace » ; rien
n'est plus exact. Cette énergie giratoire donne
naissance à d'innombrables tourbillons. Chaque
tourbillon est façonné par l'énergie divine et les axes
de croissance, et chacun d'eux est enveloppé par
la matière de l'espace — c'est Atmâ enveloppé par
Moûlaprakriti, l'Esprit dans sa gaine de matière.
Ces tourbillons constituent les atomes du premier
plan, l'Adi le plus élevé. Un certain nombre de
ces atomes demeurent tels quels ; d'autres se
rassemblent entre eux pour former les molécules ; ces molécules, enfin, se groupent entre
elles pour donner naissance à des combinaisons
moléculaires plus complexes ; le processus se
poursuit jusqu'à ce que six sous-plans aient été
formés au-dessous du sous-plan atomique.

Toutes ces données résultent naturellement
des analogies que nous pouvons observer sur
le plan physique, car les plans supérieurs dépassent absolument notre compréhension.

Nous voici arrivés maintenant à la formation
des atomes sur le second plan. Leur mesure et
leurs axes de croissance ont été déterminés par
le Logos comme nous l'avons décrit précédem-

ment. Un certain nombre des atomes du premier plan, l'Adi, se créent une enveloppe composée des combinaisons du sous-plan le plus inférieur de leur propre plan ; l'Esprit *plus son enveloppe originelle de matière cosmique* (Moûlaprakriti) autrement dit l'atome du premier plan, devient l'esprit du second plan et imprègne cette nouvelle enveloppe composée des combinaisons les plus grossières de lui-même ; ces enveloppes qu'il anime ainsi deviennent les atomes du deuxième plan, l'Anoupâdaka. Les six sous-plans qui restent sont formés par des assemblages de plus en plus complexes de ces mêmes atomes

De la même façon, un certain nombre d'atomes du plan Anoupâdaka s'enveloppent des agrégats du sous-plan le plus inférieur de leur propre plan et deviennent les atomes âtmiques. Arrivé à ce stade, l'Esprit se trouve déjà enfermé dans deux enveloppes au dedans de son enveloppe formée des agrégats du sous-plan le plus inférieur de l'Anoupâdaka ; et l'Esprit Originel ou la Vie, *plus* ses deux enveloppes, est l'Esprit du plan âtmique, tandis que l'enveloppe de l'atome de ce plan est considérée comme la matière de ce plan.

Cet atome, s'enveloppant à son tour des agrégats du sous-plan âtmique le plus bas, devient l'atome du plan bouddhique ; sur ce plan l'Esprit a donc trois enveloppes au dedans de sa paroi atomique d'agrégats du sous-plan atmique le plus grossier.

Sur le plan mental, l'Esprit a une quadruple « gaîne » au dedans de sa paroi atomique ; sur le plan astral cette gaîne est quintuple, et sextuple sur le plan physique, plus, naturellement, la paroi atomique dans chaque cas.

Mais l'Esprit avec TOUTES SES ENVE-LOPPES, excepté la plus extérieure, est toujours l'Esprit ; et c'est la dernière enveloppe, la plus extérieure qui constitue seule la forme. C'est cette involution de l'Esprit qui rend l'évolution possible ; et, si compliquée qu'elle nous paraisse au premier abord, cette description est très simple en principe, et très facile à saisir. Nous voyons maintenant que l'emploi du terme « Esprit-Matière » est justifié.

§ 3. — Les Sous-Plans

Les atomes ultimes du plan physique ne sont nullement les « atomes » de la chimie moderne ; ces atomes ultimes se réunissent en groupes-types successifs, qui forment ce qu'on appelle les états de la matière, et l'atome de la chimie

peut être un atome du 5e, 6e ou 7e de ces « états »
c'est-à-dire un gaz, un liquide ou un solide. Les
états gazeux, liquide et solide, ou, comme on les
appelle encore, les sous-plans gazeux, liquide et
solide, nous sont familiers ; mais ce que nous
connaissons moins, ce sont les quatre autres
états qui existent au-dessus de l'état gazeux ;
ce sont les trois états ou sous-plans éthériques, et le véritable sous-plan atomique. Les
véritables atomes se réunissent en groupes qui
agissent dès lors comme des unités indépendantes ; ces groupes sont les molécules. Les
atomes de la molécule sont maintenus ensemble
par une attraction magnétique. Les molécules
de chaque sous-plan sont disposées géométri-
quement les unes par rapport aux autres, suivant des axes semblables aux axes de croissance
des atomes du plan dont les molécules font
partie.

C'est par ces agrégations successives d'atomes
en molécules et de molécules simples en molécules plus complexes que les sous-plans de chaque
plans sont formés, sous l'activité directrice du
Troisième Logos. Ce travail se poursuit jusqu'à
ce que le champ d'évolution, composé de cinq
plans comprenant chacun sept sous-plans, soit
complètement formé. Quant au premier et au

deuxième plan, ils restent toujours en dehors de
ce champ d'évolution. Mais il ne faudrait pas
s'imaginer que ces sept sous-plans, créés ainsi
par le Logos, sont identiques à ceux qui existent
actuellement. Si nous prenons par exemple le
plan physique, nous verrons qu'il y a autant de
rapports entre ces sous-plans et les sous-plans
actuels, qu'entre ce que le chimiste appelle
proto-hydrogène et l'élément chimique qui, dit-
on, en dérive. Les conditions présentes ne sont
pas l'œuvre du Troisième Logos, en qui prédomine surtout l'Activité ; il a fallu les énergies
plus attractives, plus cohésives du Deuxième Logos
qui est la Sagesse, et par conséquent l'Amour,
pour provoquer les intégrations ultérieures.

Il est important de se rappeler que les plans
s'interpénètrent et que les sous-plans correspondants sont en relations mutuelles directes et non
pas séparés les uns des autres par l'interposition
de matière plus dense. Il ne faut pas non
plus s'imaginer que les sous-plans atomiques
sont séparés les uns des autres par six sous-plans
de matière, augmentant graduellement de densité ;
car en réalité ils sont intimement reliés les uns
aux autres.

Nous allons représenter ceci sous forme d'un
diagramme ; seulement, il faut se rappeler que

ce ne sera qu'un diagramme et non une reproduction fidèle de la réalité ; cette figure nous mettra sous les yeux des relations, et non des faits matériels, des relations existant entre les différents plans en vertu de leur interprétation mutuelle, et non simplement quarante-neuf briques posées les unes sur les autres en rangées de sept.

Cette relation étroite entre les sous-plans est

	Sous plans atomiques	Sous plans sous-atomiques	Sous plans super-étheriques	Sous plans étheriques	Sous plans gazeux	Sous plans liquides	Sous plans solides
Âdi							
Anupâdaka							
Âtmâ *(Æther)*							
Bouddhi *(Air)*							
Manas *(Feu)*							
Kâma *(Eau)*							
Sthûla *(Terre)*							

très importante, car elle nous montre que la vie peut facilement passer d'un plan à un autre par la voie rapide que lui offre cette communication des sous-plans atomiques entre eux, sans avoir à passer par les sept sous-plans moléculaires avant

d'atteindre dans cette descente, le sous-plan suivant. D'ailleurs nous verrons plus loin que des
courants de vie émanant de la Monade suivent
en réalité cette route atomique dans leur descente
vers le plan physique. Si nous examinons un
atome physique dans son ensemble, nous y
trouvons un vortex : la vie du Troisième
Logos, tourbillonnant avec une rapidité inconcevable. Grâce à l'attraction qui existe entre ces
vortex giratoires, les molécules se construisent
et le plan ainsi que ses sous-plans se trouvent
formés. A la surface externe de ces tourbillons se
trouvent les spirilles. Chacun de ces courants
tourbillonnants est placé à angle droit par rapport à celui qui est en dedans et celui qui est en
dehors. C'est la vie de la Monade qui donne naissance à ces courants et non la vie du Troisième
Logos. De plus ces courants n'existent pas encore
au stade que nous étudions en ce moment ; ils
se développent et atteignent leur pleine activité
au cours de l'évolution, en général un dans chaque
« Ronde ». Il est vrai que les rudiments en sont
déjà achevés dès la quatrième Ronde, sous l'action du Deuxième Logos ; mais le courant de vie
de la Monade ne circule encore que dans quatre
de ces spirilles ; les trois autres ne sont qu'indi-
quées simplement.

Les atomes des plans supérieurs sont formés d'une façon générale analogue — quant à la spire centrale de vie du Logos et aux courants extérieurs qui l'entourent — mais des détails plus précis nous font complètement défaut actuellement.

Un grand nombre des pratiques de Yoga n'ont pas d'autre but que de hâter l'évolution des atomes en stimulant le travail de vivification que la Monade exerce sur les spirilles de ces atomes. A mesure que ces courants de la vie monadique viennent s'ajouter au tourbillon de la vie du Logos, la vie devient de plus en plus riche, de plus en plus abondante. On peut comparer le vortex central à une note fondamentale de musique et, les courants tourbillonnants qui l'entourent, à des tons liésés de cette note ; chaque ton diésé qui vient s'ajouter à la note tonique, l'amplifie, lui donne plus de force. C'est ainsi que sans cesse des pouvoirs nouveaux, des beautés jusque-là inconnues, viennent s'ajouter au « septuple accord de la Vie ».

§ 4. — LES CINQ PLANS

Les différentes réponses que la matière des

plans donnera par la suite à l'impulsion de la
conscience dépendent du travail du Troisième
Logos, et de la « mesure » qu'il impose comme
limites à l'atome. L'atome de chaque plan a une
mesure qui lui est propre, ainsi que nous l'avons
vu plus haut, ce qui impose des limites à son
pouvoir responsif, à son action vibratoire, et lui
donne son caractère spécifique. L'œil est construit de façon à pouvoir répondre à un certain
nombre de vibrations de l'éther ; il en est de
même pour les atomes : chaque type, par sa
construction particulière, est capable de répondre
à un certain nombre de vibrations données. On
dira par exemple d'un plan qu'il est formé de
« substance mentale » parce que les atomes qui
le composent sont constitués d'une façon particulière leur permettant de répondre facilement à
l'aspect *connaissance* du Logos — tel qu'il est
modifié par l'Activité créatrice (1). Un autre sera
le plan de la « substance des désirs » parce que
la « mesure » de ses atomes est telle qu'ils répondent facilement à ces vibrations qui, dans une
certaine mesure, sont des vibrations de l'aspect
volonté (2) du Logos. Ainsi chaque atome a un

(1) Chit agissant sur Kriya, c'est-à-dire la sagesse agissant
sur l'activité, donne Manos, l'Intelligence.
(2) Ichchâ.

pouvoir responsif particulier, qui lui appartient
en propre, et qui est déterminé par la mesure de
ses vibrations.

Il y a donc dans chaque atome des possibilités
infinies de réponse aux trois aspects de la conscience, et ces possibilités se transforment en
« pouvoirs » au cours de l'évolution.

Mais la capacité de réponse de la matière, ainsi
que la nature de cette réponse, sont déterminées
par l'action que le triple Soi exerce sur cette
matière à l'origine, et par la « mesure » que le
Troisième Logos impose aux atomes. C'est Lui
qui donne à la matière d'un Système particulier,
dans un cycle d'évolution donné, une partie des
capacités infinies qu'offre la multitude de Ses
pouvoirs vibratoires. Ces capacités impriment
leur caractère sur la matière par l'opération du
Troisième Logos, et ce caractère demeure inhé-
rent à la matière, grâce à Sa Vie, qui enveloppe
l'atome. C'est ainsi qu'est formé le quintuple
champ de l'évolution dans lequel doit se développer la Conscience. Ce travail du Troisième
Logos est appelé généralement « la première
Vague de Vie »

CHAPITRE II

LA CONSCIENCE

§ 1. — Ce que signifie ce mot

Cherchons d'abord ce que signifie ce mot, « conscience », et voyons si nous pouvons trouver le trait d'union entre la conscience et la matière, ce trait d'union tant cherché et qui fait le désespoir de nos penseurs modernes : voyons si nous ne pouvons franchir l'abîme qui, dit-on, séparera toujours la conscience et la matière. Avant tout, définissons les termes.

Conscience et Vie sont synonymes et servent à désigner une seule et même chose, selon qu'on considère cette chose du dedans ou du dehors. Il n'y a pas de Vie sans Conscience et pas de Conscience sans Vie. Si nous essayons de les

séparer par la pensée, et que nous analysions
ensuite notre essai, nous verrons que nous avons
appelé Vie la Conscience tournée vers l'intérieur
et Conscience la Vie dirigée vers l'extérieur. Si
notre attention se porte sur l'unité, nous disons
« Vie » ; si elle se porte sur la multiplicité, nous
disons « Conscience » ; et nous oublions que la
multiplicité est due à la matière, qu'elle est l'essence même de cette matière, la surface réfléchis-
sante dans laquelle l'unité devient la multiplicité. Lorsque nous disons que la « Vie » est
« plus ou moins consciente » nous ne voulons pas
parler de cette abstraction qu'est la vie ; ce que
nous avons dans l'idée c'est une chose vivante
qui est plus ou moins consciente de ce qui l'entoure. Et cette chose vivante est plus ou moins
consciente selon que son enveloppe — qui fait
d'elle une chose séparée du reste — est plus ou
moins épaisse, plus ou moins dense. Supprimez
par la pensée cette enveloppe, ce voile, et vous
supprimez en même temps la Vie ; et vous vous
trouvez face à face avec « Cela », le Tout, en qui
se résolvent tous les opposés.

Ceci nous mène à la remarque suivante : l'existence de la Conscience implique la séparation en
deux aspects de l'Unité fondamentale qui est à
la base de tout.

Le terme « aperception » qui a été récem-
ment appliqué à la conscience implique la même
idée.

En effet, il est impossible de concevoir la Conscience en elle-même, suspendue pour ainsi dire
dans l'espace.

L'idée de conscience implique forcément la
présence de quelque chose dont elle est consciente ; il faut au moins une dualité, sans cela la
conscience n'existe pas. Cette dualité réside au
fond de toute idée de conscience, si abstraite
qu'elle soit. La conscience cesse d'exister si l'on
supprime cette idée des limites, car son existence même en dépend. La conscience est essentiellement une conscience de « limite », elle ne
devient qu'en second lieu « conscience d'autrui », des choses environnantes. La conscience
d'autrui n'apparaît qu'avec ce qu'on appelle la
« Soi-Conscience. »

Le « Deux dans l'Un », conscience-limite, esprit-
matière, vie-forme, sont des termes dont les deux
parties constituantes sont inséparables ; elles apparaissent et disparaissent simultanément, et
n'existent qu'en relation l'une avec l'autre ; elles
se résolvent en une unité, nécessairement non-
manifestée, la synthèse suprême.

« En haut comme en bas » : Ce qui est « en

bas » va encore une fois nous venir en aide et
nous aider à comprendre. Examinons la Conscience telle qu'elle nous apparaît du point de vue
de la forme, telle que nous la trouvons dans un
univers de choses conscientes. L'électricité se
manifeste sous deux formes : l'électricité positive
et l'électricité négative. Lorsqu'elles se neutra-
lisent l'électricité disparaît complètement. Dans
toutes les choses il y a de l'électricité à l'état
neutre, et on peut l'en faire sortir ; mais dans ce
cas elle n'apparaîtra jamais sous la forme positive seule ou la forme négative seule ; elle se
montrera toujours sous une forme particulière,
composée de quantités égales de ces deux électri-
cités, en opposition mutuelle et tendant toujours
à s'unir pour disparaître dans un néant qui n'est
qu'apparent, car il est leur source commune.

Mais s'il en est ainsi, que devient cet abîme
dont nous parlions plus haut? Quel besoin
avons-nous de ce trait d'union qui doit nous
permettre de le franchir? La conscience et la
matière s'influencent réciproquement, parce
qu'elles sont les deux parties d'un même tout ;
toutes deux apparaissent lorsqu'elles se séparent
l'une de l'autre ; toutes deux disparaissent lorsqu'elles s'unissent ; et lorsqu'elles se séparent
l'une de l'autre, il y a toujours une relation entre

elles (1). Une unité de conscience qui ne serait
pas formée de cette dualité inséparable — tel un
aimant dont les deux pôles sont continuellement en rapport l'un avec l'autre — serait une
chose totalement impossible. Nous imaginons
une chose que nous nommons « conscience » et
nous nous demandons ensuite comment elle agit
sur une autre chose, séparée elle aussi, que nous
nommons matière. Mais ces deux choses que
nous imaginons séparées n'existent pas, ne peuvent pas exister. Ce sont simplement deux aspects
de Cela, écartés l'un de l'autre et non séparés.
Sans eux, Cela est non-manifesté; et, ne pouvant
Se manifester dans l'un des deux à l'exclusion de
l'autre, Il se manifeste dans les deux également.
— Il n'y a pas d'endroit sans envers, d'inférieur sans
supérieur, de dehors sans dedans, pas d'esprit sans
matière. —

Ils s'influencent mutuellement parce qu'ils sont
les deux parties inséparables d'une unité qui se
manifeste comme dualité dans le temps et l'es
pace. Cet abîme dont nous parlions, n'existe
que lorsque nous voulons parler d'un esprit tout

---

(1) Cette relation est magnétique, mais d'un magnétisme
extrêmement subtil, nommé Fohat ou Daiv[i]prakriti. « La lumière du Logos ». Il tient de la substance et c'est en lui
qu'on trouve l'essence de la conscience et l'essence de la
matière, polarisées, mais non pas séparées l'une de l'autre.

à fait immatériel, ou d'un corps absolument matériel — deux choses qui n'existent pas en réalité.
Il n'y a pas d'esprit qui ne soit enveloppé de matière ni de matière qui ne soit animée par l'esprit.
Le Soi séparé le plus élevé a lui-même son enveloppe : et, bien que nous appelions ce Soi séparé
« un esprit » — parce que la conscience y prédomine — il n'en est pas moins vrai que lui aussi a
son enveloppe de matière vibrante et que c'est de
cette enveloppe qu'émanent toutes les impulsions
qui viennent influencer successivement toutes
les autres enveloppes de matière plus dense.

Et nous ne cherchons pas ici à matérialiser la
conscience en quoi que ce soit ; nous voulons
simplement montrer que ces deux opposés pri-
mitifs — conscience et matière — sont en réalité
intimement liés l'un à l'autre ; jamais ils ne sont
séparés, même dans l'Être le plus évolué. Matière
est synonyme de limite, et sans limite il n'y a
pas de conscience. Loin de matérialiser la conscience, notre théorie la distingue nettement —
en tant que « conception » — de la matière ;
mais elle reconnaît aussi le fait que — en tant
qu'« entité » — l'une ne va pas sans l'autre. La
matière la plus dense, la matière physique, a
elle aussi son centre de conscience ; gaz, pierre,
métal, tout est vivant, tout est conscient, tout a

connaissance de ce qui l'entoure. Ainsi l'oxygène à une certaine température reconnaît la présence de l'hydrogène et se combine vivement avec lui.

Considérons maintenant la conscience lorsqu'elle se dirige du dedans au dehors, et voyons quel est le sens de cette phrase : « Matière est synonyme de limite. »

La Conscience est la réalité au sens le plus large du mot. Il s'ensuit que toute réalité, quelle qu'elle soit, est un produit de la conscience. Donc tout ce qui peut être « pensé » *est*. Nous appelons Conscience absolue cette conscience qui renferme en elle-même toutes les choses possibles ou réelles ; réelle signifie ici, toute chose dont l'existence est « pensée » — par une unité de conscience séparée — dans le temps et l'espace ; et possible — est toute chose qui n'est *pas* pensée à un certain point de l'espace ou à une certaine période de temps. Cette Conscience absolue, c'est le Tout, l'Éternel, l'Infini, l'Inchangeable. La conscience — lorsque nous avons à l'idée le temps et l'espace, et voyons toutes les choses comme existant en eux — devient la Conscience universelle, l'Un, appelé par les Hindous Saguna Brahman, l'Éternel avec des attributs, le Pratyag-Atmâ, le Soi intérieur, le Dieu des Chrétiens, Ormuzd chez les Parsis,

Allah pour les Musulmans. Lorsque la conscience s'exerce dans un temps défini — long ou court — ou dans un espace déterminé — vaste ou restreint — c'est la conscience individuelle. C'est la conscience de l'être concret, la conscience du Seigneur d'un grand nombre d'univers, de quelques univers, d'un seul univers, ou même simplement d'une portion quelconque d'un univers, portion qui, étant « sienne », devient pour Lui un univers — tous ces termes varient en importance suivant le pouvoir de la conscience : la quantité, la portion de la Pensée universelle, qu'une conscience séparée peut assimiler complètement, sur laquelle elle peut imposer sa propre réalité, qu'elle reconnaît exister « comme elle-même », devient *son univers*.

A chaque univers, l'Être qui le gouverne donne une partie de Sa propre Réalité ; mais Lui-même est toujours limité et contrôlé par la pensée de son supérieur, le Seigneur de l'Univers dans lequel Il existe, Lui, comme forme. Ainsi nous, êtres humains qui vivons dans un Système solaire, nous sommes entourés de tous côtés par des formes qui sont les formes-pensées du Seigneur de notre système, notre Ishvara, « le Gouverneur ».

La « divine mesure » et les « axes de croissance » nés dans la pensée du Troi-ième Logos, gouvernent les formes de nos atomes ; et la surface que Sa pensée a donnée comme limite et comme enveloppe résistante à l'atome, présente une résistance à tous les autres atomes du même genre. Ainsi la matière dont nous sommes formés nous a été donnée et nous ne pouvons pas la changer à moins d'employer les méthodes que Sa pensée a créées, elles aussi ; les atomes, et tout ce qui en est composé, ne peuvent durer qu'aussi longtemps que dure Sa pensée — car ils n'ont pas d'autre réalité que celle que Sa pensée leur donne. Aussi longtemps qu'Il les conserve, comme étant Son propre corps, déclarant : « Je suis Cela, ces atomes sont *mon corps* et partagent *ma vie* », ils s'imposeront comme réalité, dans un Système solaire, à tous les êtres ayant une enveloppe semblable.

Lorsque, à la fin du *Jour de la Manifestation* Il déclare : « Je ne suis pas Cela ; ces atomes ne sont plus *mon corps* ; ils ne partagent plus *ma vie* », ils s'évanouiront alors comme un rêve, car ils ne sont qu'un rêve, et de tout cela il ne restera que ce qui constituera la forme-pensée du Monarque d'un système plus grandiose. Ainsi, en tant qu'Esprits, nous sommes essentiellement et indestructiblement divins, avec toute la splendeur, toute l'indépendance qu'implique ce mot. Mais nous nous trouvons enveloppés d'une matière qui n'est pas la nôtre, une matière tirée des formes-pensées de Celui qui gouverne notre Système — et qui est gouverné lui-même par les Seigneurs de Systèmes plus importants dont le nôtre fait partie — et nous apprenons, peu à peu, à nous servir de cette matière afin d'en devenir maîtres. Lorsque nous aurons réalisé notre unité avec le *Seigneur*, la matière n'aura plus de pouvoir sur nous, et nous la verrons dans toute son irréalité, soumise à Sa Volonté, qui alors sera devenue aussi la nôtre. Nous pourrons nous jouer alors de cette matière qui aujourd'hui nous aveugle de sa réalité d'emprunt.

En examinant ainsi la conscience venant de l'intérieur, nous voyons encore plus nettement qu'en l'examinant du point de vue des formes, qu'il n'existe pas en réalité *d'abîme* et que le *trait-d'union* cherché est inutile.

La conscience change, et chaque changement apparaît dans la matière environnante sous forme de vibrations, parce que le Logos a décidé dans Sa pensée que la résultante invariable d'un changement dans la conscience serait une vibration dans la matière. Comme la matière n'est

que le produit de la conscience et que ses attributs lui sont imposés par la Pensée active, il
s'ensuit que le moindre changement dans la conscience du Logos entraîne un changement dans
les attributs de la matière du Système ; et de même,
tout changement dans une conscience dérivée de
Lui, se traduit par un changement dans cette
matière. Ce changement dans la matière est une
vibration, un mouvement rhythmique entre les
limites qu'il a imposées à la mobilité des masses
de matière. Le *changement* dans la conscience,
et la *vibration* dans la matière qui l'entoure et la
limite, forment un *couple* que la pensée du Logos
a imposé dans Son Univers à toute conscience
incorporée. L'existence de cette relation constante nous est démontrée par le fait que toute
vibration dans une enveloppe matérielle accom-
pagnant un changement dans la conscience qui
anime cette enveloppe, donne naissance à une
vibration semblable dans une enveloppe animée
par une autre conscience, et produit dans cette
seconde conscience un changement identique à
celui qui s'était produit dans la première.

Dans une matière beaucoup plus subtile que
la matière physique — la substance mentale par
exemple — on se rend plus facilement compte du
pouvoir créateur de la conscience. La matière

devient plus dense ou plus subtile suivant les
pensées de la conscience qui agit en elle. Bien
que les atomes fondamentaux — dûs à la pensée
du Logos — demeurent intacts, ils peuvent cependant être combinés ou dissociés à volonté.
Des expériences de ce genre nous permettent de
comprendre la conception métaphysique de la
matière, en même temps que sa réalité fictive,
son *non-être*.

Il serait peut-être utile de mettre l'étudiant en
garde contre une erreur qui se produit souvent
lorsqu'on emploie des termes comme : conscience
dans un corps, conscience animant un corps, etc.
L'étudiant est porté à se figurer la conscience
comme un gaz raréfié enfermé dans un réceptacle
matériel, une bouteille en quelque sorte. S'il
veut se donner la peine de réfléchir, il verra que
la surface résistante d'un corps n'est qu'une
forme-pensée du Logos, et n'existe que parce
qu'elle est pensée. La conscience apparaît sous
la forme d'entités conscientes parce que le Logos
pense ces entités séparées, ces enveloppes ; et
ces pensées deviennent des limites. Ces pensées
du Logos sont dues à Son union, à Son unité avec
le Soi universel, et ne sont qu'une répétition,
dans les limites d'un univers particulier, de l'universelle *volonté de multiplier*.

Une analyse minutieuse de ces distinctions entre la Conscience absolue, la Conscience universelle et la Conscience individuelle, épargnera à l'étudiant ces questions si fréquentes : « Pourquoi y a-t-il un univers? Pourquoi la Conscience absolue s'impose-t-elle des limites à Elle-même? Pourquoi la Perfection devient-elle l'Imperfection, le Pouvoir absolu l'Impuissance? Pourquoi Dieu devient-il le minéral, l'animal, et l'homme? » Sous cette forme, la question restera toujours sans réponse, car elle est basée sur des prémisses entièrement erronées. La Perfection est le tout, la totalité, la somme de l'Être. En son infinité se trouve contenu tout ce qui est, toute existence, potentielle aussi bien que réelle. Tout ce qui a été, est, sera ou pourrait être, se trouve dans cette *plénitude*, dans *l'Éternel*. Lui seul Se connaît Lui-même dans la richesse infinie, inimaginable de Son Être. Il nous semble un *vide* parce qu'Il renferme en Lui toutes les *paires d'opposés* et que chaque paire, en s'affirmant elle-même s'annihile et s'évanouit aux yeux de la raison ; mais comme des univers sans nombre naissent en Son sein, nous sommes obligés de reconnaître qu'Il est une « plénitude » dans toute l'acceptation du mot. Cette Perfection ne devient jamais

l'imperfection ; bien plus : Elle ne DEVIENT
jamais rien, car elle EST tout Esprit et toute
matière, elle est la force et la faiblesse, l'ignorance et le savoir, la paix et la discorde, la
félicité et la douleur, le pouvoir et l'impuissance : les innombrables *opposés* de la Manifestation se fondent l'un dans l'autre et vont se
perdre au sein de la Non-manifestation. Le
« Tout » renferme en Lui-même et le Manifesté
et le Non-manifesté ; il est la diastole et la sys-
tole de ce Cœur qui est l'Être. Ni l'un ni l'autre
n'a besoin d'être expliqué, car l'un ne va pas
sans l'autre. Toute la confusion vient de ce que
les hommes veulent à toute force affirmer la
réalité de l'une, à l'exclusion de l'autre, des deux
parties inséparables de ces *paires d'opposés*
— l'Esprit, la force, le savoir, la paix, la
félicité, le pouvoir — et demandent ensuite :
« Pourquoi ces choses deviennent-elles leurs
opposés? » Elles NE LE DEVIENNENT PAS. Il n'y a
pas d'attribut sans son opposé ; c'est seulement
par paires que les attributs peuvent se manifester :
tout endroit a un envers ; esprit et matière
apparaissent toujours simultanément ; ce n'est
pas que l'esprit existe là, tout seul et tout d'un
coup produise la matière pour se limiter et
s'aveugler lui-même — non ; l'esprit et la matière

apparaissent ENSEMBLE dans l'Eternel comme
un mode de Son Etre, une forme d' « auto-
expression » du Tout — Pratyag-Atmâ et Moûla-
prakiti — exprimant dans le Temps et l'Espace
ce qui est sans Espace et sans Temps.

§ 2. — LES MONADES

Nous avons vu que sous l'action du Troisième
Logos un terrain d'une quintuple nature a été
formé pour permettre aux unités de conscience
de se développer ; nous avons vu aussi qu'une
unité de conscience est une portion, un fragment de la Conscience universelle, dont la pensée
du Logos fait une entité individuelle séparée,
voilée par la matière, une entité de la substance
du Premier Logos, qui doit être projetée dans le
second plan comme Etre séparé. On donne à
ces unités le nom technique de Monades. Ce
sont les Fils qui depuis le commencement de
l'Age de la Création reposent dans le sein du
Père, et qui n'ont pas encore été « rendus parfaits par la souffrance » (1). Chacun d'eux est en
vérité « l'égal du Père par sa Divinité mais inférieur à Lui par son humanité » (2) ; chacun

(1) Ep. aux Hébreux.
(2) Ep. aux Corinthiens.

d'eux doit passer par la matière « afin que toutes choses lui soient soumises » (1) ; il doit « être abaissé dans l'impuissance afin d'être élevé dans le pouvoir » (2). Logos « statique », renfermant en Lui-même toutes les potentialités divines, il doit devenir un Logos « dynamique » déployant tous Ses pouvoirs divins. Omniscient, omniprésent sur son propre plan — le second — mais inconscient, insensible sur tous les autres (3), il doit voiler sa gloire dans l'obscurité de la matière qui l'aveugle, afin de devenir responsif à toutes les vibrations de l'univers, non seulement à celles des plans supérieurs.

L'étude de la vie et de la naissance embryonnaires nous fera peut-être mieux comprendre cette description, bien faible d'ailleurs, d'une grande vérité.

Lorsqu'un Ego est sur le point de se réincarner, il sommeille au-dessus de la mère dans le sein de laquelle son corps futur, le véhicule qu'il habitera un jour, est en train de se construire. Ce corps est bâti peu à peu de la substance même de la mère et l'Ego ne peut guère en influencer la formation : ce n'est qu'un embryon, tout à fait

(1) *Credo* d'Athanase.
(2) *Ibid.*
(3) H. P. Blavatsky, *Key to Theosophy*. Voyez, p. 53, ce même principe, mais appliqué à un stade inférieur.

inconscient du sort qui l'attend, vaguement sensible au courant de vie qui lui vient de la mère, et impressionné par le moindre espoir, la moindre crainte, la moindre pensée ou le moindre désir de celle-ci. Rien de ce qui vient de l'Ego ne l'impressionne ; tout au plus, en ressent-il une faible influence qui lui arrive à travers l'atome physique permanent, et il ne partage pas — étant dans l'impossibilité d'y répondre — aucune des belles pensées, des nobles émotions que l'Ego exprime dans son corps causal. Il faut que cet embryon se développe, qu'il commence une vie indépendante ; et ce n'est qu'après sept années — comme nous les comptons ici-bas — de cette vie indépendante, que l'Ego peut enfin animer complètement l'enfant. Mais pendant que se poursuit lentement l'évolution de cette vie toute impuissante, pleine d'erreurs enfantines, partagée entre le plaisir et la douleur, l'Ego auquel cette « vie » appartient, continue sa propre vie plus-vaste, plus riche, et peu à peu entre en contact plus intime avec ce corps qui lui est indispensable pour agir sur le plan physique ; ce contact intime se manifeste par la croissance de ce qu'on appelle la conscience cérébrale.

Les conditions dans lesquelles se trouve la Monade, lorsque sa conscience évolue dans un univers, sont à peu près les mêmes que celles dans lesquelles se trouve l'Ego lorsqu'il entre en contact avec son nouveau corps physique. Son monde particulier est le deuxième plan, l'Anoupâdaka ; là elle est consciente ; là elle a la soi-conscience absolue de son monde à elle, mais au commencement elle n'est pas consciente des autres « Soi » parmi lesquels elle est un Soi séparé : elle n'est pas consciente *d'autrui*.

Voyons par quels stades successifs elle passe : elle est d'abord une étincelle dans la flamme « J'ai la sensation d'une seule flamme ô Gouroudeva. Je vois des milliers d'étincelles non-détachées qui brillent en elle (1). » Cette flamme, c'est le Premier Logos, et les étincelles « non-détachées » sont les Monades. Sa *volonté de manifester* est en même temps la leur, car ce sont des cellules germes de Son propre corps, qui deviendront plus tard des vies séparées dans l'univers qu'Il va construire. Sous l'action de cette volonté, les étincelles prennent part à la transformation appelée *la conception du Fils*, passent ensuite dans le sein du Second Logos et demeurent en Lui. Puis, à mesure que le Troisième Logos avance dans son œuvre, elles

_____

(1) *Catéchisme occulte*, mentionné dans « *Secret Doctrine*, » p. 145.

reçoivent de Lui l'individualité spirituelle
dont parle H. P. Blavatsky ; c'est l'aurore de la
séparation. Cependant la conscience d'autrui
est encore inutile pour réagir sous forme de
conscience du « Moi ». Les trois aspects de
conscience — qui appartiennent en propre à ces
étincelles puisqu'elles partagent la Vie du Logos
— sont toujours, symboliquement parlant, *tour-
nés vers l'intérieur*, agissant l'un sur l'autre,
endormis, inconscients de l'extérieur et partageant la Soi-Conscience universelle. Les grands
Êtres appelés les Ordres créateurs (1), les ré-
veillent à la Vie extérieure ; Volonté, Sagesse
et Activité s'éveillent à la conscience d'un *extérieur*, commencent à montrer une vague sensation d'*autrui* — autant qu'on puisse parler
d'autrui dans un monde où toutes les formes
se mêlent et s'interpénètrent » — et chaque étincelle devient « un Dhyân Chohan individuel, distinct des autres » (2).

Au premier stade, dont nous avons parlé plus
haut, lorsque les Monades sont encore non-détachées — dans toute l'acceptation du mot (3) —

(1) Voyez *Pedigree of Man*, p. 11-12.
(2) *Secret doctrine*, I, 285.
(3) C'est-à-dire n'ont pas d'individualité séparée. En réalité elles demeurent toujours non-attachées, sur les plans
supérieurs, brillant toujours au sein de la Flamme.

comme des cellules-germes dans le corps du Premier Logos — la volonté, la sagesse et l'activité sont latentes dans ces Monades. Sa Volonté de manifester est aussi la leur, mais d'une façon inconsciente. Lui, conscient de Lui même, voit clairement le but qu'Il doit atteindre et le sentier qu'Il doit suivre ; tandis qu'elles, dépourvues encore de la Soi-Conscience, renferment en elles — en tant que parties de Son corps — l'énergie animatrice de Sa volonté, et cette énergie, qui par la suite deviendra leur volonté de vivre, les pousse vers des conditions qui rendront possible pour elles la vie de soi-conscience séparée, au lieu de la vie de la soi-conscience universelle. Elles atteignent le second stade dans la vie du Deuxième Logos et arrivent au Troisième Logos. A ces Monades, dès lors comparativement séparées, l'impulsion des Ordres créateurs apporte avec une vague conscience *d'autrui* et du *Moi*, un faible désir d'atteindre à une conscience du Moi et d'autrui plus claire, plus nettement définie : c'est la *Volonté individuelle de vivre*. C'est cette volonté qui les pousse à descendre sur des plans plus denses, les seuls sur lesquels elles pourront acquérir cette conscience plus nette.

Ce qu'il faut bien comprendre, c'est que l'évo-

lution du Moi individuel est une évolution vou-
lue, choisie par ce Moi lui-même ; si nous
sommes ici-bas, c'est que nous l'avons voulu
ainsi ; c'est notre *volonté de vivre* qui nous
y a poussés, et personne d'autre ne nous y a
forcés.

L'aspect *volonté* de la Conscience sera étudié
plus en détail dans les chapitres qui suivent ; ce
qu'il faut retenir pour le moment, c'est que,
dans leur descente dans les plans inférieurs de la
matière, dans le champ de manifestation, le
quintuple univers, les Monades agissent d'elles-
mêmes, se déterminent elles-mêmes. Elles sont
pour leurs véhicules ce que l'Ego est pour son
corps physique ; leur vie radieuse et divine reste
dans des régions plus sublimes, et flotte pour
ainsi dire au-dessus de ces véhicules inférieurs,
se manifestant de plus en plus en eux à mesure
qu'ils deviennent plus plastiques. « La Monade
fait son cycle de descente dans la matière (1) »,
dit H.-P. Blavatsky.

Partout dans la Nature nous retrouvons cet
effort vers une manifestation plus complète,
partout nous retrouvons cette même volonté de
vivre. La graine enfoncée dans le sol pousse vers
la lumière son germe minuscule ; le bourgeon

(1) *Secret Doctrine*, I, 267.

enfermé dans son enveloppe, brise les parois de
sa prison pour s'épanouir au soleil et le petit
poussin brise, lui aussi, la coquille qui l'empri-
sonne pour se baigner dans sa lumière vivifiante.
Partout la vie cherche à s'exprimer ; partout les
pouvoirs cherchent à se manifester. Voyez le
peintre, le sculpteur, le poète ; voyez comme le
génie créateur lutte en eux ; créer est pour eux un
plaisir transcendant, une joie indicible. Et cela
nous montre encore une fois que la vie est partout : dans le Logos et dans l'homme de génie
comme dans la créature la plus infime, la plus
éphémère ; tous les êtres, toutes les choses se ré-
jouissent du bonheur de vivre et c'est en se mul-
tipliant que tous sentent leur vie grandir. Sentir
la vie s'exprimer elle-même, la voir se répandre
partout en s'épanouissant et s'accroissant sans
cesse, voilà le résultat de la *Volonté de vivre* et
sa maturation dans la *Félicité d'être.*

Un certain nombre de Monades, désireuses
de vivre au milieu des difficultés de l'univers
quintuple afin d'asservir la matière et d'y créer
des univers à leur tour, descendent dans cette
matière où elles se développeront et deviendront
des Dieux, de nouveaux arbres de vie, des nouvelles sources de l'Être.

La construction d'un univers constitue le *Jour*

de l'Émanation. La Vie est un éternel *Devenir*, et
c'est par le changement qu'elle arrive à se connaître elle-même.

Quant aux Monades qui ne se sentent pas
prises du désir d'asservir la matière afin de
devenir des créateurs, elles demeurent dans leur
félicité statique, en dehors de l'univers quintuple complètement inconscientes des activités
qui s'y déploient. Il faut se rappeler que les sept
plans s'interpénètrent mutuellement et la faculté
de conscience sur un plan quelconque, donne
naissance au pouvoir de répondre aux vibrations
de ce plan. Ainsi, un homme peut très bien être
conscient sur le plan physique, parce que son
corps physique est organisé de telle façon qu'il
est capable de recevoir et de transmettre toutes
les vibrations de ce plan — et être cependant
tout à fait inconscient des plans supérieurs, bien
qu'il soit continuellement influencé par leurs
vibrations, simplement parce qu'il n'a pas encore
assez développé ses corps supérieurs pour qu'ils
puissent recevoir et transmettre les vibrations
de ces plans. De même la Monade, l'unité de
conscience peut parfaitement être consciente sur
le deuxième plan et malgré cela être tout à fait
inconsciente sur les cinq autres. Pour développer la conscience sur tous les plans, il faut

que la Monade prenne un peu de la matière de
chacun d'eux, et s'enveloppant de cette matière,
s'en voilant pour ainsi dire, qu'elle en forme
une gaîne grâce à laquelle elle pourra entrer en
contact avec le plan ; il faut ensuite qu'elle organise graduellement cette gaîne de matière et en
façonne un corps capable de fonctionner sur son
propre plan comme une expression parfaite
d'elle-même. Ce corps transmet à la Monade les
vibrations qui lui parviennent du plan et transmet à celui-ci les vibrations qu'il reçoit de la Monade. A mesure que la Monade s'enveloppe ainsi
dans la matière de chaque plan successivement,
elle se trouve obligée d'abandonner un peu de
sa conscience ; tout ce qui, dans cette conscience,
est trop subtil pour recevoir ou produire des
vibrations dans la matière d'un plan, est perdu
pour elle. La Monade a en elle sept pouvoirs vibratoires fondamentaux — chacun d'eux capable
de donner naissance à une infinité de vibrations
secondaires de son type particulier — et ces
pouvoirs se trouvent paralysés, un à un, à mesure
que s'accumulent les enveloppes de matière de
plus en plus grossière. Ces pouvoirs qu'a la
conscience de s'exprimer elle-même de certaines
façons fondamentales — (pouvoir est employé
ici dans son sens mathématique, conscience à la

« troisième », à la « quatrième dimension) —
apparaissent dans la matière sous forme de ce
qu'on appelle dimensions. Ainsi sur le plan
physique, le pouvoir de la conscience s'exprime
dans la matière de la « troisième dimension »,
tandis que sur le plan astral, ou le plan mental,
il faut d'autres dimensions de la matière pour
que ces pouvoirs puissent se manifester.

Lorsqu'il est question de Monades, on a souvent tendance à croire qu'il s'agit de quelque
chose de très éloigné. Et cependant, la Monade est bien près de nous, car elle est notre
Soi, la racine même de notre être, la source intérieure de notre vie, l'unique Réalité. Notre Soi
est en vérité caché, non-manifesté, enveloppé de
ténèbres et de silence ; mais notre conscience est
la manifestation limitée de ce Soi, le Dieu manifesté dans le cosmos de nos corps qui sont ses
vêtements. De même que le Non-manifesté se
trouve manifesté partiellement dans le Logos, en
tant que Conscience divine, et dans l'univers en
tant que corps du Logos (1) — de même notre
Soi non-manifesté se manifeste partiellement
dans notre conscience comme Logos de notre

(1) Dans l'illusion bruyante du temps je travaille
     A tisser pour Dieu le vêtement que tu lui vois. »
                              GŒTHE.

système individuel, et dans notre corps comme
univers dans lequel s'enveloppe la conscience.
« En haut comme en bas ».

Ce Soi caché — l'Unique en vérité — porte le
nom de Monade. C'est de cette Monade que nous
vient ce sentiment subtil d'unité, qui persiste en
nous à travers toutes les transformations ; c'est
en elle aussi que le sentiment de l'identité prend
sa source : car elle est l'Éternel en nous. Les trois
rayons qui émanent de la Monade — et que nous
étudierons présentement — sont les trois aspects
ou modes de son être — ou hypostases — qui
reproduisent les Logoï d'un univers: la Volonté,
la Sagesse et l'Activité, les trois expressions es-
sentielles de la conscience incorporée, l'Atmâ-
Bouddhi-Manas des Théosophes.

Cette conscience se comporte toujours comme
une unité sur tous les plans, mais sur chacun
d'eux elle montre la triplicité qui la compose. Si
nous étudions la conscience sur le plan mental,
nous verrons la Volonté apparaître sous forme de
choix, la Sagesse sous forme de discernement, et
l'Activité sous forme de connaissance. Sur le plan
astral, la Volonté devient le désir, la Sagesse
l'amour, et l'Activité la sensation.

Sur le plan physique, la Volonté a pour instrument les organes moteurs (Karmendriyas) ;

la Sagesse a les hémisphères cérébraux et l'Activité les organes des sens (jñanendriyas) (1). La manifestation complète de ces trois aspects de la conscience dans leur forme la plus élevée, a lieu pour l'homme dans le même ordre que la manifestation des trois Logoï dans l'univers. Le troisième aspect, l'Activité — qui se révèle à nous sous forme d'intelligence créative accumulant les connaissances — est le premier à parfaire ses véhicules et à montrer toutes ses énergies. Le deuxième aspect, la Sagesse — la raison pure et compatissante — apparaît ensuite ; c'est le Krishna, le Bouddha, le Christ dans l'homme. Le troisième aspect, la Volonté, est le dernier à se montrer ; il est le pouvoir divin du Soi ; la béatitude et la paix dans sa plénitude que rien ne saurait amoindrir.

(1) Cette assignation n'est qu'une simple spéculation ; comme la matière est féminine, il semble que Sarasvâti, appartenant à Brahmâ, soit le symbole des Jnanéndriyâs, et Doûrgâ le symbole des Karmendriyas.

CHAPITRE III

OCCUPATION DU TERRAIN

§ 1. — L'Arrivée des Monades

Lorsque l'univers dans sa forme quintuple est prêt, lorsque les cinq plans avec leurs sept sous-plans respectifs sont complètement terminés — quant à leur constitution primitive — alors commence l'activité du Second Logos, le Constructeur et le Préservateur des formes. On a donné à cette activité le nom de deuxième Vague de Vie ; c'est elle qui déverse dans l'univers entier ses torrents de sagesse et d'amour — la sagesse, qui est la force directrice nécessaire à l'organisation et l'évolution des formes ; l'amour, cette force attractive qui maintient les formes ensemble et leur donne de la stabilité dans toutes

leurs combinaisons si complexes. Lorsque ce
grand courant de Vie du Logos se déverse dans
le quintuple champ de la Manifestation, il fait
entrer en activité les Monades, les unités de
conscience, prêtes à commencer leur évolution
et à s'envelopper dans la matière.

Il n'est pas tout à fait exact de dire que les
Monades entrent en activité ; il serait plus juste
de dire qu'elles se mettent à rayonner, à envoyer
de tous côtés leurs rayons de vie. Car elles-
mêmes demeurent toujours « dans le sein du
Père », et ce sont leurs rayons de vie qui s'élan-
cent, eux, dans l'océan de la matière, où ils
s'approprieront les matériaux qui leur sont nécessaires pour agir dans l'univers ; ils s'emparent
de la matière, la rendent plastique et la façonnent en véhicules appropriés.

H.-P. Blavatsky a décrit cette émanation en
termes graphiques allégoriques, employant un
symbolisme beaucoup plus expressif que les
mots ordinaires : « ..... Le Triangle primordial,
qui, dès qu'il s'est reflété dans « l'Homme céleste », le plus élevé des Sept Supérieurs, disparaît et retourne dans « le Silence et les Ténèbres » ;
et l'homme astral paradigmatique, dont la Monade (Atmâ) est représentée aussi par un triangle,
car elle doit devenir ternaire durant les inter-

valles de vie déyakhanique consciente » (1). Le
triangle primordial, où la Monade à trois faces
— Volonté, Sagesse, Activité — se reflète dans
« l'Homme des Cieux » sous forme d'Atmâ-Bouddhi-Manas, et « retourne dans le Silence et les
Ténèbres ». Atmâ — appelé souvent la Monade
de l'homme inférieur ou homme astral — doit
devenir ternaire, devenir une unité à trois faces,
en s'assimilant Bouddhi et Manas. L'expression
« se refléter » a besoin d'être expliquée. D'une
façon générale, on emploie le mot réflection
pour indiquer qu'une force, manifestée sur un
plan supérieur, réapparaît sur un plan inférieur,
où elle se trouve conditionnée par une matière
d'espèce plus grossière, de sorte qu'elle perd une
certaine partie de son énergie effective, et apparaît sur ce plan inférieur sous une forme amoindrie. Dans le cas spécial qui nous occupe en ce
moment, ce terme signifie qu'un courant de vie
découle de la Monade et prend comme enveloppe
un atome de chacun des trois plans supérieurs
du champ d'évolution — le troisième, le quatrième et le cinquième — produisant ainsi
« l'Homme des Cieux », le « gouverneur vivant,
immortel », le pèlerin qui doit évoluer dans

(1) *Secret Doctrine*, III, p. 444.

un Système qui a été construit tout entier dans
ce but.

« De même que les ondes puissantes du Soleil
produisent dans la matière les vibrations que
nous appelons ses rayons (représentant sa chaleur, son électricité et ses autres énergies), de
même la Monade produit une vibration dans la
matière atomique, des plans atmique, bouddhique
et mânâsique — qui l'enveloppent de la même
façon que l'éther de l'espace enveloppe le Soleil
— et cette vibration est de nature triple comme la
Monade elle-même. Elle est aidée dans cette tâche
par des Dévas venus d'un univers antérieur, et qui
ont déjà passé par des expériences semblables.
Ces Dévas guident l'onde vibratoire émanant de
l'aspect Volonté, et la dirigent sur l'atome Atmique — et cet atome vibrant sous l'influence
de l'aspect Volonté, devient Atmâ : ils guident et
dirigent sur l'atome bouddhique l'onde vibratoire venant de l'aspect Sagesse, et cet atome
bouddhique, vibrant dès lors sous l'action de
l'aspect Sagesse, devient ce que nous appelons
Bouddhi ; toujours de la même façon ils dirigent
l'onde vibratoire provenant de l'aspect Activité
sur l'atome mânasique, et cet atome vibrant sous
l'action de l'aspect activité devient Mânas. C'est
de cette façon que se trouve formé l'Atmâ-Boud-

dhi-Manas, la Monade dans le monde manifesté,
le rayon de la Monade qui, elle, reste toujours
en dehors de cet univers quintuple. Voilà le
mystère du Veilleur, du Spectateur, de l'Atmâ
inactif qui, dans sa triple nature, demeure toujours sur son propre plan, et vit dans le monde
des hommes, par son rayon, qui vient animer les
ombres fugitives et les vies éphémères d'ici-bas...
Ces ombres agissent sur les plans inférieurs, animées par l'influence de la Monade qui envoie cette
influence sous la forme d'une image d'elle-même,
d'un rayon ; cette influence est bien faible d'abord,
si faible que c'est à peine si elle est perceptible,
mais elle devient de plus en plus sensible » (1).

Cet Atmâ-Bouddhi-Manas, c'est l'Homme des
Cieux, l'Homme spirituel ; c'est l'expression de
la Monade, dont les trois aspects Volonté, Sagesse, Activité deviennent, en se réfléchissant,
Atmâ, Bouddhi et Manas. On peut donc considérer l'Atmâ humain comme l'aspect Volonté de la
Monade, animant un atome âkâshique ; Bouddhi,
comme l'aspect Sagesse animant un atome de
l'air (la flamme divine) ; et Manas comme l'aspect Activité animant un atome du feu.

---

(1) *Pedigree of Man,* p. p. 25-27, avec un léger changement, ce passage s'appliquant, dans ce livre, à la quatrième
chaîne seulement.

Cette triade spirituelle d'Atmâ-Bouddhi-Manas, l'Homme céleste comprend donc les trois aspects ou énergies de la Monade incorporée dans la matière atomique ; c'est « l'Esprit » dans l'homme le Jivâtmâ ou Soi vital, le Soi séparé (1) ; c'est l'Esprit à l'état de germe et, dans son troisième aspect, l' « Ego enfant ». En essence, cette triade est identique à la Monade, elle EST la Monade même ; mais sa force et son activité se trouvent amoindries par les voiles de matière qui l'enveloppent. Cet affaiblissement de pouvoir ne doit cependant pas nous faire oublier l'identité de nature ; il faut toujours se rappeler que la conscience humaine est une unité, et que, bien que ses manifestations se présentent sous des formes variant à l'infini, ces différences sont dues uniquement à la prédominance de l'un ou l'autre de ces aspects et à la densité relative des matériaux dans lesquels ils agissent. Les manifestations de la triade varient, il est vrai à l'infini, parce qu'elles sont conditionnées : mais elle-même reste toujours unique.

Ainsi la portion de conscience monadique qui peut se donner expression dans l'univers

---

(1) Le terme Jivâtmâ s'applique naturellement également à la Monade mais c'est surtout pour désigner la réflexion de cette monade qu'on l'emploie.

quintuple, pénètre d'abord dans la matière la plus subtile de cet univers, s'incorporant dans un atome de chacun des trois plans les plus élevés ; lorsqu'elle a ainsi rayonné et qu'elle s'est approprié ces atomes pour son usage personnel, son œuvre est commencée ; sa nature subtile l'empêche encore de descendre plus bas que le plan Anoupâdaka, et c'est pourquoi l'on dit qu'elle est *dans le Silence et les Ténèbres,* non-manifestée ; mais elle vit et agit dans ces atomes qu'elle s'est appropriés et qui forment l'enveloppe de sa Vie sur les plans les plus rapprochés de son propre plan. Nous pouvons représenter ceci sous la forme d'un tableau.

| I. Âdi |
| II. Anupâdaka |
| III. Âtmâ |
| IV. Bouddhi |
| V. Manas |
| VI. Kâma |
| VII. Sthûla |

Cet Atmâ-Bouddhi-Manas, cette Triade spirituelle comme on l'appelle souvent, ce Jivâtmâ,
est une semence, un germe, de la Vie divine,
renfermant toutes les potentialités de son Père
céleste — la Monade — potentialités qui doivent
se développer en pouvoirs au cours de l'Évolution. C'est « l'humanité du Fils divin du Premier
Logos », animé par la « Divinité, la Monade »
— un mystère, en vérité, mais un mystère qui
se trouve reproduit sous des formes nombreuses
autour de nous.

La Monade, libre jusqu'à ce moment dans la
matière subtile de son propre plan, se trouve dès
lors liée par la matière plus dense et ses pouvoirs
de conscience ne peuvent pas se manifester dans
ce voile qui l'aveugle. Elle est renfermée dans cette
matière comme un simple germe, un embryon
impuissant, insensible, abandonné à lui-même,
tandis que sur son propre plan elle est toute-
puissante, consciente, active — quant à sa
vie intérieure. L'une est la Monade dans l'Éter-
nité, l'autre la Monade dans le Temps et l'Espace ; le contenu de la Monade éternelle doit
devenir l'étendue de la Monade dans le temps et
l'espace. Cette vie, tout embryonnaire maintenant, évoluera et deviendra un être complexe,
expression de la Monade sur chacun des plans

de l'univers. Toute-puissante intérieurement sur
son plan subtil, elle est d'abord impuissante,
enchaînée, abandonnée à elle-même lorsqu'elle
est emprisonnée dans son enveloppe de matière
grossière, incapable de recevoir à travers elle
aucune vibration, ni d'en émettre elle-même.
Mais peu à peu elle deviendra maîtresse de cette
matière dont elle est d'abord l'esclave ; lentement
mais sûrement elle façonne cette matière pour
s'exprimer elle-même. Elle est aidée et surveillée
dans sa tâche par le Deuxième Logos, le soutien et
le préservateur de toutes choses, jusqu'à ce qu'elle
puisse vivre aussi librement dans cette matière
que dans celles des plans supérieurs, jusqu'à ce
qu'elle devienne à son tour un Logos créateur,
et engendre, elle aussi, un univers. Mais ce pouvoir de créer un univers ne s'acquiert — dit LA
SAGESSE — qu'en évoluant au-dedans du Soi tout
ce qui doit être manifesté par la suite. Le Logos
ne crée rien de rien ; Il évolue tout au-dehors de
Lui-même ; c'est des expériences par lesquelles
nous passons actuellement que nous retirons les
matériaux qui dans le futur pourront nous servir
à construire un univers.

Mais cette Triade spirituelle, ce Jivâtmâ, la
Monade dans l'univers quintuple, ne peut pas
entrer tout de suite en activité et se diriger par

elle-même. Elle ne peut encore rassembler
autour d'elle aucune agrégation de matière et
seule la matière atomique constitue pour elle
une enveloppe convenable. La Vie du Second
Logos est pour elle ce que le sein de la mère est
pour l'embryon ; c'est en elle que commence la
construction. Ce stade d'évolution durant lequel
le Logos façonne, nourrit et développe la vie
qui germe, peut, en vérité, être considéré pour
l'Homme céleste, l'Embryon céleste, comme
une période correspondant à la vie pré-natale
d'un être humain, cette période pendant laquelle
son corps se forme peu à peu, tandis qu'il est
nourri par les courants vitaux qui viennent de la
mère lui donnant sa propre substance. Il en est
de même pour le Jivâtmâ renfermant la vie de la
Monade ; il doit attendre que son corps se forme
sur les plans inférieurs et il ne peut émerger de
cette vie pré-natale pour « naître » avant que ce
corps ne soit complètement terminé sur les plans
inférieurs.

La *naissance* a lieu lorsque le corps causal
se forme, lorsque l'Homme céleste se manifeste
comme Ego enfant, une véritable individualité
qui vient habiter un corps sur le plan physique.
Un peu de réflexion nous fera voir combien frappante est l'analogie entre l'évolution du *pèlerin*

et l'évolution de chaque renaissance ; dans le second cas, le Jivâtmâ attend la formation du corps
physique qui doit devenir son habitation ; dans
le premier cas, ce sont les Triades spirituelles formant une collectivité qui attendent la construction du Quaternaire cosmique. Tant que le véhicule n'est pas prêt sur les plans inférieurs, tout
n'est qu'une préparation à l'évolution et non
l'évolution elle-même ; on appelle souvent cette
préparation : l'involution.

L'évolution de la conscience doit commencer
par des contacts reçus par son véhicule le plus
extérieur, autrement dit, il faut qu'elle commence
sur le plan physique. Elle ne peut avoir conscience
d'un *extérieur* que par les impacts venant influencer son enveloppe extérieure ; jusque-là
elle est dans une sorte d'état de rêve, tandis que
les faibles tressaillements émanant de la Monade
provoquent dans le Jivâtmâ de légères pressions
qui tendent vers l'extérieur comme une source
d'eau souterraine cherchant une issue.

§ 2. — LE TISSAGE DE LA TRAME DE L'UNIVERS

Cependant le réveil s'approche et la matière
reçoit ses différentes qualités — c'est ce qu'on

peut comparer à la formation des tissus du corps
— par l'opération du Deuxième Logos, la seconde
Vague de vie, qui descendant de plan en plan
communique ses qualités à cette proto-matière
septule. La Vague de vie, comme nous l'avons
vu plus haut, emmène avec elle les Jivâtmâs jusqu'au sous-plan atomique du cinquième plan ;
le plan du Feu, du pouvoir créateur individualisé, de l'intelligence. Là, ils ont déjà chacun un
atome, l'atome mânasique, le voile mental de la
monade. Le Logos inonde ces atomes de Sa Vie et
tous les autres atomes du plan. On pourrait avec
raison appeler ces atomes, qui forment le sous-
plan atomique : *Essence monadique,* qu'ils
soient libres ou attachés à des Jivâtmâs ; mais
comme au cours de l'évolution, — ainsi que nous
l'expliquerons plus loin — il se produit des différences entre les atomes attachés et les atomes
non-attachés, on applique généralement ce terme
aux atomes non-attachés, tandis que les atomes
attachés, pour des raisons que nous verrous tout
à l'heure prennent le nom d' « atomes permanents ».

On peut donc considérer l'Essence monadique
comme la matière atomique animée par la Vie
du second Logos. C'est le vêtement dont Il s'entoure pour vivifier les formes et les retenir en-

semble ; Il est·vêtu de matière atomique. Sa
propre Vie, en tant que Logos, séparée de la vie
d'Atmâ-Bouddhi-Manas dans l'homme, séparée
de toute vie sur le plan — bien que ce soit Lui
qui les supporte, les imprègne et les contienne
toutes — est enveloppée dans la matière atomique
uniquement, et c'est à cette matière qu'on a donné
le nom d'Essence monadique. La matière de ce
plan — capable déjà par la nature de ses atomes (1),
de répondre par des vibrations aux changements
actifs de pensée — est façonnée par la deuxième
Vague de vie en combinaisons appropriées à l'ex·
pression des pensées — pensées abstraites dans la
matière subtile, pensées concrètes, dans la matière
plus grossière. Les combinaisons des deuxième
et troisième plans supérieurs constituent le premier Règne élémental, et les combinaisons des
quatre sous-plans inférieurs forment le second
Règne. La matière, dans ces combinaisons, prend
le nom d'Essence élémentale ; elle peut être façonnée en formes-pensées ; il ne faut pas la con·
fondre avec l'Essence monadique ; l'une est de
constitution atomique, l'autre de constitution
moléculaire.

La deuxième vague de vie continue sa marche

(1) Les Tanmâtras ou mesures divines,

et arrive au sixième plan ; le plan de l'Eau, de
la sensation individualisée, du désir. Les Dévas
mentionnés plus haut, relient les Jivâtmâs, attachés ou permanents, unités du cinquième plan,
à un nombre correspondant d'atomes du sixième
plan ; puis le second Logos vient inonder de sa
Vie tous ces atomes ainsi que ceux qui restent ;
de sorte que ces atomes deviennent l'éssence
monadique, comme nous l'avons déjà expliqué.

La Vague de vie continue à avancer, formant
sur chaque sous-plan des combinaisons appropriées à l'expression des sensations. Ces combinaisons constituent le troisième Règne élémental,
et dans ces combinaisons, la matière prend le
nom d'éssence élémentale, comme précédemment ; et sur ce plan, le sixième, elle peut être
façonnée en formes-désirs.

On voit donc que l'éssence élémentale consiste en agrégations de matière sur chacun des
sous-plans non atomiques du plan mental et du
plan des désirs. Ces agrégations ne peuvent servir
de formes permettant d'être habitées par une
entité quelconque, mais elles constituent les matériaux à l'aide desquels de telles formes peuvent
être construites.

Continuant sa marche, la Vague de vie arrive
au septième plan, le plan de la Terre, le plan des

activités individualisées, des actions. Comme
dans le cas précédent, les Jivâtmâs, attachés ou
permanents, atomes du sixième plan, sont unis
à un nombre correspondant d'atomes du septième plan, le second Logos les inonde de sa
Vie, ainsi que tous les atomes qui restent — ces
atomes deviennent ainsi l'éssence Monadique.
Encore une fois la Vague de vie poursuit sa
marche, formant sur chaque sous-plan des combinaisons appropriées à la constitution de corps
physiques, les futurs « éléments chimiques »
ainsi qu'on les nomme sur les trois sous-plans
inférieurs.

Si nous considérons ce travail de la deuxième
Vague de vie dans son ensemble, nous trouvons
que cette courbe descendante qu'elle trace à travers les plans a pour objet ce qu'on pourrait assez
justement dénommer la fabrication des tissus
primaires à l'aide desquels les corps subtils et
denses seront formés par la suite. Et c'est avec
raison que dans quelques ouvrages anciens on
appelle cette descente du Logos « le tissage »,
car c'en est réellement un. Les matériaux pré-
parés par le Troisième Logos sont tressés par le
Deuxième, qui en forme des fils et des tissus à
l'aide desquels seront fabriqués plus tard les
vêtements des corps subtils et denses. De

même qu'un homme prend des fils séparés de chanvre de coton, de soie — eux-mêmes des combinaisons d'une espèce plus simple — et en tisse des toiles, des étoffes de soie et de coton avec lesquelles on fera des vêtements en les coupant et en les cousant ensuite, de même le second Logos tresse les fils de matière avec lesquels il tisse ensuite des tissus dont il fait des formes. Il est l'éternel Tisserand, tandis que le troisième Logos est l'éternel Chimiste. Le troisième Logos travaille dans la nature comme dans un vaste laboratoire, et le deuxième Logos comme dans une grande fabrique. Ces comparaisons, si matérialistes qu'elles soient, ne sont pas à dédaigner, car elles nous tiennent lieu de béquilles dans les efforts boiteux que nous faisons pour comprendre.

Ce *tissage* donne à la matière ses propriétés caractéristiques, de même que les propriétés caractéristiques des fils diffèrent de celles du matériel brut, et que celles de l'étoffe diffèrent de celles des fils. Le Logos tisse les deux sortes d'étoffes de matière mânasique ou substance mentale, et c'est à l'aide de celles-ci que seront construits plus tard les corps causal et mental. Il tisse l'étoffe de matière astrale ou substance des désirs et c'est d'elle que sera formé plus tard le

corps des désirs. C'est-à-dire que les combinaisons de matière formées et maintenues ensemble
par la deuxième Vague de vie, possèdent des
propriétés caractéristiques qui agiront sur la
Monade lorsqu'elle entrera en contact avec ce
qui l'entoure et lui permettront d'influencer cet
entourage.

La Monade devient ainsi apte à recevoir des
vibrations de toutes sortes, mentales, sensorielles, étc. Les propriétés caractéristiques dépendent de la nature des agrégations. Il y a sept grands
types — déterminés par la nature de l'atome —
et d'innombrables sous-types. Tout cela contribue
à la formation des matériaux qui constituent le
mécanisme de la conscience qui sera conditionnée
par tous ces différents tissus, toutes ces colorations, toutes ces densités différentes.

Tandis que la Vague de vie suit ainsi cette
courbe descendante à travers le 5e, le 6e et le
7e plan, jusqu'à ce qu'elle atteigne la matière la
plus dense, le point tournant où commence sa
courbe ascendante, on peut dire que son œuvre
a pour seul but de former des combinaisons présentant certaines qualités définies ; c'est pourquoi
on appelle souvent ce travail « le don des qualités ». Nous verrons que sur la courbe ascendante des corps seront construits à l'aide de cette

matière ainsi préparée. Mais avant d'étudier la formation de ces corps, il nous faut examiner la division septuple de la vague de vie durant sa descente, ainsi que l'apparition des « Êtres de Splendeur », les « Dévas », les « Anges », les « Élémentals » dont l'entrée en activité fait partie de la courbe descendante. Ces êtres sont les « Dieux Inférieurs » dont parle Platon, qui donnent à l'homme ses corps périssables.

§ 3. — LES SEPT COURANTS

« Pourquoi les Théosophes emploient-ils si souvent le nombre sept ? » demande t-on constamment. On dit souvent qu'il est le « nombre-racine » du système. Il y a une raison évidente à la part active que prend ce nombre dans l'assemblage des choses, puisque ces triplicités dont nous avons parlé plus haut, nous concernent. Une triade produit nécessairement un septénaire par ses propres relations internes puisque ses trois facteurs peuvent se grouper de sept façons différentes, mais pas plus. Nous avons déjà dit que la matière située en dehors des limites d'un univers possède les trois qualités — inertie, mobilité, et rythme — à l'état d'équilibre.

Lorsque le Logos engendre le mouvement, il y a tout de suite possibilité d'existence pour sept groupes différents, car dans un atome ou un groupe d'atomes quelconque l'une ou l'autre des trois qualités peut se trouver plus fortement accentuée, et nous aurons alors une qualité prédominante. Nous pourrons par exemple avoir trois groupes : dans l'un l'inertie prédominera, tandis que dans l'autre ce sera la mobilité et dans le troisième le rythme. Chacun de ces groupes se subdivise encore selon la prédominance de l'une ou l'autre des deux qualités qui restent ; ainsi dans l'un des deux groupes caractérisés par l'inertie, la mobilité prédominera, tandis que dans l'autre ce sera le rythme ; il en sera de même pour les deux autres groupes caractérisés par la mobilité et par le rythme. De là proviennent les différents types que nous connaissons tous, classifiés selon leur qualité prédominante et ordinairement désignés par leurs noms sanscrits : satviques, râjasiques et tâmasiques, rythmiques, mobiles et inertes. Nous avons par exemple des aliments, des hommes, des animaux, etc., satviques, râjasiques ou tâmasiques.

Nous avons donc sept groupes en tout : les six subdivisions des trois, et un septième dans lequel les trois qualités sont également actives.

Les variétés de type n'ont d'autre but que de montrer les énergies relatives des qualités dans chaque triade.

La vie du Logos, qui doit s'infuser dans cette

INERTIE		MOBILITÉ RYTHME

```
INERTIE    Mobilité    RYTHME
INERTIE    MOBILITÉ    Rythme

        MOBILITÉ    Rythme    INERTIE
        MOBILITÉ    RYTHME    Inertie

            RYTHME    Inertie    MOBILITÉ
            RYTHME    INERTIE    Mobilité
```

matière, se manifeste, elle aussi, par sept courants ou rayons.

Ces rayons proviennent également des trois aspects de conscience qui sont présents en Lui comme dans toutes les consciences puisque toutes sont des manifestations du Soi universel.

Ce sont : la Félicité, ou Ichchâ, la Volonté ; la Connaissance ou Jñânam, la Sagesse ; l'Exis.

tence ou Kriyâ, l'Activité. Ce sont là les sept courants ou rayons de la vie du Logos.

On peut dire que toutes les choses dans l'uni-

VOLONTÉ   SAGESSE ACTIVITÉ

VOLONTÉ   *Sagesse*   ACTIVITÉ
VOLONTÉ   SAGESSE   *Activité*

SAGESSE   *Activité*   VOLONTÉ
SAGESSE   ACTIVITÉ   *Volonté*

ACTIVITÉ   *Volonté*   SAGESSE
ACTIVITÉ   VOLONTÉ   *Sagesse*

vers sont groupées dans ces sept divisions, les sept courants de la vie du Logos formant la deuxième Vague de vie. Nous pouvons imaginer cette Vague de vie se déversant dans les plans, passant à travers eux. Si nous représentions les plans horizontalement, la Vague de vie nous apparaîtrait descendant verticalement à travers eux. De plus il doit y avoir dans chaque courant sept subdivisions primitives, suivant le type de matière dont il s'agit, et dans ces subdivisions d'au-

tres subdivisions secondaires, suivant la répar-
tition des qualités dans chaque type, et ainsi
de suite en des variations infinies. Il est inutile
d'entrer dans tous ces détails. Il nous suffira
de retenir qu'il y a sept types de matière et sept
types de conscience. Les sept courants de vie
du Logos apparaissent sous la forme de ces sept
types de conscience, et dans chacun de ces types
on trouve les sept types de combinaisons de
matière. Dans les trois règnes élémentals on
trouve, comme sur le plan physique, sept types
distincts. H. P. Blavatsky, dans la *Doctrine Secrète*, cite à propos de l'Homme, un passage
des *Stances* du livre de Dzyân, dans lequel il
est dit qu'il y en a : « Sept d'entre Eux (les
Créateurs), chacun dans son groupe » formant
les sept types d'hommes ; et ceux-ci s'étant sub-
divisés « sept fois sept ombres d'hommes futurs
prirent naissance ». Voilà d'où proviennent les
différences de tempérament parmi les hommes.

§ 4. — Les Êtres de Splendeur

Nous avons maintenant à étudier un autre
résultat de cette descente de la Vague de vie.
Nous avons vu qu'elle confère des qualités aux

agrégations de matière sur le 6° et le 7° plan ;
que dans le premier règne élémental il y a des
matériaux prêts à revêtir les pensées abstraites ;
que dans le deuxième règne il y a des matériaux
prêts pour les pensées concrètes et dans le troi·
sième règne des matériaux pour les désirs ; mais
en plus de ce don des qualités, le deuxième
Logos, durant cette descente, engendre des êtres,
évolués à différents degrés, habitants normaux
et typiques de ces trois règnes.

Ces êtres ont été apportés d'une évolution pré-
cédente par le Logos et sont enlevés aux trésors
immenses de Sa Vie, pour venir habiter le plan
qui convient à leur degré de développement respectif et pour coopérer avec Lui et plus tard
avec l'homme, à l'accomplissement de Son
œuvre.

On leur a donné différents noms dans chaque
religion ; mais toutes les religions reconnaissent
leur existence et leur œuvre. Le nom sanskrit
de Dévas — Êtres de Splendeur — est celui
qu'on leur donne le plus souvent, car il dépeint
très exactement la caractéristique marquée de
leur apparence : une splendeur éclatante (1). Dans

---

(1) La traduction de ce terme si approprié par le mot « dieux »
a causé bien des confusions parmi les étudiants de la philosophie orientale. Les « trente-trois légions de dieux » ne sont

la religion hébraïque, le catholicisme et l'isla-
misme, on les appelle archanges et anges. La
Théosophie — pour éviter une nomenclature
sectaire — les nomme d'après le lieu qu'ils
occupent : élémentals. Ce titre a de plus l'avantage de rappeler à l'étudiant leur relation avec
les cinq éléments de l'antiquité : l'æther, l'air,
le feu, l'eau et la terre. Car il y a des êtres
semblables, mais d'un type plus élevé sur le
plan âtmique et le plan bouddhique, de même
que les élémentals du feu et de l'eau sur le
plan mental et le plan des désirs, et les élémentals éthérés sur le plan physique. Ces Êtres possèdent un corps composé de l'essence élémentale
du règne auquel ils appartiennent, corps étincelant et multicolore, qui change de forme instantanément sous l'influence de la volonté de
l'entité qui l'habite. Ils forment de vastes co-
hortes, toujours à l'œuvre, travaillant l'essence
élémentale afin d'en améliorer les qualités, s'em-
parant de cette essence pour en former leur
propre corps, la rejetant pour en reprendre des
quantités nouvelles, afin de la rendre plus responsive; ils sont constamment occupés à façonner

des dieux au sens que nous donnons à ce terme en Occident
— le Soi universel, et en second lieu les Logoï — mais sont
les Dévas, les Êtres de Splendeur.

des formes et à aider les Égos humains en voie
de réincarnation à construire leurs nouveaux
corps en leur apportant les matériaux de l'espèce
requise et en les aidant à arranger ces matériaux.
Moins l'Ego est avancé, plus la tâche de direction des Dévas est considérable ; pour les animaux, ils font presque tout le travail eux-mêmes,
et pour les végétaux et les minéraux, ils font
pour ainsi dire tout. Ils sont les agents actifs
dans l'œuvre du Logos ; ils exécutent dans tous
ses détails le plan de l'Univers qu'Il a conçu, et
aident les innombrables vies qui évoluent, à
trouver les matériaux dont elles ont besoin pour
se créer une enveloppe. Toute l'antiquité avait
reconnu qu'ils remplissent une tâche indispensable dans les divers mondes. La Chine, l'Égypte,
l'Inde, la Perse, la Grèce, Rome, toutes nous
répètent la même chose. Non seulement on
trouve dans ces religions la croyance aux plus
élevés d'entre eux, mais encore dans la tradition populaire on trouve des traces des élémentals du désir et des êtres éthérés du plan physique, comme en témoignent les *esprits de la
nature*, les *fées*, les *gnomes*, les *nains* et autres,
vestiges des temps passés, lorsque les hommes
étaient moins profondément embourbés dans la
matière et plus sensibles aux influences des

mondes subtils. Le trop grand intérêt —
nécessaire d'ailleurs à l'évolution — qu'on
prête aux choses matérielles, a ravi à la conscience de veille, la perception de ce travail des
élémentals ; mais naturellement cela n'empêche en rien leur travail, bien que parfois il
s'en trouve rendu moins effectif sur le plan phy
sique.

Cependant, au stade que nous considérons en
ce moment, tout ce travail — excepté celui qui
a pour objet l'amélioration de l'essence élémentale — « dort encore dans les limbes de l'avenir » ;
mais les Êtres de Splendeur ont travaillé activement à cette amélioration.

Un vaste travail de préparation s'est donc
accompli avant qu'ait pû apparaître quoi que ce
soit des formes physiques telles que nous les
comprenons ; il y a eu un grand travail dans l'aspect *forme* des choses, avant que la conscience incorporée — excepté celle du Logos et
des Êtres de Splendeur ait pû agir d'une façon
quelconque. Ce qui devait être un jour la conscience humaine était à ce moment une simple
graine semée dans les plans supérieurs et inconsciente de tout ce qui l'entourait. Sous l'action
stimulante de la chaleur de la vie du Logos,
cette graine envoie vers le bas une frêle racine

qui, aveuglément, inconsciemment, se fraye son chemin dans les plans inférieurs — et c'est cette petite racine qui fera l'objet de notre prochaine étude.

CHAPITRE IV

L'ATOME PERMANENT

§ I. — L'ALLIANCE DES ATOMES

Considérons la triade spirituelle, l'Atmâ Bouddhi-Manas tri-atomique, le Jivâtmâ, la semence de conscience au sein de laquelle la chaleur du courant de vie du Logos qui l'entoure, donne naissance à de faibles tressaillements de vie responsive. Ces tressaillements sont intérieurs, et ils préparent aux activités extérieures. Après une longue préparation apparaît un mince filament semblable à une frêle radicelle, provenant de la molécule tri-atomique qui enveloppe la conscience, un fil de vie doré, dans une graine de matière bouddhique. Un nombre incalculable de ces fils apparaissent dans les nombreux Jivâtmâs, ondoyant vaguement, d'abord, au milieu des sept grands courants de vie, jusqu'au moment où ils « jettent l'ancre » — si l'on veut nous permettre cette expression — en s'attachant à une molécule simple, une unité, sur le quatrième sous-plan mental. Ce lien — comme celui que nous avons vu se produire précédemment avec les trois atomes supérieurs et ensuite avec les atomes astrals et physiques — est créé par l'action des Êtres de Splendeur, Autour de cette unité attachée, s'amassent des agrégations temporaires d'essence élémentale du second règne, agrégations qui sans cesse se dissocient et se reconstituent en groupes, conservant toujours comme centre cette unité attachée. Ce centre permament, point de départ d'une succession infinie de formes complexes et changeantes, s'éveille graduellement sous l'action des vibrations de ces formes et commence à répondre faiblement ; et ces réponses provoquent à leur tour de faibles vibrations qui montent vers le germe de la Conscience dans laquelle elles produisent de vagues mouvements intérieurs. Il serait inexact de dire que chaque centre possède une forme qui lui est propre, car une seule agrégation d'essence élémentale peut avoir plusieurs ou même ou même un grand nombre de ces centres en elle, tandis qu'elle peut aussi n'en avoir qu'un seul ou même n'en posséder aucun.

Avec une lenteur extrême, ces unités attachées entrent en possession de certaines qualités, c'est-à-dire qu'elles acquièrent le pouvoir de vibrer de certaines façons — ayant un rapport avec la pensée, — vibrations qui, par la suite, rendront la pensée possible. Les Êtres de Splendeur du deuxième règne élémental exercent aussi, sur ces unités, leur influence, en dirigeant sur elles les vibrations auxquelles elles commencent à pouvoir répondre peu à peu, et en les enveloppant d'essence élémentale empruntée à leurs propres corps (1).

Chacun des sept groupes-types est, de plus, séparé des autres par une paroi extrêmement ténue d'essence monadique — matière atomique animée par la vie du deuxième Logos ; — c'est le commencement de l'enveloppe de l'âme-groupe future.

Ce processus se répète en entier lorsque le troisième règne élémental se trouve formé. Le minuscule filet de vie, dans sa gaine de matière bouddhique, avec son unité mentale, à laquelle il est attaché, s'efforce d'atteindre le plan des

---

(1) Voyez : *Évolution de la Vie et de la !Forme*, 131-132.

désirs, et s'attache à un atome astral unique
dont il s'empare pour faire son centre permanent sur le plan astral. Autour de lui s'amassent
comme précédemment, des agrégations temporaires d'essence élémentale du troisième règne,
se dispersant et se regroupant continuellement.
Les mêmes résultats se produisent à mesure que
les innombrables successions de formes viennent
envelopper ce centre permanent ; sous leur influence il s'éveille, et les faibles réponses qu'il
donne provoquent des vibrations qui montent
à leur tour vers le germe de la conscience dans
laquelle elles produisent des mouvements imperceptibles. Ces atomes attachés entrent ainsi
lentement en possession de certaines qualités ;
ils acquièrent le pouvoir de vibrer de certaines
façons en rapport avec la sensation, ce qui, par
la suite, rendra la sensation possible. Ici, comme
précédemment, les Êtres de splendeur prennent
part à ce travail, mettant en œuvre leurs pouvoirs vibratoires plus développés pour provoquer
des vibrations synchrones dans ces atomes non
développés, qui leur permettent de répondre aux
influences ambiantes, et leur abandonnant une
partie de leur propre substance. La paroi séparatrice de chacun des sept groupes acquiert ainsi
une seconde épaisseur formée de l'essence mona-

dique du plan des désirs, et marche ainsi vers
la forme qu'elle doit avoir comme enveloppe de
l'âme-groupe à venir.

Le processus se répète à nouveau lorsque la
grande Vague atteint le plan physique. Le frêle
filet de vie enfermé dans sa gaine de matière
bouddhique, avec les unités mentales et astrales,
auxquelles il est attaché, continue sa marche et
s'empare d'un atome physique dont il va faire
son centre permanent sur le plan physique.
Autour de lui viennent s'amasser des molécules
éthériques ; mais la matière physique, plus
dense, est plus compacte qne la matière subtile
des plans supérieurs, et la vie, dans ce cas,
augmente beaucoup en durée. Puis — à mesure
que sont formés les types éthérés des proto-
métaux, et plus tard les proto-métaux eux-
mêmes, ainsi que les métaux, les éléments non-
métalliques, et les minéraux — les Êtres de
Splendeur du règne physico-éthérique plon-
gent ces atomes attachés, enfermés dans leurs
gaines éthériques, dans l'un des sept types
éthérés auquel ils appartiennent respectivement
et ils commencent leur longue évolution physique.

Avant de pousser plus loin cette étude, il nous
faut considérer les âmes-groupes qui reçoivent,

sur le sous-plan atomique, leur troisième enveloppe. Mais, examinons d'abord la nature et la
fonction de ces atomes permanents — tri-unités
ou triades — qui sont comme une réflexion, sur
les plans inférieurs, des triades spirituelles des
plans supérieurs, et dont chacun est attaché
à une triade spirituelle, son Jivâtmâ. Chaque
triade est composée d'un atome physique, d'un
atome astral et d'une unité mentale, attachés
d'une façon permanente à une triade spirituelle
par un fil de matière bouddhique. Ce fil a été
appelé parfois le Soutrâtmâ, le *soi-fil*, parce que
les particules permanentes sont pour ainsi dire
« enfilées » comme des perles sur un cordon (1).

Nous pouvons encore représenter ceci par un
diagramme :

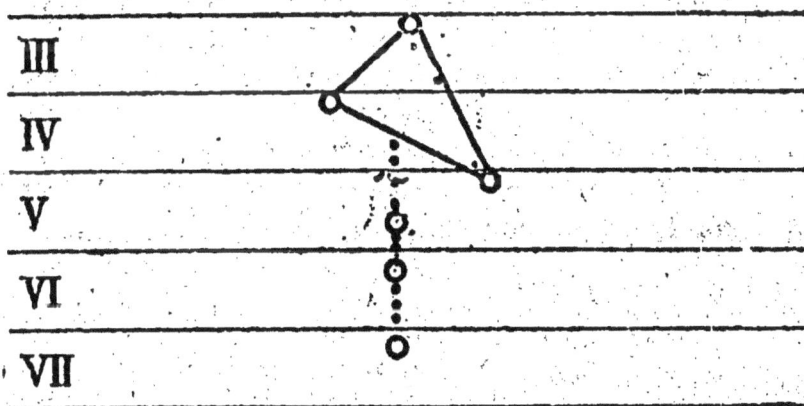

(1) Ce terme sert à désigner plusieurs choses, mais on l'emploie toujours dans le même sens : le lien qui rattache entre

§ 2. — LA TRAME DE LA VIE

Nous avons vu plus haut que la triade spirituelle et la triade atomique étaient rattachées
l'une a l'autre par un lien de matière boudd-
dhique ; c'est ce que représente dans notre diagramme la ligne pointillée qui relie entre eux
les atomes qui partent de la ligne du triangle
située sur le plan bouddhique et non de l'atome
manâsique. C'est de matière bouddhique qu'est
tissée la merveilleuse trame de vie qui soutient et
vivifie tous nos corps. Si nous pouvions examiner nos corps avec la vision bouddhique,
nous les verrions tous disparaître et à leur place
apparaîtrait un tissu d'or étincelant, d'une délicate beauté et d'une finesse incomparable, reproduction de tous ces corps dans leurs plus minutieux détails, au milieu d'un réseau de mailles
minuscules. Ce réseau est composé de matière
bouddhique et au dedans de ses mailles se trouvent disposés les atomes plus grossiers. Un

elles des particules séparées. On l'applique à l'Ego en voie
de réincarnation, pour montrer qu'il est le fil sur lequel sont
enfilées de nombreuses vies séparées. On l'applique aussi au
second Logos, pour indiquer qu'il est le fil sur lequel sont
enfilés les Êtres de son Univers ; et ainsi de suite. Ce terme
implique une fonction plutôt que la présence d'une entité
spéciale, ou d'une classe d'entités.

examen plus attentif nous montre que ce réseau
est formé d'un seul fil, qui est la prolongation du
Soutrâtmâ ; durant la vie prénatale, chez l'enfant,
ce fil croît et sort de l'atome physique permanent,
pour se ramifier dans toutes les directions ; cette
croissance se poursuit jusqu'à ce que le corps
physique soit complètement formé. Durant la
vie physique, le prâna, le souffle vital, se déverse
continuellement le long de ce fil, le suivant dans
toutes ses ramifications. A la mort, le fil se
rétractant, les particules du corps se dissocient.
On peut observer comme il se dégage lentement
de la matière physique dense, enmenant avec
lui le souffle de vie, pour se réfugier tout entier
dans le cœur où il s'enroule sur l'atome permanent ; à mesure qu'il se retire, les membres aban-
donnés se refroidissent — et c'est son départ
qui provoque le frisson de la mort ; on voit
briller autour de lui, dans le cœur, la flamme
violet-doré du souffle de vie. Puis la flamme, la
trame dorée de la vie, et l'atome permanent
s'élèvent ensemble vers la tête, le long du Sous-
houmna-nâdi secondaire (1), jusqu'au troisième

(1) Nous n'avons pas de terme capable de rendre cette
expression. C'est un vaisseau, un canal, allant du cœur jusqu'au troisième lobe cérébral. Tous les étudiants de la Yoga
le reconnaîtront sous ce nom. Le Soushoumna primaire est
le canal qui se trouve au centre de la colonne vertébrale.

lobe cérébral ; les yeux deviennent vitreux, tandis
que le réseau vital se retire et se ramasse autour
de l'atome permanent. Puis tout s'élève ensuite
lentement jusqu'au point de jonction des su-
tures pariétales et occipitales, et abandonne
alors le corps physique — mort dès cet instant.

Ce réseau de vie entoure donc l'atome permanent comme une coquille d'or, semblable au
cocon finement tissé du ver à soie ; il continue à
l'envelopper jusqu'à ce qu'un nouveau corps
physique étant formé son épanouissement devienne à nouveau nécessaire. La même chose a
lieu pour les particules mentales et astrales, de
sorte que, lorsque ces corps se sont complètement
désintégrés, la triade inférieure apparaît sous la
forme d'un noyau de lumière éclatante qui brille
dans le corps causal. Ce fait était connu avant
même que des observations plus minutieuses
n'en aient révélé le sens.

§ 3. — Choix des Atomes permanents

Revenons maintenant au point où la monade
s'approprie les atomes permanents des trois
plans supérieurs et cherchons à comprendre
quelle est l'utilité de ces atomes et dans quel but

la Monade se les est appropriés ; les mêmes principes s'appliquent aux atomes permanents de chaque plan.

Il faut se rappeler tout d'abord que la matière de chaque plan se présente sous sept grands types principaux, variant suivant la prédominance de l'un ou l'autre des trois attributs de la matière : inertie, mobilité, rythme. Les atomes permanents pourraient donc être pris dans n'importe lequel de ces types, mais en réalité une même Monade les prend uniquement dans un seul type. De plus, tandis que, sur les trois plans supérieurs ce sont les hiérarchies dont nous avons parlé plus haut qui prennent soin de rattacher les atomes permanents au fil de vie, dans le cas présent, c'est la Monade elle-même qui s'occupe de les choisir. Cette Monade elle-même appartient à l'un ou l'autre des sept grands groupes de vie, dont il a été question précédemment ; à la tête de chacun de ces groupes préside un Logos Planétaire, qui « colore » le groupe tout entier, et les Monades sont groupées par « colorations », chacune d'elles étant « colorée par son Étoile-Père (1) ». C'est là ce qui constitue la caractéristique dominante chez chacun de nous, notre « couleur fondamentale », notre

---

(1) Voir *La généalogie de l'Homme*. A. Besant.

« note tonique » notre « tempérament ». La
Monade a le choix de décider que son nouveau
pèlerinage sera employé à augmenter et renforcer telle ou telle caractéristique spéciale ; dans
ce cas les Hiérarchies attacheront à son fil de
vie des atomes appartenant à ce groupe qui,
dans la matière, correspond au groupe de vie
dont fait partie la Monade. Le résultat de ce
choix sera une « couleur », une « tonique », un
« tempérament » secondaire qui viendra accen-
tuer, renforcer le premier, et dans l'évolution
subséquente, les pouvoirs et les faiblesses de ce
double tempérament se montreront dans toute
leur force.

La Monade peut aussi décider d'employer son
nouveau pèlerinage à développer un nouvel
aspect de sa nature ; les Hiérarchies attacheront
à son fil de vie des atomes appartenant à un
groupe de matière, correspondant à un groupe de
vie nouveau, groupe dans lequel prédomine
l'aspect que la Monade veut développer. Ce choix
aura pour résultat une « couleur », une « tonique »
un « tempérament » secondaire.

Ce dernier choix est sans aucun doute le plus
fréquent, car il tend à produire une complexité
de caractère plus grande, spécialement dans les
derniers stades de l'évolution humaine, lorsque

l'influence de la Monade se fait sentir avec plus de puissance.

Comme nous l'avons dit plus haut, tous les atomes permanents semblent être pris dans un seul et même groupe de matière, de sorte que les atomes permanents de la triade inférieure correspondent avec ceux de la triade supérieure. Mais sur les plans inférieurs, l'influence qu'ont ces atomes sur la détermination du type des matériaux qui devront être employés dans la formation des corps dont ils sont les centres générateurs — question sur laquelle nous aurons à nous arrêter dans un instant — est limitée et empêchée dans une grande mesure par d'autres causes. Sur les plans supérieurs les corps, une fois établis, sont relativement permanents et reproduisent d'une façon définitive la tonique de leurs atomes permanents, si enrichie que soit cette tonique par d'autres notes secondaires augmentant sans cesse en subtilité dans leur harmonie; tandis que, sur les plans inférieurs, bien que la note tonique des atomes permanents reste la même, des causes nombreuses et variées viennent, comme nous allons le voir, influencer et déterminer le choix des matériaux qui entreront dans la composition des corps.

6

§ 4. — Utilité des Atomes permanents

Tout ceci peut se résumer ainsi :

Les atomes ont pour fonction de conserver en eux-mêmes, sous forme de pouvoirs, les résultats de toutes les expériences par lesquelles ils ont passé. Il nous sera peut-être plus facile de prendre comme exemple l'atome physique, car il est plus commode à étudier que ceux des plans supérieurs.

Un impact physique quelconque donne naissance dans le corps qui le reçoit, à des vibrations correspondant à sa nature propre ; ces vibrations peuvent être locales ou générales selon la nature et la force de cet impact. Mais, qu'elles soient locales ou générales, ces vibrations sont dans tous les cas transmises par la trame de vie et même, dans les impacts violents, par simple choc, et atteignent l'atome physique permanent. Cette vibration imposée de l'extérieur à l'atome permanent, devient dans cet atome un pouvoir vibratoire — une tendance, inhérente dès lors à l'atome, de reproduire cette vibration.

Durant la vie physique le corps reçoit des impacts en nombre infini ; pas un seul ne le frappe sans laisser son empreinte sur l'atome permanent, apportant ainsi à celui-ci une nouvelle

possibité de vibration. Les résultats de toutes les
expériences physiques restent emmagasinées
dans l'atome permanent sous forme de pouvoirs
vibratoires. Lorsque la vie physique arrive à son
terme, l'atome permanent a accumulé ainsi d'innombrables pouvoirs vibratoires, c'est-à-dire, a
appris à répondre d'une infinité de façons aux
impacts du monde extérieur, a appris à reproduire en lui-même les vibrations qui lui sont
envoyées par les objets qui l'entourent.

Le corps physique se désintègre à la mort ; les
particules qui le composent s'éparpillent, conservant le résultat des expériences par lesquelles
elles ont passé — comme le font du reste
journellement toutes les particules de notre
corps, qui meurent continuellement dans un
organisme pour renaître dans un autre. Mais
l'atome permanent, lui, demeure ; il est le seul
atome qui ait passé par toutes les expériences
auxquelles prennent part ces agglomérations
toujours changeantes qui constituent ce que
nous appelons notre corps — et il s'est approprié
les résultats de toutes ces expériences. Enveloppé
dans sa chrysalide d'or, il sommeille pendant
les longues années durant lesquelles le Jivâtmâ
auquel il appartient passe par d'autres expériences dans d'autres mondes ; il reste insen-

sible à ces expériences, étant incapable d'y répondre, et sommeille paisiblement pendant toute sa « nuit (1) ».

Lorsqu'arrive le moment de se réincarner, lorsque la présence de l'atome permanent rend possible la fécondation de l'ovule d'où croîtra le nouveau corps (2), sa note tonique retentit, et devient l'une des forces qui guident le constructeur éthéré, l'élémental chargé de façonner le nouveau corps et de choisir les matériaux appropriés à ce travail, car il lui est impossible d'employer des matériaux qui ne puissent, dans une certaine mesure, s'harmoniser avec l'atome permanent. Mais ce n'est là qu'UNE des forces ; le Karma des vies passées, mental ou émotionnel, le Karma provenant des rapports avec autrui exige des matériaux capables de fournir les expressions les plus variées. Les Seigneurs du Karma choisissent, dans ces forces accumulées, celle qui convient le mieux au cas présent et peut s'affirmer dans un corps appartenant à un

(1) H.-P. Blavatsky donne quelques explications sur ces « atomes dormants » dans la *Doctrine Secrète*; II, p. 710 éd. angl.

(2) H.-P.B. donne au noyau permanent des deux plans et demi inférieurs le nom « d'atomes de vie ». Elle dit : « Les atomes de vie de notre (prâna) principe vital, ne sont jamais complètement perdus lorsque l'homme meurt : ils sont transmis de père en fils. » *Doctrine Secrète*, II, p. 709, éd. angl.

groupe matériel particulier ; cette masse de kar-
mique, dont l'influence passe avant celle de l'atome
permanent, détermine le groupe de matière dans
lequel prendra place le nouveau corps, et c'est
dans ce groupe que l'élémental choisit les matériaux capables de vibrer en harmonie avec
l'atome permanent, ou du moins ne présentant
pas de désaccords pouvant nuire par leur trop
grande violence. L'atome permanent n'est donc,
ainsi que nous l'avons dit, qu'une seule des
forces qui déterminent la troisième « couleur »
tonique, ou tempérament, qui caractérise chacun
de nous. C'est de ce tempérament que dépend
l'époque de la naissance du corps ; il FAUT que
ce corps vienne au monde à un moment où les
influences planétaires physiques conviennent à
son troisième tempérament ; c'est ainsi qu'il
naît « sous son étoile » comme on dit en astro-
logie. Il va sans dire que ce n'est pas l'étoile qui
impose le tempérament, mais c'est le tempérament qui détermine l'époque de la naissance
sous telle ou telle étoile. C'est en cela que réside
l'explication des correspondances entre les
étoiles — les Anges planétaires plutôt — et les
caractères ; et nous voyons par là de quelle
utilité, dans l'éducation, peut être un ho-
roscope érigé avec soin et précision pour dé-

6.

terminer le tempérament personnel d'un enfant.

Il peut sembler vraiment inconcevable que des résultats aussi compliqués, capables d'imprimer leurs particularités sur la matière environnante puissent trouver place dans un espace aussi restreint que celui qu'offre un atome — et cependant il en est ainsi. — Et il est bon de noter que la science soutient des idées identiques, puisqu'on suppose que les biophores infinitésimaux de la cellule germinale de Weissmann transmettent à l'enfant les caractéristiques de toute la lignée de ses ancêtres. Tandis que l'une apporte au corps les particularités physiques de ses ascendants, l'autre lui fournit les caractéristiques acquises par l'homme qui se développe pendant toute son évolution. H. P. Blavatsky nous montre ceci très clairement : « Le philosophe embryologiste allemand, passant par-dessus Hippocrate et Aristote et se mettant au niveau des enseignements des yeux âryens, montre une cellule infinitésimale à l'œuvre parmi un million d'autres cellules dans la formation d'un organisme, déterminant seule et sans aide par la segmentation et la multiplication constantes l'image exacte de l'homme ou de l'animal futur dans ses caractéristiques physiques, mentales et psychiques... Complétez

le plasme physique dont nous venons de parler,
la cellule germinale de l'homme avec toutes les
potentialités matérielles, par le « plasme spirituel » — ou fluide qui contient les cinq principes
inférieurs du Dhyâni à six principes — et vous
aurez le secret, si vous êtes assez de spiritualité
pour le comprendre (1). »

Une étude, même sommaire, de l'hérédité
physique, à la lumière des enseignements de
Weissmann, suffira pour nous convaincre des
possibilités d'un corps tel que l'atome. Un
individu, par exemple, reproduit les traits d'un
ancêtre disparu depuis longtemps, ou bien
montre certaines particularités physiques qui
caractérisaient une personne plusieurs siècles
auparavant ; ou bien encore, nous rencontrons
par exemple le nez des Stuart dans une longue
suite de portraits : de tels cas de ressemblance
se rencontrent à chaque instant. Pourquoi,
alors, y aurait-il quelque chose d'extraordinaire
à ce qu'un atome accumule en lui-même, non
des biophores comme la cellule germinale, mais
des tendances à répéter d'innombrables vibrations déjà vécues ? Il n'y a là aucune difficulté
d'espace, pas plus qu'il n'y en a à tirer d'une
seule et même corde, au moyen d'un archet,

(1) *Doctrine Secrète*, I, p. 212-213.

plusieurs notes différentes, chacune de ces notes renfermant elle-même plusieurs demi-tons. Il ne faudrait pas nous représenter l'espace étroit qu'offre l'atome encombré d'un nombre infini de corps en vibration, mais comme occupé par un nombre limité de corps, chacun d'eux étant capable de donner naissance à d'innombrables vibrations.

En réalité cette difficulté d'espace n'est qu'illusoire, car il n'y a pas plus de limites à l'infiniment petit qu'à l'infiniment grand. La science moderne voit dans l'atome un système de mondes qui tournent, chacun dans son orbite particulière, le tout offrant l'apparence d'un système solaire. Ce grand maître de l'illusion, l'Espace, pas plus que son frère en pouvoir, le Temps, ne saurait nous intimider. Il n'y a pas de limite aux possibilités de divisions de la pensée ; il n'y en a par conséquent pas non plus pour cette expression de la pensée que nous appelons la matière.

Le nombre normal de spirilles à l'œuvre dans les atomes permanents est de quatre dans la quatrième Ronde, de même que dans les atomes ordinaires non attachés composant la matière dans son ensemble, à ce stade d'évolution. Mais prenons l'atome permanent du corps d'un homme très développé, un homme très en avance sur ses semblables, nous trouverons probablement dans l'atome permanent cinq spirilles en pleine activité. Essayons de voir quelle influence cet état de choses peut avoir sur les matériaux composant l'ensemble de son corps. Durant la vie prénatale, la présence de cet atome permanent à cinq spirilles aurait obligé l'élémental constructeur à choisir, parmi les matériaux à sa disposition, n'importe quels atomes similaires disponibles. En général, il eut été réduit à employer ceux qu'il aurait pu trouver, ceux qui auraient été temporairement en relation avec un corps quelconque dont le centre serait un atome permanent à cinq spirilles. La présence de cet atome aurait fait naître, dans tous ceux avec lesquels il aurait été en contact, une activité correspondante à la sienne, spécialement — peut-être uniquement — si ces atomes avaient fait partie du cerveau ou des nerfs de cet individu très développé. La cinquième spirille serait devenue plus ou moins active en eux et, bien que retombée dans l'inactivité sitôt que l'atome aurait abandonné le corps, son activité temporaire l'aurait prédisposée à répondre plus facilement, par la suite, au courant de vie monadique. C'est donc parmi ces atomes autant que

possible que l'élémental choisirait ses matériaux.
Si l'occasion s'en présentait, il pourrait aussi
s'approprier, dans le corps du père et de la mère,
— à la condition que ces corps fussent d'ordre
élevé — les atomes dont il pourrait s'emparer,
pour les tenir en charge.

Après la naissance et durant la vie entière, un
tel corps attirerait à lui tous les atomes similaires qui viendraient à entrer dans son champ
magnétique. Ce corps, s'il se trouvait en compagnie de personnes hautement développées,
profiterait de cette promiscuité à un degré excep-
tionnel, attirant à lui tous les atomes à cinq spirilles pouvant se trouver dans la pluie de particules qui s'échappent du corps de ces personnes,
et il profiterait ainsi physiquement, mentalement
et moralement, de leur compagnie.

L'atome permanent astral a autant de rapports avec le corps astral que l'atome permanent
physique en a avec le corps physique. A la
fin de la vie astrale, dans le Kâmaloka — le Pur-
gatoire — la trame d'or de la vie se sépare du
corps astral, l'abandonnant à la désintégration,
comme précédemment le corps physique, et enveloppe l'atome astral permanent en vue de son
long sommeil. Des relations semblables existent
entre la molécule permanente mentale et le corps

mental durant la vie physique, astrale et men_
tale ; durant les premiers stades de l'évolution
humaine, les brèves existences dévakhaniques
occasionnent peu d'améliorations, de progrès,
dans l'unité mentale permanente, non seulement
à cause de leur brièveté, mais aussi et surtout
parce que les faibles formes-pensées engendrées
par l'intelligence peu développée n'affectent que
d'une façon insignifiante cette molécule permanente. Mais lorsque le pouvoir de la pensée s'est développé, la vie dévakhanique devient une période
de grands progrès : d'innombrables énergies vibratoires sont enmagasinées pour s'épanouir
dans toute leur force lorsque arrive le moment
de construire un nouveau corps mental pour un
nouveau cycle de réincarnation. Au terme de la
vie mentale, dans le Dévakhan, la trame d'or se
sépare du corps mental, l'abandonnant lui aussi
à la désintégration, et va envelopper la molécule
mentale permanente ; la triade inférieure d'atomes
permanents reste dès lors seul représentant
des trois corps inférieurs.

Ces atomes, comme nous l'avons dit précédemment, sont emmagasinés sous forme de particules rayonnantes, semblables à un noyau
de lumière, dans le corps causal. Ils sont tout
ce qui reste à l'Ego des corps qu'il a occupés

dans les mondes inférieurs, lorsque le cycle de ses
expériences est terminé, et ils ont été ses moyens
de communication avec les plans inférieurs
durant la vie de ces corps.

Lorsqu'arrive l'heure de la renaissance, un
tressaillement de vie provenant de l'Ego vient
réveiller l'unité mentale ; la trame de vie commence à se développer à nouveau et l'unité permanente entrant en vibration, agit comme un
aimant, attirant à elle les matériaux dont les
pouvoirs vibratoires sont semblables aux siens,
sont en accord avec les siens. Ce sont les Êtres
de Splendeur du second règne élémental qui
amènent ces matériaux à sa portée ; pendant
les premiers stades de l'évolution ils façonnent
la matière en un nuage sans consistance entou-
rant l'unité permanente, mais à mesure que
l'évolution progresse, l'Ego exerce sur ce façonnement de la matière une influence qui devient
de plus en plus sensible. Dès que le corps mental
est partiellement formé, le tressaillement de vie
vient réveiller l'atome astral et le processus se
répète d'une façon identique. Finalement ce
tressaillement de vie atteint l'atome physique et
agit de la façon que nous avons décrite aux
pages 65 et 66.

On demande souvent : Comment ces atomes

permanents peuvent-ils être enmagasinés dans
le corps causal sans perdre leur nature physique,
astrale ou mentale, puisque le corps causal existe
sur un plan plus élevé, où le corps physique,
en tant que physique, ne saurait prendre place ?
Ceux qui posent cette question oublient que
tous les plans s'interpénètrent et qu'il n'est
pas plus difficile pour le corps causal d'envelopper la triade des plans inférieurs que pour
cette triade elle-même d'envelopper les centaines
de milliers d'atomes composant les corps mental,
astral et physique qui sont sa propriété durant
une période d'existence terrestre. La triade
forme, dans le corps causal, une minuscule particule dont chaque partie constituante appartient à
son plan respectif ; mais comme les plans ont
partout des points de contact, il n'y a aucune
difficulté à ce que ces parties se juxtaposent
comme il est nécessaire. Nous sommes tous sur
tous les plans, à tous les instants de notre vie.

§ 5. — ACTION EXERCÉE PAR LA MONADE SUR LES ATOMES PERMANENTS

Nous pouvons nous demander ici : Y a-t-il
quelque chose que l'on puisse proprement dé-

7

nommer action monadique — action de la Monade sur le plan Anoupâdaka — sur l'atome permanent ? D'action directe, il n'y en a certainement pas et il ne peut y en avoir, avant que la triade spirituelle, à l'état de germe, ait atteint un stade avancé de l'évolution ; mais il y a, à tout moment, une action indirecte, une action sur la triade spirituelle qui réagit elle-même sur la triade inférieure. Dans la pratique nous pouvons considérer cette influence comme celle de la triade spirituelle elle-même qui, ainsi que nous l'avons vu, est la Monade voilée de matière plus dense que celle de son plan à elle.

La triade spirituelle, baignée comme elle l'est dans le torrent de la Vie, tire du Deuxième Logos la plus grande partie de son énergie, et toute la capacité directrice de cette énergie. Ce qu'on pourrait appeler son activité particulière n'a aucun rapport avec l'activité façonnante et édificatrice de la seconde Vague de Vie ; son intérêt est de faire évoluer les atomes, s'associant ainsi à l'œuvre du Troisième Logos. Cette énergie venant de la triade spirituelle se limite aux sous-plans atomiques et jusqu'à la quatrième Ronde semble ne s'occuper que des atomes permanents. Elle s'occupe d'abord uniquement à façonner et ensuite à vivifier les spirilles formant la paroi de l'atome.

Le vortex — qui est l'atome lui-même — est la vie du Troisième Logos ; mais la paroi des spirilles est construite graduellement sur la surface externe de ce vortex durant la descente du Deuxième Logos ; elle n'est pas vivifiée par Lui mais simplement tracée d'une façon légère à la surface de ce vortex de vie tourbillonnante.

Ces spirilles restent, en ce qui concerne le Deuxième Logos, de simples canaux pelliculaires sans emploi ; mais, à mesure qu'elle descend, la vie de la Monade pénètre dans le premier de ces canaux et le vivifie, de telle sorte qu'il devient un organe actif dans l'atome. Ce processus se poursuit pendant les Rondes successives, et lorsque nous atteignons la quatrième Ronde, nous trouvons quatre courants de vie distincts provenant de chaque Monade, et circulant dans les quatre groupes de spirilles des atomes permanents qui appartiennent à ces Monades. Mais, tandis qu'elle travaille ainsi dans les atomes permanents et joue le rôle d'un noyau autour duquel se forme un corps, la Monade commence à agir aussi de la même façon dans les atomes qui se trouvent attirés autour de cet atome permanent, et vivifie leurs spirilles à leur tour ; cette vivification toutefois n'est que temporaire et non continue comme dans l'atome permanent. Elle fait ainsi

entrer en activité ces pellicules, ténues et imprécises, formées par la seconde Vague de Vie,
et lorsque la vie du corps cesse, les atomes
ainsi stimulés retournent au grand réservoir de
matière atomique après avoir subi l'influence
modificatrice et bienfaisante de cette vie qui les
a amenés à l'activité tandis qu'ils étaient en
rapport avec l'atome permanent.

Les canaux des spirilles, ainsi développés, re-
cevront avec plus de facilité un nouveau courant
de vie semblable, lorsqu'ils feront partie d'un
autre corps dans lequel ils entreront en relation
avec un atome permanent appartenant à une
Monade quelconque.

Ce travail se poursuit sans interruption sur
le plan physique, le plan astral et sur le plan
mental dans l'atome permanent mental ; les matériaux avec lesquels la Monade se trouve en rapport d'une façon continue, ou simplement temporaire, s'affinent peu à peu. Cette évolution des
atomes se poursuit sans interruption, sous l'influence des Monades. Les atomes permanents
évoluent plus rapidement, étant en rapport continu avec la Monade, tandis que les autres atomes
profitent simplement des avantages que leur procure une association temporaire répétée avec les
atomes permanents.

Durant la première Ronde de la Chaîne terrestre, le premier groupe de spirilles des atomes physiques entre ainsi en activité sous l'influence de la Vie monadique qui se déverse par la triade spirituelle. C'est par ce groupe de spirilles que se déversent les courants prâniques — souffles de vie — qui agissent sur la partie dense du corps physique. Dans la seconde Ronde, le deuxième groupe de spirilles entre en activité et devient le champ d'action des courants prâniques agissant sur le double éthérique. Pendant ces deux Rondes il n'y a encore rien — quant aux formes — qu'on puisse appeler sensations de plaisir ou de douleur. Dans la troisième Ronde, le troisième groupe de spirilles entre en activité et c'est à ce moment seulement qu'apparaît ce que nous nommons la sensation ; c'est par l'intermédiaire de ces spirilles que l'énergie kâmique ou énergie des désirs peut affecter le corps physique, et que le prâna kâmique peut circuler et mettre ainsi le corps physique en communication directe avec l'astral. Pendant la quatrième Ronde, le quatrième groupe de spirilles s'éveille et le prâna kâma-mânasique y circule librement, préparant les spirilles à l'usage qui en sera fait dans la construction du cerveau, qui plus tard deviendra l'instrument de la pensée.

Lorsqu'un être humain quitte l'évolution normale pour entrer dans cette évolution anormale qui consiste, après préparation, à entrer dans le Sentier qui se trouve au delà de l'évolution normale, une tâche d'une difficulté extrême s'offre à lui par le fait de ces atomes permanents, car il va avoir à vivifier des groupes de spirilles en plus grand nombre que ceux qui sont en activité chez les hommes de son époque. En qualité d'homme de la quatrième Ronde, il a déjà à son service quatre groupes de spirilles. Il commence à en vivifier un cinquième et fait ainsi entrer en activité un atome de la cinquième Ronde tandis qu'il se trouve encore dans un corps de la quatrième Ronde. C'est à cela qu'il est fait allusion dans quelques-uns des premiers ouvrages théosophiques lorsqu'il est dit : que des « hommes de la cinquième Ronde » et de la « sixième Ronde » apparaissent dans notre humanité présente. Ces êtres ont évolué dans leurs atomes permanents le cinquième et le sixième groupe de spirilles, ce qui met à leur disposition un instrument, grâce auquel leur conscience, hautement évoluée, pourra se manifester d'une façon plus complète. Cette transformation s'opère par certaines pratiques de la yoga, dont l'emploi demande

beaucoup de prudence, car elles pourraient occa-
sionner des lésions dans le cerveau où s'accomplit
ce travail d'élaboration, ce qui arrêterait tout
progrès psychique, durant l'incarnation présente,

CHAPITRE V

AMES-GROUPES

§ 1. — Signification de ce terme

D'une façon générale, une Ame-groupe est une collectivité de triades permanentes dans une triple enveloppe d'essence monadique. Cette définition est vraie pour toutes les Ames-groupes fonctionnant sur le plan physique ; mais elle ne donne aucune idée de leur nature extrêmement complexe, celles-ci se divisant et se subdivisant à l'infini, les contenus de chaque division et de chaque subdivision décroissant en nombre, à mesure que l'évolution progresse, jusqu'à ce qu'enfin une Ame-groupe ne renferme plus qu'une seule triade envers laquelle elle pourra continuer, pendant de nombreuses incarnations encore, à s'acquitter de ses fonctions protectrices et nutritives — bien que techniquement ce titre ne lui soit plus applicable, le « groupe » s'étant séparé en ses parties constituantes. Il y a sept Ames-groupes à l'œuvre dans le plan physique avant qu'apparaisse une forme quelconque. Elles s'offrent d'abord sous l'apparence de formes vagues, imprécises, pelliculaires; il y en a une dans chaque courant de la seconde Vague de vie, sur le plan mental; elle prend une forme plus définie sur le plan astral, davantage encore sur le plan physique. Ces formes flottent sur l'océan de la matière comme des bulles d'air sur la surface d'un lac. Si nous les examinons attentivement, nous voyons trois couches distinctes de matière formant une enveloppe qui renferme en son sein d'innombrables triades. Avant que la minéralisation n'ait pris place, nous ne voyons naturellement pas la trame dorée de la vie autour de ces triades; seuls, les brillants fils d'or qui les relient à leur Jîvâtmâ sont visibles, rayonnant de cette splendeur étrange, propre à leur plan. La plus intérieure de ces trois couches de matières consiste en essence monadique physique, c'est-à-dire est composée d'atomes du plan physique animés par la vie du Deuxième Logos. A première vue, ces

couches intérieures paraissent être toutes semblables dans les sept Ames-groupes ; mais un
examen minutieux nous montre que chaque
couche est formée d'atomes d'un seul des sept
groupes de matière dont nous avons parlé plus
haut. Chaque Ame-groupe diffère donc des autres
par sa constitution matérielle, et les triades
qu'elle contient appartiennent au même groupe
de matière. La deuxième couche de matière de
l'enveloppe de l'Ame-groupe est composée d'essence monadique astrale, appartenant au même
groupe de matière que la première couche ; la
troisième couche est formée d'unités du quatrième sous-plan de matière mentale, du même
type toujours. Cette triple enveloppe, protège et
nourrit les triades qu'elle renferme, véritables
embryons encore incapables d'aucune activité
indépendante.

Les sept Ames-groupes se multiplient bientôt,
la division marchant de pair avec la multiplication des sous-types différents, à mesure qu'apparaissent les précurseurs immédiats des éléments chimiques, auxquels doivent faire suite
ces éléments chimiques eux-mêmes et les minéraux qui en sont composés. Les lois de l'espace,
par exemple — abstraction faite de la spécialisa-
tion des contenus de l'Ame-groupe, les triades

permanentes — peuvent conduire à la division de
cette Âme-groupe.

Ainsi, un filon d'or situé en Australie, pourra
mener à la minéralisation d'un grand nombre
de ces triades dans une seule enveloppe, tandis
que la formation d'un autre filon à un endroit
très éloigné du premier — les Montagnes Ro-
cheuses par exemple — pourra provoquer la
division de l'enveloppe et le transfert, en Amérique, d'une partie de son contenu dans un fragment de cette enveloppe. Mais les causes les
plus importantes de ces subdivisions seront
expliquées au cours de notre étude. L'Âme-
groupe et son contenu se subdivisent par
segmentation, comme une cellule ordinaire — une
devient deux, deux quatre et ainsi de suite —.
Toutes les triades ont à passer par le règne minéral, point où la matière atteint sa forme la plus
grossière, et où la grande Vague arrive à la limite de sa descente et atteint le point tournant, à
partir duquel commence sa marche ascendante.
C'est là que doit s'éveiller la conscience physique;
il faut que, dès ce moment, la vie se tourne
vers l'extérieur et reconnaisse qu'elle est en
contact avec d'autres vies dans le monde extérieur.

L'évolution des êtres, durant ces stades primi-

tifs, dépend d'abord de la vie protectrice du Logos,
ensuite de la direction coopérative des Êtres de
Splendeur et aussi, dans une certaine mesure, de
la pression aveugle que chaque entité exerce
elle-même sur les limites de la forme qui la contient. J'ai comparé l'évolution à travers les règnes
minéral, végétal et animal à la période pré-natale,
car la ressemblance est très grande. De même
que les courants de vie venant de la mère nour-
rissent l'enfant qu'elle porte en son sein, de
même l'enveloppe de l'Ame-groupe nourrit les
vies qu'elle renferme, recevant et distribuant les
expériences récoltées.

La vie active est la vie du père et de la mère ;
les jeunes plantes, les jeunes animaux, les jeunes
êtres humains ne sont pas encore arrivés à un
stade assez avancé pour mener une vie indépendante, et doivent tirer de leurs parents la nourriture qui leur est nécessaire. C'est ainsi que
dans le règne minéral les vies, à l'état de
germes, reçoivent leur nourriture des Ames-
groupes, des enveloppes d'essence monadique dans
lesquelles vibre la Vie du Logos. Nous en avons un
exemple frappant par ce qui se passe dans le
pistil d'une plante : dans ce pistil apparaissent
graduellement les ovules, et ces ovules deviennent, avec le temps, de plus en plus indépendantes.

Avant d'entrer dans de plus grands détails, nous pouvons jeter un rapide coup d'œil sur les transformations 'par lesquelles passe l'Ame-groupe à mesure que son contenu évolue ; cela nous fera mieux comprendre ce qui vient d'être dit. Durant toute l'évolution minérale, on peut dire que les membres constitutifs de l'Ame-groupe sont ceux-là même qui entrent dans la composition de son enveloppe la plus dense, l'enveloppe physique. C'est sur le plan physique que l'Ame-groupe est le plus active. A mesure que ses membres passent dans le règne végétal et y poursuivent leur marche ascendante, l'en-veloppe physique disparaît peu à peu, comme si elle était absorbée par ces membres qui se sépa-rent du groupe, afin de fortifier leur propre corps éthérique ; l'activité de l'Ame-groupe se trouve alors transférée au plan astral, où elle nourrira les corps astrals de ses triades. A me-sure que celles-ci évoluent et passent dans le règne animal, l'enveloppe astrale se trouve absorbée de la même façon, et l'activité de l'Ame-groupe passe au plan mental où elle nourrit les corps mentals encore informes et les façonne graduellement en précisant leurs con-tours trop vagues. Lorsqu il ne reste plus dans l'Ame-groupe qu'une seule triade, et que cette

triade a été préparée à recevoir la troisième Vague
de vie, ce qui reste d'elle se désintègre en matière
du troisième sous-plan mental et devient partie
constituante du corps causal, formé par la rencontre de la trombe d'eau qui se déverse d'en
haut, avec la trombe qui s'élève vers le ciel —
pour employer une métaphore qui nous montre
que ce qui se passe ressemble assez à la rencontre
des deux moitiés, descendante et ascendante, d'une
trombe d'eau —. L'Ego en voie de réincarnation
naît alors à la vie manifestée indépendante ; la
protection qui s'étendait sur sa vie pré-natale
prend fin dès ce moment.

§ 2. — DIVISION DE L'AME-GROUPE

C'est sur le plan physique que la conscience
devra évoluer jusqu'à la Soi-Conscience ; c'est là
qu'elle devra devenir consciente du monde extérieur qui lui envoie ses impacts multiples ; il lui
faudra apprendre que les influences subies
proviennent du monde qui l'entoure, et elle
devra reconnaître comme siens les changements
que lui font subir ces influences. Par des expériences répétées, elle apprendra à s'identifier elle-
même avec les sensations de plaisir et de dou-

leur qui résultent de ces influences extérieures,
et elle apprendra à reconnaître que tout ce qui
vient frapper sa surface externe n'est pas elle-
même. Elle commencera ainsi à distinguer, d'une
façon grossière d'abord, le *moi* et le *non-moi*;
elle se retirera de plus en plus en elle-même et
rejettera ses voiles de matière, les un après
les autres, comme faisant partie du *non-moi*;
mais bien que les noms changent, la distinction fondamentale entre le sujet et l'objet
reste toujours la même. Le *moi* c'est la volonté, la pensée, la conscience active; tandis
que le *non-moi* c'est tout ce que le *moi* désire, tout ce à quoi il pense, sur quoi il agit. Nous
aurons à examiner par la suite de quelle façon la
conscience devient la Soi-Conscience; mais pour
l'instant nous ne nous occuperons que de son
expression dans les formes et le rôle que jouent
ces dernières.

Cette conscience s'éveille sur le plan physique
et s'exprime par l'atome permanent. C'est dans
cet atome qu'elle dort — « elle dort dans le minéral » — et que, son sommeil devenant de plus en
plus léger, elle s'éveillera de sa torpeur, dépour-
vue de rêves, et deviendra suffisamment active
pour passer au second stade — « elle rêve dans
le végétal ». — C'est alors que le Deuxième Logos,

agissant dans l'enveloppe des Ames-groupes,
donne l'énergie aux atomes physiques permanents et, par l'intermédiaire des Êtres de Splendeur, comme nous l'avons vu plus haut, les
plonge au milieu des conditions infiniment
variées du règne minéral où chacun d'eux s'attache à des quantités de particules minérales.
Nous trouvons là, tout de suite, la possibilité
d'un nombre important d'impacts extérieurs,
conduisant à une grande variété d'expériences et
par la suite amenant des segmentations dans
l'Ame-groupe. Un certain nombre d'atomes se
trouvent lancés dans les airs par les explosions
volcaniques, pour retomber ensuite en torrents
de lave brûlante ; d'autres sont exposés au froid
des régions arctiques ; d'autres à la chaleur des
tropiques ; d'autres seront broyés et incorporés
au métal en fusion dans les entrailles de la
terre ; d'autres encore seront incorporés aux
grains de sable que balayent les vagues défer-
lantes de l'Océan. Des influences extérieures, en
variétés infinies, viendront les ébranler, les frapper, les brûler ou les geler, et la conscience, profondément endormie, répondra vaguement par des
vibrations sympathiques. Lorsqu'un atome permanent quelconque a atteint un certain degré
de responsivité, ou bien lorsqu'une forme miné-

rale — c'est-à-dire les particules auxquelles un atome permanent s'est attaché — est brisée, l'Ame-groupe retire cet atome de la forme qui le contenait et toutes les expériences acquises — c'est-à-dire toutes les vibrations qu'il a ressenties et reproduites — restent sous forme de *pouvoirs vibratoires*, pouvoirs de vibrer de certaines façons. C'est là le résultat de son existence dans une forme. Ayant perdu son enveloppe et restant pour ainsi dire tout nu, pendant un certain temps, au sein de son Ame-groupe, continuant à répéter les vibrations qu'il a ressenties, afin de repasser en lui-même toutes les expériences de sa vie, l'atome permanent donne naissance à des pulsations qui se propagent à travers l'enveloppe de l'Ame-groupe et atteignent ainsi d'autres atomes permanents ; chaque atome affecte ainsi tous les autres et leur vient en aide, quoique restant toujours lui-même. Les atomes permanents qui ont passé par des expériences identiques seront plus fortement affectés les uns par les autres que s'ils avaient eu des expériences très différentes ; il en résultera une sorte de segmentation dans le sein de l'Ame-groupe, et bientôt une paroi pelliculaire formant séparation, se formera de l'enveloppe vers l'intérieur et séparera l'un de l'autre ces groupes différents; le nombre des Ames-groupes ira ainsi en augmentant et leurs conte-nus montreront des différences de conscience de plus en plus accentuées, bien que les caracté-ristiques fondamentales restent les mêmes pour tous.

Mais dans le règne minéral, les réponses de la conscience aux excitations extérieures sont beau-coup plus appréciables qu'on ne le pense géné-ralement; certaines de ces réponses sont de nature à montrer que la conscience commence à poindre dans l'atome permanent astral. En effet, les éléments chimiques présentent des attractions mutuelles distinctes; les relations conjugales de ces éléments, se trouvent conti-nuellement désorganisées par l'intrusion de couples dont l'un ou l'autre présente, pour l'un des associés de l'union primitive, une affinité plus grande que son compagnon de la première heure. Ainsi, un couple jusqu'alors fidèlement uni, formant un sel d'argent, montrera tout à coup une infidélité réciproque, lorsqu'un autre couple, l'acide chlorhydrique par exemple, viendra, en intrus, pénétrer dans leur paisible ménage; l'argent se précipitera sur le chlore dont il fera son nouveau conjoint, le préférant au premier, et commencera un nouveau ménage sous forme de chlorure d'argent, laissant l'hydrogène abandonné s'allier au compagnon qu'il vient de quitter. Lorsque ces échanges ont lieu, il se produit toujours un léger mouvement dans l'atome astral, agitation qui résulte des violentes vibrations physiques engendrées par la rupture subite des liens intimes et la formation de nouveaux liens et de vagues tressaillements internes prennent naissance. C'est par le physique que l'astral doit être réveillé, et c'est la conscience du plan physique qui, pendant longtemps, aura la direction dans l'évolution. Cependant, sous l'influence de ces faibles tressaillements, un léger nuage de matière astrale s'étend autour de l'atome astral permanent, mais ce nuage n'a que peu de consistance et semble n'être pas organisé. Il n'y a, selon toute apparence, encore aucune vibration dans l'atome mental à ce stage.

Après des âges d'expérience dans le règne minéral, un certain nombre d'atomes se trouvent prêts à passer dans le règne végétal et sont distribués dans ce monde sous la direction des Êtres de Splendeur. Il ne faut pas s'imaginer que chaque brin d'herbe, chaque plante renferme un atome permanent évoluant vers le stade humain durant la vie du système actuel. Il en va pour le règne végétal comme pour le règne

minéral; le règne végétal constitue le champ
d'évolution de ces atomes, et les Êtres de Splendeur les guident à travers les différentes formes
afin qu'ils puissent répéter toutes les vibrations
affectant le règne végétal, et qu'ils emmagasinent
ces pouvoirs vibratoires comme précédemment
dans le règne minéral. Le principe des échanges
et des divisions qui en résultent agit comme dans
le règne minéral, et les Ames-groupes de chaque
courant d'évolution augmentent en nombre, en
même temps que leurs caractéristiques deviennent
de plus en plus variées.

En l'état actuel de notre savoir, les lois qui
président à l'immersion des atomes d'une Ame-
groupe dans les règnes de la nature sont à peu
près incompréhensibles pour nous. Tout semble
indiquer que l'évolution du règne minéral, végétal et de la première moitié du règne animal,
appartient plutôt à l'évolution de la terre elle-
même qu'à l'évolution des Jivâtmâs représentant
les Monades en cours d'évolution dans le Système solaire, et qui viennent, lorsque l'heure a
sonné, poursuivre leur propre évolution sur
cette terre, en utilisant les conditions qu'elle
leur offre. Les herbes et les petites plantes
semblent avoir, avec la terre, les mêmes rapports qu'ont les cheveux d'un homme avec son

corps, et paraissent n'avoir aucune relation avec
les Monades représentées dans notre univers
quintuple par les Jivâtmâs. La vie, qui est en elles
et qui les maintient en formes, semble être la
vie du Deuxième Logos, et la vie qui anime les
atomes et les molécules qui composent ces
formes, semble être celle du Troisième Logos,
appropriée et modifiée par le Logos Planétaire
de notre système de chaînes, appropriée ensuite
et modifiée par l'Esprit de la Terre, — une entité
qu'enveloppe un mystère profond. Ces règnes
constituent en vérité un champ d'évolution pour
les Jivâtmâs, mais ne semblent pas être destinés à cet usage seulement. Nous trouvons
des atomes permanentes répandus à travers tout
le règne minéral et végétal ; mais il nous est impossible de comprendre les raisons qui prési•
dent à cette distribution. On peut trouver un
atome permanent dans une perle, dans un rubis,
dans un diamant ; on peut en trouver aussi en
grand nombre, distribués parmi les filons de mi-
nerai, tandis que d'un autre côté un grand nombre
de minéraux semblent n'en contenir aucun ;
il en est de même pour les plantes à vie éphémère. Chez les plantes à vie plus longue,
les arbres par exemple, on trouve toujours des
atomes permanents ; mais là encore, la vie de

l'arbre semble plus intimement liée à l'évolution
des Dévas qu'à l'évolution de la conscience à laquelle se rattache l'atome permanent. Il semble
plutôt qu'on prenne avantage de l'évolution de la
vie et de la conscience dans l'arbre, pour en faire
bénéficier l'atome permanent ; cet atome semble
vivre là en parasite, profitant de la vie plus hautement évoluée dans laquelle il est plongé. Le fait
est que nos connaissances, sur ces points, restent
extrêmement fragmentaires.

Au cours de l'accumulation des expériences
acquises dans le règne végétal par l'atome physique, l'atome permanent astral montre une
activité renforcée, et attire autour de lui la matière astrale que les Êtres de Splendeur disposent d'une façon plus définie. Durant la vie d'un
arbre de nos forêts l'agrégat toujours croissant
de matière astrale se développe dans toutes les
directions et donne naissance à la forme astrale
de l'arbre ; la conscience attachée à l'atome permanent participe, dans une certaine mesure, à la
conscience de son entourage et, par l'intermédiaire de la forme astrale, reproduit toutes les
vibrations qui causent une sensation massive de
plaisir ou de douleur, vibrations qui résultent
de celles qui ont pris naissance dans l'arbre
physique sous l'action du soleil, de l'ouragan,

du vent, de la pluie, de la chaleur, du froid.
Lorsque l'arbre vient à périr, l'atome astral permanent retourne à son Ame-groupe établie dès
lors sur le plan astral, emportant avec lui une
riche provision des expériences auxquelles il a
pris part comme nous l'avons vu.

A mesure que son pouvoir responsif s'accroît
sur le plan astral, la conscience envoie, vers le
plan physique, de légers tressaillements qui
donnent naissance, à des sensations qui semblent
venir du plan physique alors qu'en réalité elles
proviennent du plan astral. Après une longue
période de vie séparée, comme dans l'arbre,
l'unité permanente mentale commence aussi à
attirer autour d'elle un léger nuage de matière
mentale, sur lequel la répétition régulière des
saisons laissera son empreinte, sous forme de
mémoire rudimentaire, entraînant avec elle une
faible possibilité de prévision (1).

Enfin un certain nombre d'atomes permanents physiques se trouvent prêts à passer dans
le règne animal, et c'est encore une fois l'influence des Êtres de Splendeur qui guide leur
involution dans les formes animales. Durant les
derniers stades d'évolution dans le monde végétal, il semble avoir été de règle que chaque

(1) Voir *Thought Power, its control and culture*, p. 59-62.
Trad. franç. « Le Pouvoir de la Pensée. »

triade — atomes physiques astrals et unités mentales — passé par des expériences prolongées
dans une forme unique, afin qu'elle puisse
ressentir quelques tressaillements de vie mentale, et se préparer ainsi à tirer profit de la vie
errante de l'animal. Mais il semble aussi que
dans certains cas ce passage, dans le règne animal, s'opère à une période antérieure, et que les
premiers tressaillements du mental prennent
naissance dans certaines formes animales fixes,
et dans certains organismes d'animaux très
inférieurs.

Des conditions semblables, à celles que nous
avons décrites dans le règne minéral et végétal,
semblent prévaloir dans les types les plus inférieurs d'animaux. Dans les microbes, les
amibes, les hydres, etc., etc., on voit de temps à
autre un atome permanent, mais celui-ci n'est là
qu'en simple visiteur, et certainement la vie et
la croissance de ces formes ne dépendent aucunement de lui, pas plus que son départ ne saurait les détruire. Par conséquent, dans de tels
cas l'atome permanent n'attire autour de lui que
des formes passagères jouant le rôle d'hôtes ; —
ne se créant point de corps stables. Il faut noter
qu'à ce stade, la trame d'or de la vie ne représente aucunement l'organisation de ces corps d'ar-

mées ; elle agit simplement comme le feraient des petites racines qui, dans le sol, s'attachent à des parcelles de terre dont elles tirent leur nourriture. Ces atomes permanents ont reçu et enmagasiné, dans le règne animal, des expériences sans nombre avant d'être employés par les Êtres de Splendeur, comme centres autour desquels les formes seront construites.

Il va sans dire que dans le règne animal les atomes reçoivent des vibrations beaucoup plus variées que dans les règnes inférieurs, et se différencient par conséquent beaucoup plus vite, car le nombre des triades dans l'Ame-groupe diminue rapidement à mesure que cette différenciation s'opère, et la multiplication des Ames-groupes a lieu, par là-même, avec une rapidité croissante.

A mesure que la période d'individualisation s'approche, chaque triade séparée entre en possession de son enveloppe particulière qu'elle reçoit de l'Ame-groupe, et passe successivement par un certain nombre de formes comme une entité séparée, bien que restant toujours enfermée dans l'enveloppe protectrice et nourricière d'essence monadique.

Un grand nombre d'animaux supérieurs, à l'état domestique, ont atteint ce stade d'évolu-

tion et sont devenus de véritables entités séparées, qui se réincarnent, bien qu'elles ne possèdent pas encore de corps causal, signe caractéristique de ce qu'on appelle l'individualité.

L'enveloppe dérivée de l'Ame-groupe leur
tient lieu de corps causal ; mais elle n'est constituée, comme nous l'avons vu plus haut, que
par la troisième couche de matière et par conséquent composée de molécules du troisième
ordre de matière mentale, celle qui correspond
à l'éther le plus grossier du plan physique. Si
nous le comparons à la vie embryonnaire, nous
trouvons que ce stade correspond aux deux
derniers mois de cette vie. Un enfant de sept
mois pourra très bien naître et vivre, mais il
sera plus fort, plus vigoureux, mieux portant,
s'il profite encore pendant deux mois de la protection et de la nourriture que lui procure la vie
de sa mère. Il est préférable, pour son développement normal, que l'Ego ne brise pas trop tôt
l'enveloppe de l'Ame-groupe ; il vaut mieux
qu'il continue à absorber la vie à travers cette
enveloppe et s'en approprie les principes les plus
subtils pour fortifier son propre corps mental.
Lorsque, protégé ainsi, le corps mental a atteint
la limite extrême de sa croissance, l'enveloppe
se désintègre en molécules du sous-plan immé-

diatement supérieur et devient, comme nous l'avons vu plus haut, partie intégrante du corps causal.

C'est la connaissance de ces faits qui a souvent poussé les occultistes à mettre en garde les personnes, aimant beaucoup les animaux, contre une affection exagérée ou témoignée sans discernement. La croissance de l'animal pourrait s'en trouver forcée d'une façon malsaine et sa naissance à l'individualité provoquée avant le temps. S'il veut remplir convenablement sa place dans le monde, l'homme doit chercher à comprendre la nature et à agir selon ses lois ; il devra certainement chercher à en hâter l'action par la coopération de son intelligence, mais jamais au point de rendre la croissance malsaine, ou de favoriser le développement d'êtres chétifs ou venus *hors de saison*. Il est parfaitement vrai que le Seigneur de Vie recherche la coopération de l'homme pour mener à bien l'œuvre de l'évolution, mais il faut que cette coopération suive les lignes que sa Sagesse a tracées.

CHAPITRE VI

UNITÉ DE LA CONSCIENCE

§ 1. — La Conscience comme Unité

Lorsque nous étudions les différentes manifestations de la conscience, nous sommes souvent portés à oublier deux faits importants : premièrement, que la conscience de chaque individu
est une Unité, si séparée, si différente qu'elle
paraisse de chacune de ses autres manifestations ;
deuxièmement, que toutes ces Unités sont elles-
mêmes des parties de la Conscience du Logos, et
par conséquent réagissent d'une façon semblable
sous des conditions identiques.

Nous ne saurions trop nous répéter que la
conscience est unique ; que toutes les consciences,
en apparence séparées, ne font qu'une unité ;

ainsi l'eau d'une seule mer peut passer à la fois par plusieurs trous d'une digue et ressortir colorée de différentes teintes si cette digue est composée de matériaux de couleurs différentes, et cependant ce sera toujours l'eau de la même mer ; si on l'analyse, elle montrera toujours la présence des mêmes sels caractéristiques. De même, toutes les consciences viennent d'un même Océan de conscience et toutes ont un grand nombre de points d'identité essentiels. Enveloppées dans le voile d'une même matière, elles agiront toutes d'une même façon et révèleront l'identité fondamentale de leur nature.

Au lieu d'une unité, la conscience individuelle semble être complexe, quant à ses manifestations ; c'est pourquoi notre psychologie moderne parle de personnalité double, triple, multiple, perdant de vue cette unité fondamentale qui subsiste au sein de la confusion de la multiplicité. En réalité, notre conscience est bien une Unité et l'hétérogénéité qu'elle présente dans ses manifestations est due aux matériaux dans lesquels elle agit.

La conscience ordinaire de l'homme, à l'état de veille, est la conscience agissant dans le cerveau physique d'une certaine manière imposée par ce cerveau, qui limite et conditionne cette

8.

conscience par les différents obstacles qu'il oppose à sa manifestation ; le moindre caillot de sang
l'arrête et le dépérissement des tissus paralyse
complètement son action ; à chaque instant le cerveau met obstacle à sa manifestation, et cependant c'est le seul instrument qui lui permette
d'agir sur le plan physique.

Lorsque la conscience, détournant son attention du monde physique extérieur, abandonne la
partie plus dense du cerveau physique et se sert
exclusivement de la partie éthérique, ses manifestations changent aussitôt de caractère.
L'imagination créatrice se donne libre cours
dans la matière éthérique et, attirant à elle toutes
les choses qui sont accumulées dans cette matière, elle les arrange, les dissocie, les recom-
bine à sa guise et crée ainsi les mondes inférieurs
des rêves.

Lorsque la conscience met de côté, pour un
instant, son enveloppe éthérée, détournant complètement son attention du monde physique et
rejetant les liens qui la retiennent sur ce plan,
elle rôde à sa guise à travers le plan astral, ou
vogue inconsciemment à la dérive, concentrant
toute son attention sur son propre contenu,
recevant du monde astral une foule d'impacts
dont elle ne tient aucun compte, ou qu'elle

reçoit selon le stade de son évolution ou l'humeur
du moment.

Qu'elle vienne à se manifester à un observateur, — comme cela peut se faire durant l'état de
trance — elle montrera alors des pouvoirs tellement supérieurs à ceux qu'elle manifestait tandis
qu'elle était emprisonnée dans le cerveau
physique, que l'observateur, jugeant uniquement par ses expériences physiques, pourra, avec
raison, la considérer comme une conscience différente de la première.

Et ceci est encore bien plus marqué — lorsque
le corps astral est mis en état de trance et que
l'Oiseau céleste apparaît, prenant son essor vers
des régions plus sublimes, son vol majestueux
charmera l'observateur à tel point qu'il le con-
sidérera comme un être nouveau, tout à fait
différent de l'entité qui auparavant rampait dans
le monde de la matière physique. Et cependant ce n'est toujours qu'une seule et même
entité ; les différences sont dues, non à cette entité elle-même, mais aux matériaux avec lesquels
elle est en rapport et à travers lesquels elle
agit.

Quant au second fait important dont nous
avons parlé plus haut, l'humanité n'est pas suffisamment évoluée, pour apprécier les preuves,

quelles qu'elles soient, de l'unité de la conscience
quand elle agit sur des plans supérieurs au plan
physique ; mais son unité sur ce plan est du moins
à peu près démontrée de nos jours

§ 2. — UNITÉ DE LA CONSCIENCE PHYSIQUE.

Au milieu des variétés infinies que présentent
les règnes minéral, végétal, animal et humain,
l'unité qui est à la base de la conscience physique
a été perdue de vue et de grandes lignes de séparation ont été établies de ce fait, lignes qni cependant n'existent pas en réalité. On a refusé
toute vie au minéral, on ne l'a accordée que de
mauvaise grâce au végétal, et on a ridiculisé H.-P.
Blavatsky lorsqu'elle déclara qu'une Vie unique,
une Conscience unique vivifiait tout et donnait
forme à toutes choses.

« Chaque jour l'identité de l'animal et de
l'homme physique, de la plante et de l'homme
et même du reptile et de son nid, du rocher et
de l'homme, est de plus en plus clairement démontrée. Puisqu'il y a identité entre les consti-
tuants physiques et chimiques de tous les êtres,
la science chimique peut très bien en arriver à
dire qu'il n'y a pas de différence entre la matière

qui compose le bœuf et celle qui compose
l'homme. Mais la doctrine occulte est bien plus
explicite. Elle dit : non seulement la composition
chimique de ces êtres est la même, mais les
mêmes vies infinitésimales et invisibles composent
les atomes des corps de l'éléphant et de l'arbre
qui l'abrite du soleil. Chaque particule — orga-
nique ou inorganique — est une vie (1) ».

Si cela est vrai, il doit être possible de trouver
dans ces minéraux, ces végétaux, ces animaux
et ces hommes vivants, des preuves d'une identité de vie, de sensation et de réponse aux excitations ; et, bien qu'il faille s'attendre à trouver
des degrés dans la sensation, à voir les manifestations devenir plus riches, plus complexes,
à mesure que l'on monte les degrés de l'échelle
de la vie, il doit cependant être possible de
trouver quelques manifestations bien définies de
sensation chez tous les êtres qui participent à
une vie unique. Lorsque H.-P. Blavatsky écrivit
ce qui précède, toute preuve manquait à cet
égard ; et c'est d'un savant oriental, auquel ses
rares talents ont assuré le bon accueil du monde
occidental, que nous arrivent, fort à propos, les
preuves demandées.

Le professeur Jagadish Chandra Bose, M. A.,

(1) *Doctrine Secrète*, I, p. 251.

docteur ès sciences de Calcutta, a définitivement
prouvé que la matière soi-disant « inorganique »
répond aux excitations extérieures, et que la réponse est identique chez les métaux, les végétaux, les minéraux et — autant que l'expérience
permet de s'en rendre compte — chez l'homme.

Il construisit un appareil capable de mesurer
la force de l'excitation et d'enregistrer, sous
forme de courbes qui venaient s'inscrire sur un
cylindre en rotation, la réponse donnée par le
corps soumis aux expériences. Il compara les
courbes obtenues dans l'étain et d'autres métaux avec celles obtenues dans les muscles, et
trouva que les courbes de l'étain étaient identiques à celles des muscles et que d'autres métaux donnaient des courbes de même nature,
mais variant par leur période de recouvrement.

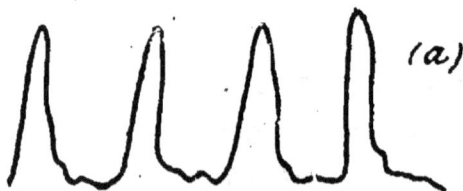

(a)

a) Série de réponses électriques données par l'étain à
   des excitations mécaniques
   successives à des inter-
   valles d'une demi minute.

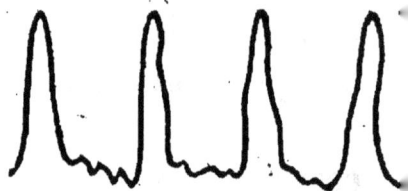

b) Réponses mécaniques
   dans le muscle.

Il réussit à produire le tétanos complet et partiel, par des chocs répétés, et obtint les mêmes

résultats dans les minéraux et dans les muscles.

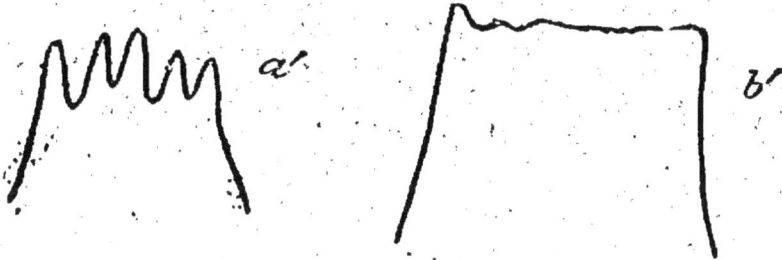

Effets analogues à (a) tétanos partiel, et (b) tétanos complet
dans l'étain.

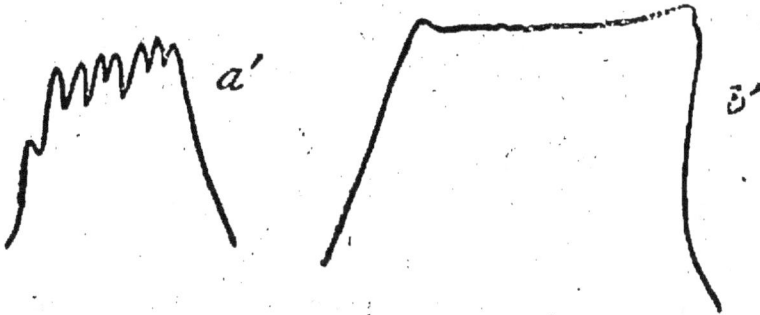

(a') Tétanos et (b') tétanos complet dans le muscle.

Les métaux présentèrent des symptômes de
fatigue, mais l'étain moins que tous les autres.
Des réactifs chimiques, tels que certains médi-
caments produisirent sur les métaux les mêmes
effets que ceux qu'ils provoquent d'ordinaire
chez les animaux, amenant l'excitation, la dépression et la mort (mort signifiant ici la destruction du pouvoir responsif).

Un certain poison tuera un métal, produisant
en lui un état d'immobilité qui fait qu'il est im-

possible d'éveiller chez lui une réponse quelconque. Si le métal empoisonné est traité à
temps, un antidote pourra lui sauver la vie.

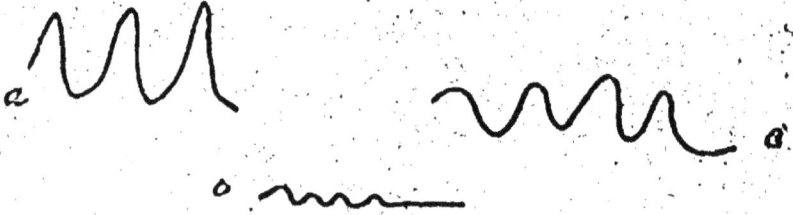

a) Réponse normale ; *b*) Effet produit par le poison ; *c*) le
métal empoisonné ressuscité par un antidote.

Un stimulant quelconque augmentera le pouvoir responsif. On a vu que certaines drogues
stimulent ou tuent, selon la dose employée, et on
a trouvé que dans les métaux elles produisaient
les mêmes effets. « Entre tous ces phénomènes,
dit le professeur Bose, comment tracer des lignes
de démarcation et dire : « Ici s'arrête le processus
physique et là commence le processus physio-
logique ? Ces limites n'existent pas (1) ».

Le professeur Bose exécuta une série d'expériences semblables sur des plantes, et obtint des
résultats identiques. Un morceau fraîchement
coupé de la tige d'un chou, une feuille, un lé-

_____

(1) Ces détails sont tirés d'une communication faite par le
professeur Bose à l'Institution Royale, le 10 mai 1901, sous
le titre de : *Response of inorganic Matter to Stimulus*.

gume quelconque, peuvent être soumis à une excitation quelconque : tous accuseront les mêmes
courbes. On peut les fatiguer, les exciter, les
déprimer, les empoisonner. Il y a quelque chose
de touchant à observer comment le petit point
lumineux qui enregistre les pulsations de la
plante, voyage en courbes de plus en plus
faibles, lorsque cette plante est soumise à l'action d'un poison, ne produit plus finalement
qu'une ligne désespérément droite et — s'arrête :
la plante est morte. Il semble qu'un meurtre
vienne d'être commis — et, en réalité, c'en est
un (1).

Cette série d'expériences du plus haut intérêt
a établi, sur une base définitive de faits physiques, les enseignements de la science occulte
sur l'universalité de la vie.

M. Marcus Reed a fait des observations mi-
croscopiques qui ont démontré la présence de la
conscience dans le règne végétal. Il a remarqué
comme des symptômes de peur lorsque les
tissus recevaient une blessure quelconque ; il a
vu aussi des cellules mâles et femelles flottant

(1) Le professeur n'a pas publié cette conférence, mais ces
faits sont consignés dans son livre : *Response in the Living
and Non-Living*. J'ai eu la bonne fortune d'assister à une
répétition de ces expériences dans sa propre demeure, où
j'ai pu les observer de près.

dans la sève s'apercevoir de leur présence respective, sans contact ; la circulation s'accélère
alors et les cellules font des efforts pour se rap-
procher les unes des autres (1).

Plus de trois ans après la publication des
expériences du professeur Bose, ses observations
se trouvèrent confirmées d'une façon intéres-
sante, au cours de l'étude de M. Jean Becquerel
sur les Rayons N, étude qu'il communiqua
à l'Académie des Sciences de Paris. Les animaux soumis à l'action du chloroforme cessent
d'émettre ces rayons et les cadavres n'en
émettent jamais. Ils se présentent chez les fleurs
à l'état normal, mais disparaissent totalement
lorsqu'on les soumet à l'action du chloroforme.
De même les métaux émettent ces rayons, mais
chez eux aussi l'émanation cesse sous l'influence
du chloroforme. Ainsi animaux, fleurs, métaux,
tous émettent ces rayons, mais chez tous l'émanation cesse sous l'influence du chloroforme (2).

---

(1) Consciousness in vegetable matter, *Pall Mall Maga-
zine*, juin 1892.
(2) Les rayons N sont dus à des vibrations du double éthérique qui produisent des ondes dans l'éther ambiant. Le
chloroforme chasse le double éthérique, d'où arrêt brusque
dans l'émanation de ces rayons ; à la mort, le double éthérique quitte complètement le corps et, par conséquent, les
rayons disparaissent aussi.

§ 3. — Signification du terme :

Conscience physique

Le terme « conscience physique » est employé
dans deux sens différents, sur lesquels il serait
peut-être utile de s'arrêter, afin de les expliquer.
On l'emploie souvent pour désigner ce que nous
avons appelé plus haut « la conscience habituelle
de l'état de veille » c'est-à-dire la conscience de
l'homme, du Jivâtmâ — ou, si vous aimez mieux,
de la Monade — agissant par l'intermédiaire du
Jivâtmâ et de la triade inférieure d'atomes permanents. On s'en sert aussi dans le sens que
nous lui donnons ici, celui de conscience agissant dans la matière physique, recevant des
impressions du plan physique et y répondant,
et n'ayant en aucune façon à s'occuper de transmettre des impressions aux plans supérieurs ou
à recevoir les impressions qui viennent, de ces
plans, influencer le corps physique.

Dans cette acception plus restreinte et plus
exacte, ce terme comprend : *a*) toute vibration
vers l'extérieur, émanant des atomes et des
molécules animés par la vie du Troisième Logos ;
b) toute vibration de cette nature émanant de
formes organisées animées par la vie du

Deuxième Logos ; et c) toutes les vibrations de ce genre provenant de la vie de la Monade, émanant des atomes permanents, et qui n'ont pas de rapport direct avec les spirilles. Lorsque les spirilles entrent en activité, la « conscience ordinaire de l'état de veille » se trouve influencée. Par exemple, si l'on aspire de l'ammoniaque par le nez, deux résultats se produisent : il y a tout d'abord une secrétion rapide — réponse des cellules des organes olfactifs — puis une odeur, résultat d'une vibration qui se propage jusqu'aux centres sensoriels dans le corps astral, où elle est reconnue par la conscience ; le changement qui se produit alors dans la conscience affecte le premier groupe de spirilles des atomes des nerfs olfactifs et parvient ainsi à la « conscience de l'état de veille » — la conscience agissant dans le cerveau physique.

C'est uniquement par l'intermédiaire des spirilles que les changements qui se produisent dans la conscience, sur les plans supérieurs, peuvent donner naissance à des changements dans « la conscience de l'état de veille ».

Il faut se rappeler que si le Système solaire, dans son ensemble, constitue un vaste champ d'évolution pour la totalité des consciences qui s'y développent, il y a aussi dans ce système des étendues moins vastes qui tiennent lieu de champs d'évolution secondaires. L'homme est le microscosme de l'univers, et son corps sert de champ d'évolution à des myriades de consciences moins évoluées que la sienne. Aussi les trois activités *a) b) c)* sont-elles toutes présentes dans son corps et toutes font partie de la conscience physique qui agit en lui ; mais ce qui concerne les spirilles des atomes n'a rien à faire avec cette conscience physique et tient de la conscience du Jivâtmâ. De nos jours, les activités de la conscience physique n'affectent plus directement la « conscience de l'état de veille » chez les animaux supérieurs et chez l'homme. Leur action se faisait sentir au début de la vie embryonnaire dans l'Ame-groupe, tandis que la Conscience du Deuxième Logos veillait encore, comme une mère, sur la conscience naissante dérivée d'elle. Mais la conscience physique est tombée, de nos jours, au-dessous du niveau de la conscience et se manifeste sous la forme de mémoire des cellules, d'action sélective dans les glandes et les papilles et, en général, préside aux fonctions nécessaires à l'entretien du corps physique. C'est l'activité la plus inférieure de la conscience, et à mesure que cette conscience fonctionne plus librement sur les plans supérieurs, elle se désintéresse de ses activités inférieures qui, dès lors, deviennent automatiques.

C'est précisément à cette conscience physique qu'il est fait allusion dans les expériences du professeur Bose, et c'est la réponse de cette conscience qui est identique dans l'étain et dans l'animal, et dont les pulsations sont enregistrées sous forme de courbes ; mais l'animal ressentira l'excitation, tandis que l'étain ne la sent pas — car l'animal a, en plus, la conscience dans la matière astrale. Nous pouvons donc dire que la conscience, agissant dans la matière physique, répond à des excitations variées et que la réponse est toujours la même, que ce soit chez le minéral, le végétal ou l'animal. Dans tous la conscience présente les mêmes activités caractéristiques, dans tous elle est identique. Les différences que nous observons, comme il a été dit, à mesure que nous nous élevons, sont dues à l'amélioration de l'appareil physique, appareil qui permet aux activités astrales et mentales — non aux physiques — de la conscience, de se manifester sur le plan physique. Les hommes et les animaux pensent et sentent mieux que les végétaux et les minéraux parce que leur conscience, plus hautement évoluée, a façonné sur

le plan physique cet appareil très perfectionné ;
mais, même dans cet état de perfection, nos
corps répondent d'une façon absolument identique à celle des corps inférieurs, lorsqu'ils sont
soumis aux mêmes excitations, et cette conscience, purement physique, est la même dans
tous les êtres.

Dans le minéral, la matière astrale associée à
l'atome astral permanent est si peu active, et la
conscience y est si profondément endormie,
qu'il n'y a pas d'activité perceptible entre l'astral
et le physique. Dans les végétaux supérieurs, il
semble y avoir un vague pressentiment de système nerveux, mais ce système est trop peu
développé pour servir à autre chose qu'à des
usages tout à fait rudimentaires. L'activité addi-
tionnelle sur le plan astral vient, chez la plante,
perfectionner l'enveloppe astrale, et les vibrations
de cette enveloppe affectent la contre-partie éthérique de la plante et par suite la matière dense,
elle aussi. De là cet embryon de système nerveux auquel nous faisions allusion plus haut.

Dès la période animale, l'activité beaucoup
plus grande que la conscience déploie sur le plan
astral donne naissance à des vibrations plus
puissantes, qui se transmettent au double éthérique de l'animal, et ce sont les vibrations ainsi

engendrées qui construisent le système nerveux.
L'élaboration de ce système nerveux est due au
Logos agissant par l'intermédiaire de l'Ame-
groupe, et à la participation active des Êtres de
Splendeur du troisième Règne élémental qui
dirigent le travail des esprits éthériques de la
nature. Mais l'impulsion vient de la conscience
qui, sur le plan astral, agit dans l'atome permanent et dans l'enveloppe de matière astrale que
cet atome attire autour de lui, et qui est appelée
à l'activité par l'Ame-groupe. A mesure que le
premier système, tout rudimentaire d'abord, se
forme, il devient possible à des impressions
extérieures plus délicates de se faire sentir et ces
impressions viennent contribuer à la marche de
l'évolution.

L'action et la réaction se succèdent tour à tour,
et le système nerveux gagne en pouvoir réceptif
et transmetteur. A ce stade d'évolution, la conscience ne prend guère part au travail de construction sur le plan astral ; elle y agit dans une
enveloppe non organisée; c'est sur le plan physique que l'organisation se fait, grâce aux efforts
de la conscience qui cherche à s'exprimer —
efforts vagues, tâtonnements confus, dans les
quels elle est aidée et dirigée par l'Ame-groupe
et les Êtres de Splendeur. Il faut que cette élabo-

ration soit achevée, jusqu'à un certain point, avant l'arrivée de la troisième Vague de vie, car l'homme a évolué et possède déjà un cerveau et un système nerveux, avant l'arrivée de cette Vague de vie qui donne un corps au Jivâtmâ et rend possible l'évolution supérieure de l'homme.

CHAPITRE VII

LE MÉCANISME DE LA CONSCIENCE

§ 1. — Développement du Mécanisme

A vrai dire, l'ensemble de tous les corps de l'homme constitue le mécanisme de la conscience, en qualité d'organes de la volonté, de la pensée et de l'action ; mais on peut dire que son mécanisme spécial est le système nerveux, car c'est par l'intermédiaire de ce système qu'elle contrôle et dirige dans tout le corps physique. Chaque cellule de notre corps se compose d'une myriade de « vies » minuscules, chacune ayant sa conscience-germe (1) ; chaque cellule a sa

(1) L'expression « vies » signifie unités de conscience ; mais elle ne montre point quelle est la qualité de la conscience ainsi séparée, pas plus qu'elle n'implique nécessairement la présence d'un Jivâtmâ. Elle signifie : une goutte — dont

propre conscience embryonnaire qui la contrôle
et l'organise ; mais la conscience centrale dominante, qui se sert du corps comme véhicule,
contrôle et organise à son tour ce corps tout
entier, et le mécanisme dans lequel elle fonctionne à cet effet est le système nerveux. Ce mécanisme nerveux est élaboré par les impulsions
du plan astral, et il faut que la conscience entre
en activité sur ce plan avant que le système nerveux puisse être formé. Les impulsions engendrées par la conscience — qui veut passer par
des expériences et cherche vaguement à manifester cette Volonté — donnent naissance, au
sein de la matière éthérique, à des vibrations
qui, de par la nature même de cette matière,
deviennent des énergies électriques, magnétiques,
caloriques et autres. Ces énergies sont les ouvriers maçons qui travaillent sous les ordres du
maître, la Conscience ; c'est d'elle que vient
l'impulsion : eux se chargent d'exécuter ses
ordres. L'intelligence directrice, que la Cons-

l'existence peut être reconnue — « l'océan de la conscience »
un atome ou une collectivité d'atomes animés par la conscience et agissant comme une unité. Un atome est une « Vie » ;
sa conscience est la conscience du Troisième Logos. Un mi-
crobe est une « Vie » et sa conscience est la conscience du
Deuxième Logos, appropriée et modifiée, ainsi qu'il a été dit
plus haut, par le Logos Planétaire et l'Esprit de la Terre,

science est encore incapable de manifester, émane de la vie du Logos dans l'Ame-groupe et des esprits de la nature qui travaillent, comme il a été dit précédemment, sous la direction des Êtres de Splendeur du troisième règne élémental. Nous nous rendons compte, ainsi, que la substance nerveuse est élaborée sur le plan physique par des impulsions venant du plan astral ; les forces immédiatement constructives sont bien physiques, mais la direction et la mise en marche de ces forces viennent de l'astral, c'est-à-dire de la conscience agissant sur le plan astral. Le prâna, cette énergie vitale qui, en vagues roses coule en ondoyant dans la matière éthérique le long de tous les nerfs, *non pas dans leur gaine médullaire*, mais dans leur substance même, vient directement du plan astral ; elle est puisée au grand réservoir de vie, le Logos. est spécialisée sur le plan astral et, de là, envoyée dans le système nerveux, où elle se mêle aux courants magnétiques, électriques et autres qui constituent le prâna purement physique, puisé à la même source, mais par l'intermédiaire du soleil, le corps physique du Logos. Un examen attentif montre que dans le règne minéral, les éléments constitutifs du prâna sont moins nombreux et moins compliqués dans

leurs dispositions que ceux du prâna du règne
végétal supérieur ; et le prâna de ce dernier
règne est, lui-même, moins complexe que celui
des règnes animal et humain. Cette différence
vient de ce que le prâna astral vient s'ajouter au
prâna des derniers règnes ; tandis que dans le
premier il n'apparaît pas — du moins à un degré
appréciable. Après la formation du corps causal,
la complexité du prâna circulant dans le corps
physique augmente considérablement ; il semble
s'enrichir au fur et à mesure du progrès de
l'évolution humaine. Car lorsque la conscience
entre en activité sur le plan mental, le prâna de
ce plan se mélange à celui du plan inférieur, et
ainsi de suite à mesure que l'activité de la conscience passe à des plans supérieurs (1).

Arrêtons-nous un instant sur ce mot *prâna*
que j'ai traduit par *énergie vitale*. *Prân* est
une racine sanscrite qui signifie respirer, vivre,
souffler, et formée de *an* — respirer, se mouvoir, vivre, d'où Esprit — joint au préfixe *pra*,
dehors, hors de. Ainsi pra-an, *prân*, signifie
respirer, ex-haler, et souffle vital, ou énergie vitale, est l'équivalent le plus juste du mot sanscrit.
Comme, d'après la pensée hindoue, il n'y a par-

(1) Le tanmâtra et le tattva du plan avec les six sous-tan-
mâtras et sous-tattvas.

tout qu'une Vie, qu'une Conscience, le mot Prâna a été employé pour désigner le Soi suprême, le
Souffle qui soutient tout. C'est l'énergie dispen-
satrice de l'Un ; et pour nous c'est la Vie du
Logos. On peut donc dire que la Vie sur chaque
plan est le prâna de ce plan ; ce prâna devient
le souffle vital dans chaque créature. Sur le
plan physique il est l'énergie qui se manifeste
sous de nombreuses formes, électricité, chaleur
lumière, magnétisme, etc., chacune pouvant se
transformer en toutes les autres, car toutes sont
fondamentalement Une ; sur les autres plans
nous n'avons pas de nom pour le désigner, mais
l'idée est claire. Lorsqu'il est approprié par un
être quelconque, il devient le prâna, au sens
plus restreint dans lequel l'emploie la théosophie : le souffle de vie de l'individu. C'est l'énergie vitale, la force vitale, dont toutes les autres
énergies, chimiques, électriques et autres ne
sont que des dérivés, des fractions ; et il semble
un peu bizarre à l'occultiste d'entendre les
hommes de science parler avec grand sérieux de
l'énergie chimique et électrique, et déclarer que
leur parent à toutes deux, l'énergie vitale, n'est
qu'une « superstition intenable ». Ces manifestations partielles de l'énergie vitale sont dues simplement aux dispositions de la matière dans

laquelle cette énergie se manifeste, dispositions qui lui enlèvent l'une ou l'autre ou plusieurs de ses caractéristiques, ou peut-être même toutes à l'exclusion d'une seule, comme ferait un verre bleu qui ne laisse passer aucun rayon excepté les rayons bleus, ou un verre rouge qui ne livre passage qu'aux rayons rouges.

Dans la *Doctrine Secrète*, H.-P. Blavatsky parle des rapports entre le prâna et le système nerveux. Elle cite et admet en partie, en même temps qu'elle corrige dans une certaine mesure, la manière de voir du docteur B. W. Richardson à propos de *l'éther nerveux* : l'énergie solaire est « la cause initiale de toute vie sur terre (1) », et le Soleil est le réservoir de la force vitale, qui est le noumène de l'électricité (2). L'éther nerveux est le principe inférieur de l'essence primordiale qui est la vie. C'est la vitalité animale répandue dans toute la nature et agissant suivant les conditions qui s'offrent à son activité. Ce n'est pas un « produit animal » ; mais l'animal vivant, la fleur et la plante vivantes sont ses « produits (3) ».

Sur le plan physique, ce prâna, cette force

(1) *Op. cit.*, I, 577.
(2) *Ibid.*, 579.
(3) *Ibid.*, 586.

vitale construit tous les minéraux ; c'est l'agent
contrôleur de toutes les transformations chimico-
physiologiques dans le protoplasme ; c'est lui
qui provoque la différentiation et la formation
des divers tissus des corps des plantes, des animaux et des hommes. Ces tissus dévoilent sa
présence par leur pouvoir de répondre à des
excitations extérieures ; mais pendant un certain temps, ce pouvoir n'est pas accompagné
d'une sensibilité bien définie ; la conscience ne
s'est pas encore développée assez pour ressentir le plaisir et la douleur.

Lorsque le prâna du plan astral vient, avec
son attribut de sensitivité, se mêler au courant
de prâna du plan physique, il commence à former
une nouvelle disposition de matière, la substance
nerveuse. C'est, au fond, une cellule — sur laquelle on peut trouver des détails dans tous les
ouvrages traitant de ce sujet (1) — et son développement consiste en changements internes et
en excroissances de la matière qui la compose,
excroissances qui s'enveloppent ensuite dans
une gaine de matière médullaire et prennent la

---

(1) Tels que : *Histology* de Schäfer ; dans *Anatomy* de
Quain, 10ᵉ édit. ; ou bien *Handbook of Physiology* de
Halliburton, 1901 ; ou encore *The Cell in Development and
Inheritance* de Wilson.

forme de filaments ou fibres. Chaque système
nerveux, si compliqué qu'il soit, est formé de
cellules avec leurs excroissances ; ces excroissances augmentent sans cesse en nombre et
forment continuellement de nouveaux liens
entre les différentes cellules, à mesure que la
conscience réclame pour s'exprimer un système
nerveux de plus en plus complexe. Cette simpli-
cité fondamentale, formant la base de cette
infinie complexité de détails, se retrouve même
chez l'homme qui, lui, possède l'organisation
nerveuse la plus délicatement élaborée. Les
innombrables millions de ganglions nerveux (1)
qui se trouvent dans le cerveau et dans le corps
en entier sont tous achevés à la fin du troisième mois de la vie anté-natale ; leur développement consiste en une expansion, une croissance vers l'extérieur, de la matière qui les
compose, afin de former ces filaments nerveux.
Le développement qui se fait ultérieurement durant la vie est dû à la pensée. Lorsqu'un homme
pense fortement et avec suite, les vibrations de la
pensée donnent naissance à une certaine activité
chimique et les prolongements protoplastiques (2)

(1) Groupes de cellules nerveuses.
(2) Filaments nerveux, ou prolongements ou tentacules,
ou excroissances nerveuses, formés de la matière de la
cellule enfermée dans une gaine médullaire.

se mettent à croître et à sortir des cellules, formant
dans toutes les directions des fils entrecroisés à
l'infini, véritables sentiers le long desquels on-
doie le prâna — composé maintenant d'éléments
des plans physique, astral et mental — et le long
desquels voyagent les vibrations de la pensée.

Pour en revenir au règne humain, voyons de
quelle façon commence et se poursuit la construction du système nerveux, sous l'action des
impulsions vibratoires de l'astral. Nous voyons
un petit groupe de cellules nerveuses reliées
entre elles par de minces filaments nerveux. Ce
groupe est formé par l'action d'un centre ayant
pris naissance auparavant dans le corps astral
— dont nous parlerons plus loin — un agrégat
de matière astrale disposé de façon à former un
centre capable de recevoir les influences du
dehors et d'y répondre. De ce centre astral les
vibrations passent dans le double éthérique, où
elles donnent naissance à de petits tourbillons
éthériques, qui attirent vers eux des particules de matière physique plus dense, et finis-
sent par former une cellule nerveuse et enfin
des groupes de cellules. Ces centres physiques, recevant des vibrations du monde extérieur, renvoient les impulsions aux centres
astrals, augmentant ainsi leurs vibrations. Les

centres physiques et astrals agissent et réagissent donc les uns sur les autres ; chacun
d'eux devient ainsi plus compliqué et son champ
d'utilité s'étend. A mesure que nous traversons
le règne animal, nous voyons le système nerveux physique se perfectionner sans cesse et
devenir un facteur de plus en plus important
dans le corps ; chez les vertébrés, ce système
prend le nom de système sympathique. C'est lui
qui contrôle et dirige l'activité des organes
vitraux — cœur, poumons, organes de la digestion. A côté de lui s'élabore lentement le système cérébro-spinal intimement lié, dans ses
activités inférieures, au système sympathique ;
ce système acquiert graduellement une prédominance de plus en plus grande et devient, dans
son développement parfait, l'organe normal
dans lequel agit la *conscience de veille*. Le
système cérébro-spinal est formé par des impulsions émanant du plan mental et non du plan
astral ; il n'est relié au plan astral que par le
système sympathique qui, lui, est construit par
l'astral. Nous verrons plus loin l'action qu'a
ceci sur la sensitivité astrale des animaux et
des êtres humains peu développés ; nous verrons comment cette sensivité disparaît avec le
développement de l'intellect, et comment elle

réapparaît dans l'évolution humaine supérieure.

Les atomes permanents constituent le seul lien direct, bien imparfait du reste, entre la conscience qui se manifeste sous la forme de la triade spirituelle, et les formes avec lesquelles cette conscience est en rapport. Chez les animaux supérieurs, ces atomes ont une activité intense, et durant les courts espaces de temps qui séparent les vies physiques, il se produit en eux des transformations considérables. A mesure que l'évolution progresse, le flux croissant de vie émanant de l'Ame-groupe à travers l'atome permanent, en même temps que la complexité de plus en plus grande de l'appareil physique, augmentent rapidement la sensitivité de l'animal. Il y a comparativement peu de sensitivité dans les vies animales inférieures, et très peu chez les poissons malgré leur système cérébro-spinal. Avec le progrès de l'évolution, les centres sensoriels continuent à se développer dans l'enveloppe astrale, et chez les animaux supérieurs ces centres sont bien organisés et les sens s'aiguisent peu à peu. Mais avec cette acuité les sensations sont brèves, et, excepté chez les animaux les plus évolués, l'élément mental s'y mêle peu pour créer une sensitivité plus grande et plus durable aux excitations extérieures.

§ 2. — LE CORPS ASTRAL OU CORPS DU DÉSIR

L'évolution du corps astral doit être étudiée parallèlement à celle du corps physique car, bien qu'il joue, comme nous l'avons vu, le rôle de créateur sur le plan physique, son évolution ultérieure dépend, dans une large mesure, des impulsions qu'il reçoit de cet organisme même qu'il a créé. Pendant longtemps encore il ne jouira pas d'une vie indépendante sur son propre plan, et son organisation par rapport au corps physique est tout à fait différente, et s'effectue bien avant son organisation dans le monde astral. En Orient on nomme koshas, ou gaines, les véhicules astral et mental de la conscience agissant dans le corps physique, et on emploie le mot sharira, ou corps, pour désigner une forme capable d'agir d'une façon indépendante dans les mondes visibles et invisibles. Cette distinction nous sera utile par la suite.

La gaine astrale du minéral est un simple nuage de matière astrale appropriée ; elle ne montre aucun signe perceptible d'organisation. Il en est de même pour la plupart des végétaux, mais il semble, dans quelques-uns, y avoir certaines traces d'agrégations et de lignes qui, à la lumière de l'évolution ultérieure, paraissent être l'origine d'une organisation naissante ; dans quelques vieux arbres des forêts on voit, à certains endroits, des agrégations distinctes de matière astrale.

Chez les animaux, ces agrégations sont clairement marquées et définies ; elles forment, dans la gaine astrale, des centres d'une espèce permanente et spéciale.

Ces agrégations qui se forment dans la gaine astrale sont les rudiments des centres qui doivent élaborer les organes nécessaires dans le corps physique, centres n'ayant rien de commun avec les châkras, ou roues, dont on parle si souvent, lesquels font partie de l'organisation du corps astral même, qu'ils rendent apte à fonctionner sur son propre plan, associé à l'enveloppe mentale. Ce corps est alors le type inférieur du soukshma sharira ou corps subtil de la philosophie orientale. — Les châkras astrals sont intimement liés aux sens astrals, de sorte que les personnes chez lesquelles ils sont développés peuvent voir, entendre, etc. sur le plan astral ; ces personnes ont dépassé de beaucoup le niveau d'évolution que nous considérons en ce moment, niveau auquel les pouvoirs perceptifs de la conscience n'ont pas encore d'organes, même sur le plan physique.

A mesure que ces agrégations se forment dans l'enveloppe astrale, les impulsions de la conscience sur le plan astral, guidées comme nous l'avons vu plus haut, agissent sur le double éthérique et donnent naissance aux tourbillons éthériques dont nous avons parlé, de sorte que des centres correspondants prennent naissance dans l'enveloppe astrale et dans le corps physique, et le système sympathique se forme peu à peu. Ce système reste toujours relié directement aux centres astrals, même après que le système cérébro-spinal s'est développé. Mais provenant de ces agrégations de la partie extérieure de l'enveloppe astrale, dix centres importants se forment ; ces centres sont reliés au cerveau par le système sympathique et deviennent peu à peu les organes prédominants des activités de la conscience physique ou conscience de veille — c'est-à-dire cette portion de la conscience qui fonctionne normalement par l'intermédiaire du système cérébro-spinal. Cinq de ces ntres ont pour fonction de recevoir des spéciales du monde extérieur ; ce ntres par l'intermédiaire desquels la manifeste ses pouvoirs perceptifs ; on les appelle en sanscrit, jñânendriyas, mot à mot les *sens de la connaissance*, c'est-à-dire les

sens ou centres de sensation grâce auxquels
s'acquiert la connaissance. Ces jñânendriyas
donnent naissance, comme nous l'avons vu plus
haut, à cinq tourbillons éthériques distincts, et
forment ainsi cinq centres dans le cerveau physique ; ceux-ci élaborent à leur tour de façons
diverses les organes sensitifs appropriés avec
lesquels ils restent intimement reliés. C'est ainsi
que se trouvent formés les cinq organes des
sens : les yeux, les oreilles, la langue, le nez, la
peau, spécialisés de façon à recevoir les impressions du monde extérieur, et qui correspondent
aux cinq pouvoirs de perception : la vue, l'ouïe,
le goût, l'odorat, le toucher.

Ce sont là les moyens particuliers qu'emploie
la conscience dans les mondes inférieurs pour
exercer une partie de son pouvoir de réception
des influences de l'extérieur. Ils appartiennent aux
mondes inférieurs et aux formes les plus grossières de la matière qui tiennent la conscience
emprisonnée et l'empêchent, en l'enveloppant
ainsi, d'arriver à connaître les autres vies ; ils
sont, dans ce voile épais de matière, autant
d'ouvertures qui permettent aux vibrations de se
transmettre et d'atteindre la conscience emprisonnée.

Les cinq autres sens astraux ont pour fonction

de transmettre des vibrations de la conscience au monde extérieur ; ce sont les chemins de sortie, tandis que les sens de la connaissance sont les portes d'entrée. On les nomme kar-mendriyas, littéralement *les sens de l'action*, sens ou centres sensoriels qui engendrent l'action. Ces centres se développent comme les autres et forment des tourbillons éthériques qui donnent naissance aux centres moteurs dans le cerveau physique ; ces centres, à leur tour, façonnent de différentes manières les organes moteurs appropriés : mains, pieds, larynx, organes de la génération et de l'excrétion — avec lesquels ils restent reliés.

Nous avons maintenant une enveloppe astrale organisée, et l'action et la réaction entre elle et le corps physique perfectionnent en même temps ces deux véhicules. Ils agissent de concert sur la conscience qui, elle, réagit sur eux si bien que chacun profite de cette influence réciproque. Et, comme nous l'avons vu déjà, ces impulsions aveugles de la conscience sont guidées, dans leur action sur la matière, par la Vie du Logos dans l'Ame-groupe et par les esprits de la nature. C'est toujours la Vie, la Conscience qui cherche à se réaliser elle-même dans la matière, et la matière qui lui répond en vertu de

ses qualités inhérentes vitalisées, par l'influence
du Troisième Logos.

§ 3. — Correspondances entre les Races-Mères

Dans notre présente Ronde, la quatrième, une
gradation de ce genre marque l'évolution des
règnes de la nature ; les caractéristiques principales des Rondes précédentes se trouvent
pour ainsi dire reproduites dans les Races-
mères, de la même façon que toute l'histoire
d'une évolution qui a duré des âges, se trouve
répétée dans la vin embryonnaire de chaque
nouveau corps physique. Durant l'évolution des
deux premières Races humaines, les conditions
de température étaient telles que la sensibilité
aurait empêché toute manifestation de vie ; c'est
pourquoi ces races ne montrent aucun sentiment de plaisir ou de douleur sur le plan physique. Dans la troisième Race, nous voyons
poindre la réponse aux impacts violents cau-
sant des sensations grossières de plaisir ou de
douleur, mais un nombre très restreint de sens
sont développés : le sens de l'ouïe, du toucher,
de la vue, et encore ne sont-ils développés que
d'une façon tout à fait rudimentaire, comme nous
le verrons plus loin.

Dans les deux premières races nous voyons

déjà des commencements d'agrégations dans la
matière astrale des enveloppes et, si ces enveloppes pouvaient entrer en rapport avec la
matière physique appropriée, nous verrions
apparaître, dans la conscience physique, la sensation du plaisir et de la douleur ; mais les liens
appropriés manquent encore. La première Race
montre, à un degré très faible, le sens de l'ouïe ;
la deuxième présente un vague pouvoir de réponse aux impacts de l'extérieur ; c'est le sens
du toucher qui commence à poindre.

La triade spirituelle, à ce stade d'évolution,
est si peu sensible aux vibrations de la matière
extérieure, qu'il faut les formidables vibrations
des impacts physiques pour éveiller en elle
une faible réponse. Pour elle tout commence
sur le plan physique. Elle ne répond pas directement, mais indirectement, par l'intermédiaire
de la vie du Logos ; et ce n'est que lorsque l'appareil physique primitif est formé, que les impulsions plus subtiles l'atteignent et provoquent
la sensation de plaisir ou de douleur. Les violentes
vibrations du plan physique donnent naissance
à des vibrations correspondantes sur le plan astral, et la triade devient alors vaguement consciente de la sensation.

CHAPITRE VIII

LES PREMIERS PAS DE L'HUMANITÉ

§ 1. — LA TROISIÈME VAGUE DE VIE

La fin de la première moitié de la troisième Race-mère est atteinte ; le système nerveux de l'homme animal est arrivé, dans son développement, à un point où l'influx direct de la pensée de la triade spirituelle à laquelle il est rattaché, devient nécessaire à son perfectionnement ultérieur ; l'Ame-groupe a accompli sa tâche envers ces produits supérieurs de l'évolution, en servant de médium par l'intermédiaire duquel la vie du Deuxième Logos protège et nourrit ses enfants ; il faut maintenant poser les fondations du corps causal, le vase qui doit recevoir la vie qui se déverse d'en haut ; le terme de la vie anté-natale de la Monade est atteint et l'heure a sonné pour elle de naître dans le monde inférieur. La Vie-mère du Logos a construit, pour elle, les corps dans lesquels elle pourra vivre, désormais, comme entité séparée dans le monde des formes ; elle doit entrer directement en possession de ces corps et commencer son évolution humaine.

Nous avons vu que les Monades tirent leur vie du Premier Logos, et qu'elles occupent le deuxième plan, l'Anoupâdaka, durant les âges sur lesquels nous venons de jeter un rapide coup d'œil. Nous avons vu aussi qu'elles se sont approprié, avec l'aide de différents agents, les trois atomes permanents qui les représentent comme Jivâtmâs sur le troisième, quatrième et cinquième plan, ainsi que ceux qui composent la triade inférieure sur les cinquième, sixième et septième plan. Pour toutes ses communications avec les plans situés au-dessous de son propre plan la Monade a pour intermédiaire le Soutrâtmâ, le fil de vie sur lequel sont enfilés les atomes, ce fil de vie, — formé de matière du deuxième plan — qui passe de l'atome âtmique à l'atome bouddhique, du bouddhique au mânasique pour retourner à l'âtmique, formant ainsi le *triangle de lu-*

mière sur les plans supérieurs. Nous avons vu aussi que de la ligne de ce triangle qui se trouve sur le plan bouddhique procède un mince filet, le Soutrâtma des plans inférieurs sur lequel est enfilée la triade inférieure.

Le moment est venu maintenant d'établir une communication plus parfaite que celle qu'offrait ce filet si ténu sous sa forme originale ; aussi s'élargit-il si l'on peut s'exprimer ainsi, car c'est une façon bien faible de représenter de quelle façon le rayon de la Monade se met à briller et grandit en prenant de plus en plus la forme d'un tube. « Le fil qui unit le Veilleur Silencieux à son ombre devient plus fort et plus rayonnant (1) ». Ce flux descendant de vie monadique est accompagné d'un déversement beaucoup plus important entre les atomes permanents, bouddhique et mânasique. Ces derniers semblent s'éveiller, et envoient de tous côtés des vibrations vers l'extérieur. D'autres atomes mânasiques et des molécules se groupent autour d'eux et un vortex giratoire apparaît sur les trois sous-plans supérieurs du plan mental. Il se produit un mouvement giratoire semblable, au sein de la masse nuageuse qui, plus bas, enveloppe l'unité mentale attachée, emprisonnée

(1) *Doctrine Secrète*, p. 249.

dans une gaîne : ce qui reste de la matière de l'Ame-groupe, ainsi que nous l'avons déjà expliqué. Cette enveloppe de matière se déchire en deux et est saisie par le tourbillon supérieur dans lequel elle va se désintégrer ; et le corps causal — délicate enveloppe pelliculaire — se trouve formé, tandis que le tourbillon s'apaise.

Ce flot descendant de vie, qui a pour résultat la formation du corps causal, est appelé la troisième Vague de Vie et est justement attribué au Premier Logos, puisque les Monades sont nées de Lui et représentent Sa vie tri-unique. Lorsque le corps causal est complètement formé, la triade spirituelle a, en vue de son évolution ultérieure, un véhicule permanent à sa disposition ; et lorsque la conscience sera devenue capable de fonctionner librement dans ce véhicule, la triade pourra contrôler et diriger avec beaucoup plus d'efficacité qu'auparavant, l'évolution de ses véhicules inférieurs.

Mais ces premiers efforts de contrôle n'offrent pas des signes d'intelligence très marqués, pas plus que les mouvements du corps d'un enfant nouveau-né ne laissent voir qu'ils sont dirigés par une intelligence, quoique nous sachions tous que l'intelligence y a sa part. La Monade est maintenant, au sens littéral du mot, née sur le

plan physique ; mais il faut encore la considérer comme un nouveau-né ; elle a encore à
traverser d'immenses périodes de temps avant
que son pouvoir, sur le corps physique, sorte de
l'enfance.

§ 2. — Développement de l'Humanité

Et ceci, nous le voyons clairement si nous
examinons l'homme comme il était à son origine. Les Lémuriens — si nous exceptons les
entités qui avaient déjà développé la conscience
à un haut degré et qui prirent naissance dans
ces corps grossiers de la troisième race afin de
guider l'évolution de l'humanité — les Lémuriens, disparus depuis longtemps, étaient très
peu développés, quant aux organes des sens ;
l'odorat et le toucher n'existaient pas encore : ils
n'étaient qu'en voie de formation. Leur sensation du plaisir et de la douleur était pour ainsi
dire nulle.

Chez les Atlantéens, les sens étaient beaucoup
plus évolués. La vue était très perçante et l'ouïe
très fine ; le goût était beaucoup plus développé
que chez les Lémuriens, sans être toutefois très
raffiné ; des aliments grossiers ou en voie de

décomposition leur paraissaient tout à fait sup-
portables, agréables même, et ils préféraient des
mets à saveur très forte, tels que de la viande
pourrie, à des aliments plus délicats, qui pour
eux n'avaient aucun goût. Leur corps était peu
sensible à la douleur ; des blessures graves ne
leur causaient que peu de souffrance et ne pro-
voquaient même pas de prostration ; les blessures les plus profondes n'arrivaient pas à les
abattre et guérissaient avec une rapidité sur-
prenante. Les quelques vestiges de la race lémurienne existant encore de nos jours, ainsi que
ceux de la race très répandue des Atlantes, montrent encore une insensibilité incroyable à
la douleur et subissent, sans s'en trouver le
moins du monde incommodés, des tortures qui
briseraient un homme de notre cinquième
race.

On raconte qu'un Indien de l'Amérique du
Nord, ayant eu tout un côté de la cuisse enlevé
dans un combat, continua à se battre pendant
douze ou quinze heures.

C'est cette caractéristique du corps des
hommes de la quatrième race qui permet à un
sauvage de se guérir si rapidement des blessures
les plus graves, ou de subir sans se plaindre des
tortures qui anéantiraient un homme de la cin-

quième race par l'ébranlement nerveux qu'elles provoqueraient chez lui.

Ces différences proviennent, en grande mesure, des variétés infinies de développement de l'atome permanent qui constitue le noyau du corps physique. Dans la cinquième race, il se déverse d'en haut un courant plus abondant de vie, ce qui provoque un développement interne plus important, développement qui va en augmentant au fur et à mesure du progrès de l'évolution. La complexité des pouvoirs vibratoires dans l'atome permanent s'accentue aussi peu à peu ; la même chose a lieu dans l'atome astral et dans l'unité mentale. Les naissances succèdent aux naissances ; ces noyaux sont lancés pour ainsi dire dans chaque plan afin de s'approprier de nouvelles enveloppes mentales, astrales et physiques ; les atomes permanents les plus développés attirent à eux, sur leurs plans respectifs, les atomes les plus évolués et construisent ainsi un appareil nerveux supérieur, à l'aide duquel peut se déverser le courant de plus en plus important de la conscience. C'est ainsi que se trouve formé le système nerveux, si délicatement organisé, de l'homme de la cinquième race.

Chez l'homme de la cinquième race la différentiation interne des cellules nerveuses devient beaucoup plus accusée ; les communications mutuelles sont plus nombreuses. D'une façon générale la conscience de l'homme de la cinquième race agit sur le plan astral et se trouve séparée du corps physique excepté en ce qui concerne le système nerveux cérébro-spinal. Le contrôle des organes vitaux du corps est abandonné au système sympathique qui, durant de longs âges, a été entraîné à remplir cet office, et dont l'activité est entretenue par des impulsions émanant de centres astrals autres que les dix dont nous avons parlé, de sorte que la conscience, occupée ailleurs, n'est pas obligée de concentrer directement son attention sur ces points, bien qu'elle soutienne cette activité. Il est cependant possible, comme nous le verrons plus loin, de ramener l'attention de la conscience sur cette partie de son mécanisme, et de ramener ces activités sous son contrôle direct. Chez les individus plus développés de la cinquième race, la plupart des impulsions de la conscience émanent du plan mental, d'où elles descendent en se frayant un chemin à travers le plan astral jusqu'au plan physique, et là stimulent l'activité du système nerveux. C'est cette conscience vive, subtile, intelligente, unie par les pensées plus que par les sensations, qui se montre plus active dans les centres mentaux et émotionnels du cerveau, que dans les centres qui sont le siège des phénomènes de sensation ou de motricité.

Les organes sensoriels du corps des hommes de la cinquième race sont moins actifs et moins subtils que ceux des hommes supérieurs de la quatrième race, et répondent moins facilement aux impacts purement physiques ; les yeux, les oreilles, les organes du toucher ne répondent plus à des vibrations qui auraient affecté les organes sensoriels d'un homme de la quatrième race. Il est remarquable de voir comme ces organes atteignent leur plus grand degré d'activité durant l'enfance et diminuent de sensibilité à partir de la sixième année. D'autre part, quoiqu'ils répondent moins facilement aux impacts purement sensoriels, ces organes deviennent plus sensibles aux sensations mêlées d'émotion, et les délicatesses de couleur, de ton, dans la nature et dans l'art, produisent sur eux un effet beaucoup plus marqué. L'organisation plus élaborée, plus complexe, des centres sensoriels du cerveau et du corps astral semble donner naissance à une sensibilité plus grande aux beautés de couleur, de ton, de forme, mais en même temps à une diminution d'acuité dans la réponse aux sensations où les émotions ne jouent pas un rôle quelconque.

Le corps physique de la cinquième race est également beaucoup plus sensible aux chocs que celui de la quatrième ou de la troisième race, car la conscience y est beaucoup plus active. Il ressent plus vivement les secousses nerveuses, qui occasionnent un grand abattement. Une mutilation grave n'est pas simplement pour un homme de la cinquième race une lacération d'un muscle, une déchirure de tissus; elle produit, en plus, un ébranlement nerveux terrible. Le système nerveux délicatement organisé envoie un appel de détresse aux centres du cerveau qui transmettent cet appel au corps astral, troublant et bouleversant ainsi la conscience astrale; il s'ensuit un dérangement sur le plan mental, l'imagination entre en jeu, la mémoire provoque l'anticipation, et la puissance des impulsions mentales vient intensifier et prolonger les sensations. Ces sensations à leur tour stimulent et excitent le système nerveux et cette activité anormale se répercute sur les organes vitaux, provoquant des troubles organiques qui ont pour résultat une diminution de la force vitale qui rend la guérison lente et difficile.

Dans le corps physique des hommes de la

cinquième race l'état mental est, dans une large mesure, la cause de l'état physique. Une grande anxiété, des souffrances morales, des soucis, produisent une tension nerveuse et causent rapidement des troubles dans les fonctions organiques, amenant ainsi la faiblesse ou la maladie. C'est pourquoi la force de caractère, la sérénité de l'âme, favorisent la santé physique. Lorsque l'activité de la conscience est définitivement établie sur le plan astral ou mental, les troubles d'ordre émotionnel ou moral amènent plus rapidement la maladie que les pires privations physiques. L'homme évolué de la cinquième race vit, à vrai dire, physiquement dans son système nerveux.

§ 3. — AMES ET CORPS ANORMAUX

Il faut remarquer ici un fait très significatif ayant trait à la question si importante de la relation qui existe entre la conscience et le système nerveux.

Lorsqu'il arrive qu'une conscience humaine, qui n'a pas encore dépassé le niveau d'évolution du type des derniers Lémuriens ou des premiers Atlantes, naît dans un corps physique de

la cinquième race, un cas très curieux s'offre à
notre étude. (Nous ne pouvons pas nous étendre
ici sur les raisons d'une incarnation de ce genre ;
il suffira de dire que, à mesure que les nations
plus civilisées annexent les contrées occupées
par des peuplades moins évoluées, elles détruisent les individus composant ces nations, soit
directement par les armes, soit par des moyens
détournés ; il faut que ces Egos, ainsi privés de leur
corps, trouvent de nouveaux habitats ; mais comme
les conditions de la vie sauvage, qui s'adapte-
raient mieux à leur nature, deviennent de plus
en plus rares, sous le flot toujours grandissant
des races supérieures, il leur faut se réincarner au milieu des conditions inférieures qui
se présentent, comme par exemple parmi les
individus peuplant les bouges de nos grandes
cités, ou bien dans des familles de criminels ;
ils sont attirés vers la nation conquérante par la
nécessité du Kârma.) Les individus de ce genre
s'incarnent dans des corps de la cinquième race
formés des matériaux les plus grossiers. Ils
montrent alors, dans ces corps de la cinquième
race, des qualités qui appartiennent normalement aux premiers échelons de la quatrième ou
de la troisième race ; et, bien qu'ils possèdent
la même organisation nerveuse extérieure, ils

n'ont pas ces différentiations internes de la matière nerveuse se produisant seulement sous l'influence qu'exercent, sur la matière physique, les énergies venant du plan astral ou mental. On observe chez ces individus un manque presque complet de réponse aux impressions venant de l'extérieur, à moins que ces impressions ne soient particulièrement violentes, ce qui montre le degré peu élevé du développement de la conscience de l'individu. On trouve aussi chez ces êtres un retour à l'inertie complète, dès qu'il n'y a plus d'excitation physique violente, en même temps qu'un désir sans cesse renouvelé pour ces excitations violentes, lorsque celles-ci ont pour cause un besoin physique quelconque. Nous trouvons chez eux une faible activité mentale qui prend naissance sous l'influence des impacts violents affectant les organes des sens ; puis le vide absolu lorsque ces organes sont au repos, et une absence complète de toute réponse aux pensées ou aux émotions élevées — non pas qu'ils rejettent consciemment ces pensées ou ces émotions, mais parce qu'ils sont parfaitement inconscients de leur existence. En général, l'excitation ou la violence chez ces individus prend naissance sous l'influence d'un agent extérieur — quelque chose qui vient à eux par

une voie physique, et que leur intelligence
embryonnaire allie à la possibilité de gratifier
une passion quelconque dont le souvenir leur est
resté et qu'ils désirent ressentir à nouveau. Ainsi,
un individu de ce genre pourra ne pas avoir la
moindre intention de tuer ou de voler, mais il
y sera poussé simplement par la vue d'un passant bien habillé qui semble avoir de l'argent —
l'argent qui, pour lui, signifie la gratification
de ses appétits, de sa faim, de sa passion pour
la boisson ou les jouissances sexuelles. Le voilà
aussitôt poussé à attaquer le passant et cet élan
sera suivi d'un acte, à moins qu'un danger physique manifeste — la vue d'un agent de police
par exemple — ne viennent l'arrêter. C'est la
tentation personnifiée qui éveille en lui l'idée
de commettre le crime. L'individu qui complote
d'avance son forfait est plus développé déjà ; le
simple sauvage commet son crime sous l'impulsion du moment, à moins qu'il ne se trouve
face à face avec une personnification physique
d'une force qu'il craint ; et lorsqu'il a commis
son crime il est absolument insensible à tout
sentiment de honte ou de remords : seule, la peur
a quelque prise sur lui.

Ces remarques ne s'adressent naturellement
pas à la catégorie des criminels intelligents,

mais seulement au type de la brute inconsciente
et obtuse, du sauvage de la troisième ou quatrième race incarné dans un corps physique de la
cinquième race.

A mesure que les enseignements de la Sagesse
antique influenceront de plus en plus la pensée
moderne, ils auront en outre, comme résultat
inévitable, la modification du traitement des
criminels. Ceux dont nous venons de parler
ne seront pas traités brutalement mais plutôt
soumis continuellement à une discipline sé-
vère ; on les aidera autant que possible à faire
des progrès qu'ils n'auraient pas été en mesure
de faire au milieu des conditions de leur vie
sauvage. Mais nous nous écarterions trop de notre
sujet si nous voulions nous arrêter à ces questions ; revenons donc aux activités de la conscience sur le plan astral, comme elles nous
apparaissent dans les animaux supérieurs et dans
les êtres humains du type inférieur.

§ 4. — APPARITION DE LA CONSCIENCE
SUR LE PLAN ASTRAL

Nous avons vu que l'organisation astrale précède le système nerveux, et que c'est elle qui

façonne ce système ; nous allons voir de quelle façon ceci influence les activités de la conscience. On peut tout naturellement s'attendre à ce que, sur le plan astral, la conscience reconnaisse — d'une manière vague et indéfinie — la présence des impacts qui viennent frapper sa gaîne astrale, tout comme dans les minéraux, les végétaux et les animaux inférieurs, elle était consciente des impacts affectant son corps physique. Cette conscience des impacts astrals apparaît bien avant que soit organisée, d'une façon définie, l'enveloppe astrale, trait d'union entre le mental et le physique, et qui doit graduellement évoluer et devenir le corps astral, le véhicule indépendant de la conscience sur le plan astral. Comme nous l'avons dit déjà, le premier signe d'organisation de l'enveloppe astrale a pour cause une réponse aux impacts que cette enveloppe reçoit de l'extérieur par l'intermédiaire du corps physique, et l'évolution de cette enveloppe dépend, dans une large mesure, du corps physique. Cette organisation n'a rien à voir directement avec la réception, la coordination ou la compréhension des impacts astrals ; tout son travail se borne à subir l'influence du système nerveux physique, et à réagir sur lui. Partout la conscience précède la Soi-Conscience,

et l'évolution de la conscience sur le plan astral
va de pair avec l'évolution de la Soi-Conscience
— dont nous nous occuperons plus loin — sur le
plan physique.

Les impacts venant, du plan astral, frapper la
gaîne astrale, donnent naissance à des ondes
vibratoires au sein de la matière composant cette
gaine, et la conscience qui y est emprisonnée
reconnaît vaguement la présence de ces ondulations, mais sans les attribuer à une cause extérieure quelconque, car elle recherche en tâtonnant des impacts physiques plus violents et
c'est sur ces derniers qu'elle concentre surtout
l'attention dont elle est capable. Les agrégats de
matière astrale qui se rattachent aux deux systèmes nerveux physiques, ressentent naturellement ces ondulations de l'enveloppe astrale, et
les vibrations que causent ces ondulations se
mêlent à celles qui proviennent du corps physique et affectent aussi les vibrations que la conscience lui envoie d'en haut, à travers ces agrégats
de matière astrale.

Un lien se trouve ainsi établi entre les impacts
astrals et le système sympathique et ces impacts
jouent un rôle des plus importants dans l'évolution de ce système. A mesure que la conscience, agissant dans le corps physique, ap-

prend à reconnaître la présence d'un monde
extérieur, ces impacts astrals — classés graduellement parmi les cinq sens, de la même façon
que les impacts physiques — se mêlent à ceux
du plan physique et il est impossible de faire
une distinction d'origine entre eux. Cette faculté
de reconnaître la présence des impacts du plan
astral constitue la clairvoyance inférieure, celle
qui précède la grande évolution de l'intelligence.
Tant que le système sympathique reste le principal mécanisme de la conscience, l'origine des
impacts sera toujours la même pour cette conscience, que les impacts viennent du plan astral
ou du plan physique. Les animaux les plus développés, eux-mêmes, — chez lesquels cependant
le système cérébro-spinal est très évolué, sans
être encore le principal médium de la conscience, excepté dans ses centres sensoriels — ne
peuvent faire une distinction entre les visions,
les sons, etc., physiques et ceux provenant du
plan astral. Ainsi un cheval sautera par-dessus
un corps astral, comme si c'était un corps physique ; un chat se frottera contre les jambes
d'un fantôme astral ; un chien aboiera après lui.
Chez le chien et le cheval, il y a une certaine
inquiétude qui montre la sensation de quelque
chose d'anormal, et la peur que ces apparitions

provoquent chez le chien, la timidité qu'elles
éveillent chez le cheval en sont des preuves.
La nervosité du cheval — malgré laquelle il
peut être entraîné à faire face aux dangers du
champ de bataille, ou bien, comme dans les
contes arabes, être dressé à ramasser et em-
porter son cavalier blessé au milieu du danger
— semble venir surtout de sa confusion et de
son embarras en face des choses qui l'entourent,
et de son incapacité à faire une distinction entre
ce que plus tard il appellera, en connaissance
de cause *les réalités objectives* contre lesquelles
il vient se blesser, et ces *illusions*, ces *fantômes*
à travers lesquels il passe indemne ; les différences qu'elles présentent dans leurs apparences
l'alarment. Si le cheval est d'intelligence excep-
tionnelle, sa nervosité est souvent plus grande
encore, car il commence à avoir une vague sensation de ces différences, et comme il ne peut
pas encore les comprendre, elles le troublent
plus encore.

Le sauvage, qui vit davantage dans le système
cérébro-spinal, fait une distinction entre les
phénomènes physiques et les phénomènes astrals, bien que ces derniers soient pour lui aussi
réels que les premiers ; il les attribue à un
monde différent, auquel il relègue toutes les

choses qui ne se comportent pas de la façon qu'il considère, lui, comme normale. Il ne comprend pas que, pour ce qui est de ces choses, il est conscient dans le système cérébro-spinal ; il en est conscient — et rien de plus. Les Lémuriens et les premiers Atlantes étaient presque plus conscients astralement que physiquement. Des impacts astrals bouleversant l'enveloppe astrale tout entière leur parvenaient par les centres sensoriels du corps physique, et ils en étaient vivement conscients. Leur existence était dominée par les sensations et les passions, beaucoup plus que par l'intellect et l'appareil spécial à l'enveloppe astrale ; le système sympathique était alors le mécanisme principal de la conscience. A mesure que le système cérébro-spinal s'élaborait, et assumait de plus en plus sa fonction d'instrument principal de la conscience sur le plan physique, l'attention de la conscience se concentrait de plus en plus sur le monde physique extérieur, et son aspect *activité* prenait, sous forme d'intelligence concrète, une prédominance de plus en plus grande. Le système sympathique devint son simple subordonné ; la conscience prit de moins en moins intérêt à ses indications, submergées par le torrent des impacts physiques plus grossiers et

plus lourds, venant du monde extérieur. Il en
résulta une diminution de la conscience astrale,
et une augmentation de l'intelligence, bien qu'il
y ait encore, chez la plupart des hommes, une
vague conscience d'impressions, la plupart du
temps incompréhensibles.

Au degré actuel de l'évolution, on trouve
encore cette clairvoyance inférieure chez les
êtres humains, mais chez des personnes dont
l'intellect est très limité; ces individus ont à
peine une idée de la rationnelle de cette clairvoyance et n'ont que peu de contrôle sur elle.
Essayer de développer cette clairvoyance peut
provoquer des troubles nerveux d'un genre
particulièrement grave, et c'est aller à l'encontre
des lois de la nature qui marche toujours en
avant vers un but plus élevé et ne revient jamais
sur ses pas. Comme ces lois ne peuvent pas être
changées, celui qui essaie d'agir contre elles ne
fait que s'attirer des désordres et des maladies.
Il ne nous est pas possible de revenir au degré
d'évolution où le système sympathique avait la
prépondérance, si ce n'est au prix de notre
santé et de notre évolution intellectuelle supérieure. En cela réside tout le danger que l'on
court à suivre à la lettre ces recommandations
que l'on publie maintenant un peu partout, de

méditer sur le plexus solaire ou d'autres centres
sympathiques. Ces pratiques, dont quelques-
unes sont parvenues jusque chez nous, ont été
systématiquement groupées dans l'Inde en ce
qu'on appelle la Hâtha Yoga. Grâce à cette
science, l'homme peut regagner le contrôle sur
des fonctions involontaires, de sorte qu'il peut
par exemple renverser l'action péristaltique, arrêter les battements du cœur, vomir à volonté, etc.
Ce n'est qu'après beaucoup de temps et beaucoup de mal que l'homme arrive à accomplir
ces exploits, et, en fin de compte, il ne fait que
ramener sous le contrôle de la volonté des
organes qu'elle avait depuis longtemps aban-
donnés au système sympathique. Comme cet
abandon s'était fait par le détachement graduel
de l'attention de la conscience sur ces organes,
ce n'est que par la concentration de l'attention
sur ceux-ci que leurs activités antérieures peuvent
être rétablies. Comme ces tours de force influent
sur l'imagination des ignorants, qui les considèrent comme l'indice d'une grande spiritualité,
ils sont souvent mis à profit par des individus
qui désirent le pouvoir avant tout et ne peuvent
y atteindre par des moyens plus légitimes. De
plus, ces pouvoirs constituent les degrés les plus
inférieurs de la Hâtha Yoga; ils sont plus faciles

à développer et causent moins de souffrances que ces exercices qui consistent à tenir un bras en l'air jusqu'à ce qu'il s'atrophie, ou à rester couché sur un lit de pointes de fer.

Lorsque l'activité du système cérébro-spinal est temporairement suspendue, les impulsions venant de l'enveloppe astrale par l'intermédiaire du système sympathique, se répercutent dans la conscience. De là vient cette « lucidité » qu'on observe dans l'état de trance — provoqué par le sujet lui-même ou par l'opérateur — et la faculté de lire dans l'astral à l'aide d'un cristal ou autre objet de ce genre. La suspension partielle ou complète de l'activité de la conscience dans les véhicules supérieurs l'oblige à concentrer son attention sur ces véhicules inférieurs. Il faut remarquer ici, pour éviter tout malentendu, que la clairvoyance supérieure suit, et ne précède pas le développement de l'intellect, et qu'elle ne peut apparaître avant que l'organisation du corps astral, — à distinguer de l'enveloppe astrale, — ait atteint un degré assez élevé d'évolution. Quand le développement de la clairvoyance a lieu sous l'action de l'intellect et par le perfectionnement de l'appareil intellectuel physique, les véritables sens astrals, dont nous avons parlé, et qu'on nomme les chakrams ou roues d'après leur aspect tourbillonnant, se développent peu à peu. Ils évoluent sur le plan astral où ils deviennent les sens et les organes astrals, et sont construits et contrôlés par l'influence du plan mental, comme les centres du cerveau l'ont été par le plan astral. La conscience agit dès lors sur le plan mental et construit son appareil astral, de la même façon qu'elle façonnait son appareil physique lorsqu'elle était en pleine activité sur le plan astral. Mais elle travaille maintenant avec un pouvoir et une connaissance bien supérieurs, car elle a développé un grand nombre de ses facultés. Elle crée ensuite dans le corps physique, par l'intermédiaire des systèmes sympathiques et cérébro-spinal, des centres qui, sur le plan physique, serviront à transmettre à la conscience cérébrale les vibrations des plans supérieurs. A mesure que ces centres entrent en activité, la connaissance est « transmise » c'est-à-dire mise à la disposition de la conscience agissant dans le système nerveux physique. Ceci constitue, comme nous l'avons dit, la clairvoyance supérieure, l'emploi intelligant et conscient, dans le corps astral, des pouvoirs de la conscience.

Dans cette marche ascendante les pouvoirs de la conscience entrent donc en activité sur le

plan physique d'abord, puis sur les plans astral
et mental ensuite. Il faut que les enveloppes
astrales et mentales aient atteint un haut degré
d'évolution avant de devenir ces corps subtils,
capables d'agir d'une façon indépendante sur
les plans supérieurs et de construire, par leurs
propres moyens, le mécanisme grâce auquel ils
pourront manifester ces pouvoirs sur le plan
physique. Et même alors, lorsque cet appareil
est terminé, ayant été construit par des pensées
élevées et des désirs purs, il faut qu'il soit vi-
vifié sur le plan physique par le feu de Koundalini, qu'éveille et dirige la conscience travaillant dans le cerveau physique.

CHAPITRE IX

CONSCIENCE ET SOI-CONSCIENCE

§ 1. — LA CONSCIENCE

Pendant une immense période 'de temps — pendant toute la fin de l'évolution végétale, l'évolution animale et l'évolution de l'humanité normale, jusqu'à nos jours — l'enveloppe astrale ou enveloppe des désirs est, comme nous l'avons vu, sous la dépendance directe de l'enveloppe physique en ce qui concerne les activités de la conscience. Nous allons chercher maintenant à montrer le développement de la conscience, de la vie qui reconnaît la présence d'un monde extérieur. Bien qu'en réalité on puisse dire que le système nerveux est la création de l'astral, il n'en est pas moins vrai qu'il est créé POUR

permettre à la conscience de s'exprimer sur le
plan physique et lui permettre d'agir effectivement sur ce plan. C'est premièrement sur ce plan
que la conscience devient la *Soi-Conscience*.

Lorsque les vibrations du monde extérieur
viennent frapper l'enveloppe physique du jeune
Soi, le Jivâtmâ ou rayon émané de la Monade, elles donnent tout d'abord naissance dans
ce *Soi*, à des tressaillements, à une lueur de
conscience intérieure, une sensation — que le
Soi n'attribue pas à quelque chose d'extérieur à
lui-même, bien qu'ils soient causés par des
impacts venus de l'extérieur. C'est un changement qui se produit en dehors de la pellicule,
enveloppe immédiate du *Soi*, emprisonné lui-même
dans des gaines de matière dense, et ce changement extérieur donne naissance à un changement intérieur, au sein de cette enveloppe, provoquant ainsi une activité de la conscience —
perception d'un changement, d'un état d'être
différent. Ceci peut être une attraction exercée
par un objet extérieur sur les enveloppes, attraction
qui, atteignant l'enveloppe immédiate du Soi,
provoque dans celle-ci une légère expansion,
laquelle se transmet dans les enveloppes. C'est
donc une attraction pour cet objet qui produit
cette expansion, et il en résulte un changement

de condition qui provoque une sensation, un acte de conscience. Ou bien ceci peut être une répulsion qu'exerce encore un objet extérieur sur les enveloppes et lesquelles arrivant jusqu'à l'enveloppe immédiate du Soi, provoque dans celle-ci une légère contraction répondant à un recul des enveloppes qui s'écartent de l'objet répulsif ; cette contraction est encore une fois un changement d'état qui provoque un changement correspondant dans la conscience.

Si nous examinons les conditions auxquelles sont soumises les enveloppes, respectivement dans l'attraction et la répulsion, nous verrons qu'elles diffèrent entièrement d'un cas à l'autre. Lorsque l'impact, émanant d'un objet extérieur, donne naissance, dans ces enveloppes, à des vibrations rythmiques — c'est-à-dire lorsqu'il agit sur les matériaux constituant ces enveloppes de telle façon que ceux-ci se disposent en lignes ondulatoires régulières, des plus denses aux plus subtiles — cette disposition de la matière environnante permet un échange réciproque de vie entre les deux objets qui sont entrés en contact, et l'importance de cet échange dépend de la correspondance plus ou moins parfaite des couches denses et subtiles dans les objets. Cet échange, cette union partielle de deux *viés*

distinctes à travers les enveloppes de matière
qui les séparent, constitue le *plaisir* et cet
acheminement des deux *vies* l'une vers
l'autre est *l'attraction*. Si complexe que
puisse être la forme du plaisir, c'est en cela
que réside son essence même. C'est la sensation d'une augmentation, d'un accroissement,
d'une amplification de la vie. Plus la *vie*
est développée, plus le plaisir est grand dans
la réalisation de cette amplification; de cette
expansion en une autre *Vie*, et chacune des
vies acquiert ainsi, en s'unissant à l'autre,
cette augmentation. Comme ce sont les vibrations rythmiques et les correspondances des
états subtils et denses qui rendent possible
cet échange réciproque de vie, on peut dire en
vérité que les vibrations harmonieuses sont
agréables.

Si, au contraire, l'impact émanant d'un objet
extérieur provoque dans les enveloppes une
lutte mutuelle entre les vibrations, c'est-à-dire
lorsqu'il agit sur les matériaux constituant ces
enveloppes de telle manière qu'ils s'arrangent
d'une façon irrégulière, qu'ils se meuvent dans
des directions opposées, en se heurtant les uns
les autres, la *vie* enfermée dans ces enveloppes se trouve isolée, délaissée ; les rayons

qu'elle émet normalement sont arrêtés, inter-
ceptés et retournent sur eux-mêmes. Cet arrêt
de l'activité normale constitue la *douleur* qui
va en augmentant avec la violence de cette
contraction, dont le résultat est la *répulsion*.
Ici encore, plus la *vie* est évoluée, plus grande
est la douleur occasionnée par ce bouleversement violent de son activité normale, et plus
grand aussi le sentiment de désappointement
qui l'accompagne. C'est pourquoi les vibrations inharmonieuses sont pénibles. Remar-
quons ici que cela est vrai pour toutes les
enveloppes, bien que l'enveloppe astrale soit
plus spécialement affectée à la réception de
ce genre de sensations qui, plus tard, pren-
dront le nom de sensations agréables et de
sensations désagréables. Il arrive souvent qu'au
cours de l'évolution une fonction vitale se
trouve ainsi spécialisée, et normalement un
organe particulier lui permet de se manifester. Comme le corps astral est le véhicule des désirs, l'utilité de sa susceptibilité à
ressentir le plaisir et la douleur devient évidente.

Mais après ce bref examen de l'état des enveloppes, revenons au germe de la conscience lui-
même. Il faut remarquer ici qu'il n'y a dans tout

ceci aucune perception (1) d'un objet extérieur,
aucune perception dans le genre de celle qu'implique ordinairement ce mot. Jusqu'ici la conscience n'a aucune notion encore d'un extérieur
et d'un intérieur, d'un objet ou d'un sujet ; le
germe divin est en train de devenir conscient.
Il n'acquiert la conscience que grâce à ces CHAN-
GEMENTS de condition dans les enveloppes, à ce
mouvement qui se produit en elles : cette expansion et cette contraction, car la conscience
n'existe que dans et par ces changements. C'est
donc alors que la conscience apparaît, naissant
du changement, du mouvement ; c'est à l'endroit
et au moment où ce changement se produit en
premier lieu que la conscience naît dans le germe
divin, distinct de l'extérieur.

Le simple enveloppement du germe divin
dans des gaines successives de matière, en
descendant de plan en plan, donne naissance
à ses premiers vagues changements de condition et ces changements donnent naissance à la
conscience. Personne ne saurait dire combien
d'âges se sont écoulés pendant que ces changements s'accentuaient sous l'action des impacts
incessants de l'extérieur et des tressaillements
responsifs non moins incessants à l'intérieur.

(1) *Awareness.*

Tout ce qu'on peut dire de la conscience à ce degré évolutif, c'est qu'elle est dans un état de sensation ; cette sensation devient graduellement de plus en plus définie et se montre sous deux aspects distincts : le plaisir et la douleur — le plaisir, avec l'expansion, et la douleur avec la contraction. Il faut remarquer que cet état primordial de la conscience ne manifeste pas les trois aspects familiers — Volonté, Sagesse, Activité — même à l'état de germination le plus avancé. La sensation précède la manifestation de ces aspects et appartient à la conscience dans sa totalité, bien qu'aux degrés antérieurs de l'évolution elle semble si souvent alliée à l'aspect Volonté-Désir qu'on est porté à les identifier ; elle appartient en effet à cet aspect qui est le premier à paraître en tant que différenciation dans la conscience. A mesure que ces états de plaisir et de douleur deviennent plus définis, ils donnent naissance aux trois aspects ; lorsque le plaisir disparaît, il reste dans la conscience une attraction, un souvenir qui devient une tendance confuse à répéter ce plaisir, une vague poursuite après la sensation qui s'évanouit, un mouvement — trop peu défini pour qu'on puisse l'appeler un effort — pour la retenir, la conserver ; de même, lorsque la douleur s'efface, il reste dans la conscience un souvenir qui devient également un vague mouvement de répulsion. Ces états donnent naissance à la mémoire du plaisir passé. de la douleur effacée et provoquent la manifestation de l'aspect Pensée ; le désir de ressentir à nouveau le plaisir, ou d'éviter la douleur ; provoque la manifestation embryonnaire de l'aspect Désir, et l'excitation au mouvement donne naissance à la manifestation de l'aspect Activité. De sorte que la conscience, qui tout d'abord ne se montrait que sous l'unique aspect de sensation, présente maintenant trois aspects différents reproduisant, en petit, le processus cosmique par lequel la triple Divinité sort de l'Existence unique. L'axiome hermétique : « En bas comme en haut » se trouve encore une fois confirmé.

§ 2. — LA SOI-CONSCIENCE.

Le désir, en voie de germination, recherche en tâtonnant le plaisir, mais ne s'occupe pas de l'objet qui provoque ce plaisir, car la conscience est encore limitée à son propre plan, elle n'est consciente qu'à l'intérieur et ne perçoit que les changements ayant lieu dans ce royaume intérieur. Elle n'a pas encore tourné son attention vers l'extérieur et n'est même pas consciente de l'existence de ce monde extérieur dont cependant émanent constamment des impacts qui viennent frapper violemment ses véhicules, particulièrement le véhicule physique, plus à la merci des influences extérieures que de celles qui viennent de l'intérieur. Ces chocs continuels et violents attirent peu à peu l'attention de la conscience ; leur irrégularité, leur apparition imprévue, leur différence complète avec ses mouvements à elle, lents et tâtonnants, leur apparition et leur disparition inexpliquées, sont en opposition complète avec son vague sens de la régularité, de la continuité, de la présence ininterrompue des lentes ondulations provoquées par le flux et le reflux des changements qui ont lieu dans ce qu'elle n'identifie pas encore avec elle ; elle perçoit une DIFFÉRENCE, et cette perception devient peu à peu la sensation d'un quelque chose qui *reste*, dans ce chaos incessant, la sensation d'un *intérieur* et d'un *extérieur*, ou plus exactement d'un *extérieur* et d'un *intérieur*, puisque ce sont ces impacts continuels du dehors qui font naître, en elle, cette sensation d'un *extérieur* et d'un *intérieur*.

12.

La sensation d'*extérieur* vient en premier, même si ce n'est que pour une fraction de temps limitée, car ce n'est que lorsque la conscience a reconnu l'existence de l'*extérieur* qu'elle devient consciente de l'*intérieur*. Tant qu'il n'y a qu'une seule chose, il est impossible de parler d'un *intérieur*, car tout est compris dans cette chose. Mais lorsque l'*extérieur* s'impose à la conscience, son opposé inévitable, l'*intérieur* apparaît aussitôt. Cette sensation d'un *extérieur* apparaît nécessairement aux points de contact entre la conscience continue et ce monde changeant chaotique extérieur ; et ceci a lieu dans le véhicule physique dans le corps physique. C'est dans ce corps que s'élabore peu à peu la perception *d'autrui* et avec cette perception *d'autrui* apparaît aussi le sentiment du *Je* opposé à *autrui*. Ce *Je* devient conscient des objets extérieurs, au lieu d'être simplement conscient des changements ; puis il arrive peu à peu à reconnaître que ces changements sont en lui-même et que les objets, eux, sont en dehors de lui. C'est la naissance de la Soi-Conscience.

Ce processus amenant la perception des objets extérieurs est très complexe. Il faut se rappeler que les objets extérieurs entrent en contact avec

le corps de différentes manières, et le corps reçoit
un certain nombre de leurs vibrations par l'intermédiaire des parties affectées à cet usage. Les
yeux, les oreilles, l'épiderme, la langue, le nez,
reçoivent des ondes vibratoires variées, et certaines cellules des organes influencés vibrent en
sympathie avec elles. Les vibrations ainsi engendrées sont transmises aux centres sensoriels du
cerveau, et de là passent aux centres de la connaissance dans l'enveloppe astrale ; là, prennent
place, ainsi que nous l'avons expliqué au chapitre II, des changements correspondant à ces
ondes vibratoires. Ces ondes, sous forme de
« changements » sont transmises comme sensations de couleur, de contour, de son, de forme,
de goût, d'odeur, etc. — toujours comme sensations distinctes — à la conscience agissant dans
l'enveloppe mentale, et là sont combinées
en une image unique, unifiées en une seule
perception. Cette fusion de courants variés en
un courant unique, cette synthèse des sensations différentes, est une fonction de l'intelligence. C'est pourquoi la psychologie hindoue
donne souvent à l'intelligence le nom de
sixième sens (1), « les sens, dont l'intelligence

_____

(1) *Bhagavad Gîtâ*, XV, 7.

est le sixième. Si maintenant nous considérons
les cinq organes de l'action lorsqu'ils servent
d'instruments à l'intelligence, nous trouvons
que ce processus est renversé. L'intelligence
forme une image d'un acte quelconque dans son
ensemble, et donne naissance à un groupe de
vibrations correspondantes dans l'enveloppe
mentale ; ces vibrations sont reproduites dans
les sens moteurs dans l'enveloppe astrale ; elles
brisent cette enveloppe, la séparent en ses différentes parties constituantes et donnent ainsi
naissance à des vibrations dans la matière des
centres moteurs ; ces vibrations, à leur tour, se
répètent dans les centres moteurs du cerveau
sous forme d'ondes séparées ; les centres moteurs
distribuent ces vibrations par l'intermédiaire du
système nerveux dans tous les organes qui
doivent coopérer à la manifestation de l'acte. Au
point de vue de cette double relation, l'intelligence devient le onzième sens, *les dix sens, plus
un* (1).

§ 3. — LE RÉEL ET L'IRRÉEL

Avec cette transformation de la conscience

(1) *Ibid.*, XIII, 5.

en soi-conscience apparaît la perception d'une différence qui, plus tard, lorsque la soi-conscience aura évolué, devient la distinction entre le *réel* — dans le sens qu'on lui donne ordinairement en Occident — et le subjectif, ou *irréel*, ce qui est imaginaire. Ainsi, pour la méduse, pour l'anémone de mer et pour l'hydre, les vagues et les courants marins, la lumière du soleil, l'ouragan, la nourriture, le sable, etc... toutes choses avec lesquelles elles entrent en contact par l'intermédiaire de leurs tentacules — rien n'est *réel*, tout est enregistré comme de simples changements dans la conscience — il en est de même chez les enfants en bas âge. J'ai dit : enregistré et non perçu, car à ce degré inférieur de l'évolution, toute observation intelligente, toute analyse, tout jugement est impossible ; ces créatures ne sont pas encore suffisamment conscientes d'autrui pour être conscientes d'elles-mêmes. Quant à ces changements, elles se rendent simplement compte qu'ils se produisent au dedans du cercle de leur propre conscience mal définie. Le monde extérieur naît à la réalité à mesure que la conscience, se séparant de lui, réalise la séparation, et d'un vague *Je suis* passe à un *Je suis* bien défini.

A mesure que ce *Je* soi-conscient s'iden-

12.

tifie de plus en plus avec lui-même, perçoit de
plus en plus clairement son état de séparation
et apprend à faire une distinction entre les
changements qui se produisent en lui-même et
les impacts qui lui viennent de l'extérieur ; il arrive, peu à peu, au moment où il percevra qu'il
y a une relation entre ces changements, en lui-
même, et les impacts du dehors. Le désir du
plaisir se développera alors en un désir bien
défini pour les objets qui procurent ce plaisir, et
ce désir sera accompagné de réflexions sur la
manière d'entrer en possession de ces objets ;
ceci le mènera à des efforts pour poursuivre ces
objets lorsqu'ils passent à sa portée, et pour
les chercher lorsqu'ils sont absents ; ceci provoque la lente évolution du véhicule extérieur
en un corps parfaitement organisé pour le mouvement, la poursuite, la capture. Ce désir pour
les choses absentes, la recherche suivie de
succès ou d'insuccès, tout cela imprime dans la
conscience qui évolue, le sentiment d'une différence entre les désirs et les pensées dont elle
est, ou peut être toujours consciente, et les
objets extérieurs qui vont et viennent sans faire
le moins du monde attention à elle et professent
un mépris déconcertant pour ses sentiments intimes. Elle distingue les objets comme étant réels,

comme ayant une existence qu'elle ne peut contrôler et qui l'affecte, sans aucun égard pour ses préférences ou pour les objections qu'elle pourrait faire. Ce sentiment de la *réalité* prend naissance sur le plan physique d'abord, car c'est sur ce plan que la conscience perçoit en premier les contacts entre autrui et le moi. C'est dans le corps physique que la soi-conscience commence son évolution, et son centre initial est dans le cerveau physique.

L'homme ordinaire, au stade actuel de l'évolution, s'identifie encore lui-même avec ce centre de soi-conscience dans le cerveau; c'est pourquoi il est limité à la seule conscience de veille, la conscience qui agit dans le système cérébro-spinal, et c'est pourquoi il ne se reconnaît lui-même comme « Je » d'une façon nette et continue que sur le plan physique, c'est-à-dire à l'état de veille. Sur ce plan il est définitivement soi-conscient, et fait sans hésitation une distinction précise entre lui-même et le monde extérieur; entre ses pensées et les apparences qui les entourent; voilà pourquoi c'est sur le plan physique et sur celui-là seul, que les choses sont pour lui réelles, objectives, *en dehors de lui-même.*

Sur les autres plans, le plan astral ou le plan

mental, il est conscient, mais pas encore soi-
conscient ; il reconnaît la présence des changements en lui-même, mais il ne fait pas encore de
distinction entre les changements qu'il provoque
lui-même et ceux qui prennent naissance sous
l'influence des impacts de l'extérieur qui viennent frapper ses enveloppes astrale et mentale.
Pour lui, tous ces changements se produisent
également en lui-même. C'est pourquoi, pour
la majorité des hommes ordinaires, tous les
phénomènes de conscience sur les plans hyper-
physiques — plans sur lesquels la soi-conscience n'est pas encore définitivement établie
— sont irréels, subjectifs, en *dedans d'eux-
mêmes* ; c'est ce que penserait la méduse de tous
les phénomènes du plan physique, si elle était
philosophe.

L'homme ordinaire considère les phénomènes
des plans astral et mental comme le résultat de
son imagination, c'est-à-dire comme des formes
de sa propre création, et non comme le résultat d'impacts qui viennent frapper ses véhicules astral et mental, — impacts provenant de
mondes intérieurs, plus subtils, en vérité, mais
aussi réels que le monde extérieur physique. C'est-
à-dire qu'il n'est pas encore suffisamment développé pour se sentir consciemment sur ces plans,

et par conséquent pour être capab... d'... ...bjec-
tiver des mondes qui lui so... extérieurs. ... ...e
rend compte, que des changements qui s...   ...-
duisent en lui-même, des changements pr...   ...s
dans sa conscience et pour lui, le monde extérieur n'est que la réalisation de ses désirs et
de ses pensées. Sur les plans astral et mental
il est, par le fait, un enfant nouveau-né.

CHAPITRE X

ÉTATS HUMAINS DE LA CONSCIENCE (1)

§ 1. — LA SUB-CONSCIENCE

Nous avons déjà remarqué qu'un grand nombre des activités de la conscience, lorsqu'elles ont une fonction définie, deviennent automatiques et tombent graduellement au-dessous du « niveau de la conscience ». Les activités qui entretiennent la vie du corps — comme le battement, l'expansion et la contraction du cœur, la digestion, etc., — sont toutes tombées dans une région de la conscience sur laquelle elle ne concentre pas son attention. Il y a un grand nombre de phénomènes qui, bien qu'ils,

(1) On trouvera plus de détails sur ces états dans des conférences de l'auteur, publiées sous le nom de : *Théosophy and new Psychology.*

n'aient pas directement affaire avec l'entretien de la vie du corps, font partie de cette région inexplorée. Le système sympathique est le magasin de réserve des traces qu'ont laissées les événements passés, événements qui ne font pas partie de notre vie présente, mais qui ont eu lieu, il y a des siècles, dans des vies passées, lorsque le Jivâtmâ, qui est notre Soi, occupait des corps d'hommes sauvages ou d'animaux. Bien des terreurs vagues, des frayeurs dans les ténèbres, bien des impulsions de cruauté vindicative, bien des élans subtils de vengeance et de passion, émanent des profondeurs de ce sombre océan de la sub-conscience qui mugit au dedans de nous et cache plus d'une dépouille, plus d'un squelette de notre passé. Apportés par la conscience astrale d'alors à son instrument physique, afin d'être exécutés, ces événements ont été saisis et enregistrés par cette plaque toujours sensible qu'offre l'atome permanent, et d'une vie à l'autre ils se trouvent recueillis dans les profondeurs du système nerveux. Que la conscience se trouve occupée ailleurs, qu'une forte vibration émanant d'un autre conscience vienne nous frapper, qu'un événement ait lieu, reproduisant des circonstances qui donnent naissance à certaines vibrations pour une cause ou pour

une autre, ces possibilités qui dorment au plus
profond de nous-mêmes sont réveillées brusquement et les passions ensevelies depuis longtemps réapparaissent tout à coup au grand
jour. C'est dans ces régions que se cachent aussi
tous ces instincts dont notre raison souvent n'est
pas maîtresse, ces instincts qui, dans les temps
passés, furent des efforts, des luttes pour la vie,
les résultats des expériences au cours desquelles
notre corps d'alors trouva la mort, résultats que
l'âme a enregistrés et d'après lesquels elle réglera
sa conduite dans les âges futurs. C'est là aussi
que dorment les instincts d'amour pour le sexe
opposé, résultats d'unions sans nombre ; les
instincts d'amour paternel et maternel entre-
tenus pendant des générations ; les instincts de
défense personnelle, développés au cours de
luttes innombrables ; les instincts qui poussent
l'individu à profiter d'un avantage déloyal, résultat d'un nombre infini de tromperies, d'intri-
gues ; c'est là aussi que sommeillent maintes
vibrations provenant d'expériences, de sensations, de désirs de notre vie présente, tous vécus
et oubliés, mais prêts à réapparaître au moindre
appel. Le temps nous manquerait pour analyser
tout ce que renferme ce musée des reliques d'un
passé qui se perd dans la nuit des temps, vieux

débris qui reposent là, côte à côte, avec les fragments plus intéressants d'époques ultérieures, et
les instruments encore nécessaires à nos besoins
présents. Sur la porte d'entrée de ce musée de
vieilles reliques est écrite cette devise : « Fragments du Passé ». Car la sub-conscience appartient au Passé, comme la conscience de veille
appartient au Présent, et la super-conscience au
Futur.

Une autre région de la sub-conscience, en nous,
est formée de ces innombrables consciences
secondaires qui se servent de notre corps comme
champ d'évolution — atomes, molécules, cellules de différentes sortes. Un grand nombre de
ces apparitions bizarres, de ces images curieuses
provenant de la sub-conscience en nous, ne
nous appartiennent pas en réalité ; elles ne sont
que les tâtonnements obscurs, les folles terreurs,
les fantaisies bizarres des unités de conscience
qui, à un degré d'évolution inférieur au nôtre, sont
nos hôtes et font de notre corps leur demeure.

C'est dans cette partie de la sub-conscience
que se livrent ces luttes entre les différents
groupes d'êtres qui ont élu domicile dans notre
sang, luttes dont nous n'avons pas conscience,
si ce n'est lorsqu'elles se manifestent sous forme
de maladies.

13

La sub-conscience humaine, agissant sur le plan physique, est donc composée d'éléments extrêmement variés, et il est nécessaire de l'analyser et de la comprendre pour pouvoir distinguer ses activités de celles de la véritable super-conscience de l'homme, qui ressemble aux instincts par la soudaineté de ses activités, mais qui en diffère totalement par sa nature et par la place qu'elle occupe dans l'évolution. Elle appartient au Futur, tandis que les instincts font partie du Passé; il y a autant de différence entre les deux qu'entre les vestiges d'organes atrophiés, registres de l'histoire du passé, et les rudiments d'organes à l'état de germes, symboles des progrès futurs.

Nous avons vu aussi que la conscience, agissant sur le plan astral, a construit et construit encore actuellement le système nerveux destiné à servir d'intermédiaire à ses instruments sur le plan physique; mais ceci ne fait pas partie non plus de ce qu'on appelle, à ce degré d'évolution, la conscience de veille. Chez la majorité des hommes, c'est la conscience agissant sur le plan mental qui, actuellement, élabore et organise le corps astral et en fait son futur instrument sur le plan astral; mais ceci ne fait pas non plus partie de la conscience de veille.

Qu'est-ce donc alors que la conscience de veille de l'homme ?

§ 2. — LA CONSCIENCE DE VEILLE

La conscience de veille est la conscience qui, tout en agissant sur les plans mental et astral, en employant comme véhicule la matière de ces plans, a son siège dans le cerveau physique sous forme de soi-conscience (1), et emploie ce cerveau avec le système nerveux qui s'y rattache, comme instrument de la volonté, de la connaissance et de l'activité sur le plan physique. Dans la conscience de veille le cerveau est toujours actif, toujours en vibration ; son activité, en tant qu'organe transmetteur, peut être stimulée de l'extérieur par l'intermédiaire des sens, ou bien des plans intérieurs par la conscience ; mais il est sans cesse en activité et répond continuellement aux influences du dedans et du dehors. Chez la majorité des hommes, le cerveau est la seule partie de l'organisme dans laquelle la conscience est devenue, d'une façon nette et

(1) Voir chapitre IX, § 1, 2, pour la différence entre la Conscience et la Soi-Conscience ; et chapitre VI, § 3, pour l'exposition de la Conscience physique, qu'il ne faut pas confondre avec la Conscience de veille.

précise, la soi-conscience, la seule où l'individu
se sent véritablement « Je » et s'affirme comme
unité individuelle séparée. Dans toutes les autres
parties de son être, la conscience tâtonne
vaguement, répondant bien aux impacts du
dehors, mais ne les définissant pas encore ;
consciente des changements qui se produisent
dans ses propres états d'être, mais inconsciente
d'autrui et de *soi-même*. Chez les individus les plus évolués de la race humaine, la
conscience, agissant sur le plan astral et le plan
mental, est très riche et très active, mais son
attention n'est pas encore tournée vers l'extérieur, vers les mondes astral et mental dans lesquels elle vit, et ses activités se manifestent à
l'extérieur dans la soi-conscience sur le plan
physique vers lequel elle dirige toute son attention, et sur lequel se déversent autant des activités
supérieures que ce plan est capable d'en recevoir.
De temps à autre, sur le plan mental et le plan
astral, des impacts violents donnent naissance,
dans la conscience, à une vibration tellement
puissante qu'une vague de pensée ou d'émotion
s'élève dans la conscience de veille, et l'agite
si violemment que ses activités normales sont
arrêtées, submergées, et l'individu est poussé à
commettre un acte qui échappe complètement

au contrôle de la soi-conscience. Nous examinerons ceci avec plus de détails lorsque nous en arriverons à la conscience hyperphysique.

On peut donc dire que la conscience de veille est cette partie de la conscience totale qui fonctionne dans le cerveau et le système nerveux et qui est nettement soi-consciente. Nous pouvons nous figurer la conscience comme une grande lumière qui brille à travers un globe de verre serti dans l'épaisseur d'un plafond ; la lumière qui traverse le globe éclaire la chambre au-dessous, tandis que la lumière elle-même remplit la chambre au-dessus et rayonne librement en tous sens. La conscience est comme un gros œuf lumineux dont une pointe seulement est insérée dans le cerveau, et cette pointe, c'est la conscience de veille. Lorsque la conscience, sur le plan astral, sera devenue soi-conscience et que le cerveau sera assez développé pour répondre à ses vibrations, la conscience astrale commencera à faire partie de la conscience de veille. Plus tard, lorsque la conscience sur le plan mental sera devenue soi-conscience, et que le cerveau sera assez développé pour répondre à ses vibrations, la conscience mentale fera partie de la conscience de veille — et ainsi de suite jusqu'à ce que toute la conscience, sur les cinq plans, ait évolué jusqu'à la conscience de veille.

Le développement de cette conscience est accompagné d'un développement des atomes, ainsi que de certains organes du cerveau ; et des liens de rapport entre les cellules se forment. Car, pour que la conscience astrale puisse faire partie de la conscience de veille, il est indispensable que le corps pituitaire atteigne un développement supérieur à son état actuel, et que le quatrième groupe de spirilles des atomes soit parachevé. Pour que la conscience mentale fasse partie de la conscience de veille, il faut que la glande pinéale entre en activité et que le cinquième groupe de spirilles ait atteint son parfait développement. Tant que le développement de ces organes physiques n'est pas parfait, la soi-conscience pourra être développée sur le plan astral et le plan mental, mais elle demeurera toujours super-conscience, et ses activités ne pouvant pas se manifester dans le cerveau physique, elle ne fera pas partie de la conscience de veille.

La conscience de veille est limitée et conditionnée par le cerveau aussi longtemps que l'homme a un corps physique, et une blessure quelconque infligée à cet organe, une lésion, un trouble quelconque, arrêteront la manifestation

de la conscience. Si hautement évoluée que soit
la conscience d'un individu, elle est limitée
par son cerveau dans ses manifestations sur le
plan physique, et si ce cerveau est mal con-
formé ou peu développé, la conscience de veille
sera pauvre et limitée.

Lorsque le corps physique disparaît, le mode
d'expression de la conscience change, et ce que
nous avons dit des conditions physiques est
transféré au plan astral. Nous pouvons donc
amplifier notre définition première et dire d'une
façon générale que la conscience de veille est
cette portion de la conscience totale qui agit
dans son véhicule le plus extérieur, c'est-à-dire
qui se manifeste sur le plan le plus inférieur
avec lequel la conscience, à n'importe quel moment, est en contact.

Aux premiers degrés de l'évolution humaine,
la conscience est peu active sur les plans intérieurs, excepté lorsqu'elle est stimulée par les
influences venant des plans extérieurs. Mais à
mesure que la soi-conscience s'affirme sur le
plan physique, elle vient enrichir, avec une
rapidité toujours grandissante, le contenu de la
conscience sur les plans intérieurs ; la con-
sience, agissant sur son propre contenu, évolue
rapidement, si bien que ses pouvoirs internes

dépassent de beaucoup les possibilités de manifestation qu'offre le cerveau, et ce dernier devient une limite, un obstacle, au lieu d'être
une aide et un collaborateur. La pression que la
conscience exerce alors sur son instrument
devient parfois dangereuse par sa puissance, et
cause une tension nerveuse qui met en danger
l'équilibre du cerveau, incapable de s'adapter
assez rapidement aux vibrations intenses qui
l'assaillent de tous côtés. C'est pourquoi l'on
peut dire en vérité que « rien n'est plus près de
la folie que le génie lui-même ». Seul le cerveau
hautement évolué et délicatement organisé de
l'homme de génie peut lui permettre de se
manifester sur le plan physique ; mais c'est ce
même cerveau qui perdra le plus facilement son
équilibre, sous l'influence des violentes vibrations de ce génie — et alors c'est la folie. Il
est vrai que la folie — l'incapacité du cerveau à répondre normalement aux vibrations — peut avoir
aussi pour cause un manque de développement
ou un arrêt de croissance dans l'organisme
du cerveau ; cette sorte de folie n'a rien à voir
avec le génie ; mais il est un fait certain, un
fait extrêmement important, c'est qu'un cerveau
qui est en avance sur l'évolution normale, et
qui a développé des combinaisons nouvelles

d'atomes, des combinaisons plus délicates, permettant à la conscience de se manifester plus complètement, est de tous les cerveaux celui qui sera le plus facilement mis hors d'usage, si le moindre dérangement se produit dans son mécanisme encore insuffisamment élaboré pour résister à une trop grande tension. Nous reviendrons à ceci plus loin, en examinant la conscience super-physique.

§ 3. — LA CONSCIENCE SUPER-PHYSIQUE

Les psychologues occidentaux s'adonnent depuis quelque temps à l'étude des états de conscience autres que ceux de veille ; ils ont donné à ces états différents noms, comme *conscience anormale*, *sub-conscience*, *l'inconscient*, et fréquemment *conscience de rêve*, parce que le rêve est la forme la plus généralement reconnue, la forme universelle, d'un autre état de conscience. On considéra tout d'abord ces états comme des conditions morbides du cerveau ; cette théorie est encore très répandue, mais les plus avancés parmi les psychologues, ont adopté une façon de voir plus large, et ils commencent à étudier ces états comme des

manifestations définies de la conscience, mais
des manifestations qui se produisent dans des
conditions, sinon morbides, du moins difficiles
à comprendre. Certains d'entre eux admettent
la présence d'une conscience plus large, dont
une fraction seulement peut se manifester dans
le cerveau, au stade actuel de son développement. Les sages de l'Orient ont, depuis de longs
âges, considéré cette autre conscience comme supérieure à la conscience de veille ; pour eux,
c'est cet état où la conscience est libérée des
entraves et des restrictions du cerveau physique,
et agit dans un médium plus subtil, plus plastique, mieux adapté à ses besoins. On a toujours regardé le rêve comme une phase de cette
activité hyperphysique, un contact avec les
mondes supérieurs ; il y a des moyens d'éveiller la soi-conscience dans le monde des rêves,
de libérer à volonté du corps physique la soi-
conscience revêtue de ses enveloppes supérieures, en sorte qu'au lieu de répondre d'une
façon vague et confuse aux impacts des mondes
supérieurs — comme dans les états inférieurs
du rêve — elle peut arriver, dans ces mondes,
à une vision nette et précise de ce qui l'entoure.
Pour arriver à ce résultat, il faut d'abord que
dans ses véhicules supérieurs, elle soit séparée

du corps physique et éveillée à l'activité sur le plan astral ; car, avant qu'elle soit devenue consciente d'elle-même en dehors du corps physique, il lui est impossible de faire, dans l'état de rêve, une distinction entre les expériences hyperphysiques, et les expériences fragmentaires et chaotiques du plan matériel, qui viennent se mêler à elles dans le cerveau. De même que l'eau limpide versée dans un vase malpropre perd sa pureté, de même une expérience astrale tombant dans un cerveau rempli d'images fragmentaires d'expériences physiques passées, devient confuse, imprécise, défigurée (1). C'est pourquoi les psychologues d'Orient cherchèrent les moyens de séparer la soi-conscience de son véhicule physique, et il est intéressant de remarquer que, par ces moyens, différents de ceux d'Occident, et dont le seul but est d'élargir le champ de la conscience, on réduit le corps à un état de quiétude parfaite, semblable à celle que provoquent, par des moyens physiques, nos psychologues occidentaux.

La super-conscience comprend la totalité de la conscience supérieure à la conscience de

(1) L'étudiant fera bien de lire attentivement le livre de C. W. Leadbeater sur les *Rêves*.

veille, c'est-à-dire tout ce qui, sur les plans supérieurs, ne vient pas se manifester sur le plan physique par l'intermédiaire de la soi-conscience agissant dans le cerveau. Elle est donc extrêmement complexe et couvre un grand nombre de phénomènes. Le rêve, comme nous l'avons dit, en fait partie, ainsi que toutes ces activités de la conscience astrale qui se traduisent sous forme de pressentiments, d'avertissements, de visions de se qui se passe en un lieu éloigné, ou d'événements futurs, vagues influences des autres] mondes, intuitions incompréhensibles. A elle aussi appartiennent toutes ces activités de la conscience mentale — inférieure ou supérieure — qui nous apparaissent sous forme de compréhension intuitive, visions soudaines des lois de cause à effet, inspirations mentales ou normales, traits de génie, visions merveilleuses, artistiques, etc. Ces irruptions de la conscience supérieure dans le] plan physique présentent un caractère frappant d'inattendu, de conviction, d'impérieuse autorité, et un manque complet de toute cause apparente. Elles n'ont aucun rapport — tout au moins aucun rapport direct — avec le contenu de la conscience de veille ; elles ne se justifient pas envers elle, mais s'imposent, tout simplement.

Pour amener la conscience supérieure à se manifester sur le plan physique, il est nécessaire, au début, de réduire le cerveau à l'inactivité complète, de rendre les organes des sens insensibles aux impacts physiques et, en séparant du corps l'entité consciente, de plonger ce corps dans ce qu'on appelle l'état de trance. La trance n'est que l'état de sommeil provoqué artificiellement ou de façon anormale ; que ce soit par des moyens mesmériques, hypnotiques, médicaux ou autres, le résultat est le même en ce qui concerne le corps physique. Mais les résultats sur les autres plans dépendront de l'évolution de la conscience sur ces plans, et une conscience hautement évoluée ne permettrait pas l'emploi de méthodes hypnotiques, ou bien des drogues, si ce n'est peut-être un anesthésique, en cas d'opération — mais elle pourra, dans des circonstances exceptionnelles, admettre l'emploi du mesmérisme pour provoquer l'état de trance. La trance peut être provoquée par une influence émanant des plans supérieurs, ou par une concentration intense de la pensée, ou par la contemplation de l'objet de dévotion, contemplation qui amène l'extase. Ce sont là les méthodes qu'ont employées de temps immémorial les Râja yoguis d'Orient, et c'est par

cette contemplation extatique que les saints
d'Occident provoquent l'extase. Il est impossible de faire une distinction entre cet état de
trance et celui qu'on produit à la Salpêtrière et
ailleurs par les moyens dont nous avons parlé
plus haut. Les hâtha yoguis arrivent aussi à
produire l'extase par des moyens à peu près
identiques — en regardant fixement un point
noir sur un mur blanc, ou en fixant leurs regards sur la pointe du nez, ou autres pratiques
de ce genre.

Mais si l'on étudie ces états avec des pouvoirs visuels, et des moyens de contrôle autres
que ceux du plan physique, quelle différence
apparaît entre les états de conscience hyperphysique du sujet hypnotisé et du yogui !
H.-P. Blavatsky, dans la *Doctrine Secrète*.
nous en parle en ces termes : « Dans l'état de
trance, l'aura se transforme complètement et
on ne peut plus distinguer les unes des autres
les sept couleurs du prisme. Durant le sommeil, ces couleurs ne sont pas toutes présentes non plus ; car celles qui appartiennent
aux éléments spirituels dans l'homme — c'est-
à-dire le jaune de Bouddhi, l'indigo du manas
supérieur, et le bleu de l'enveloppe aurique —
sont, ou bien à peine visibles, ou bien totale-

ment absentes. L'Homme spirituel est libéré
durant le sommeil et, bien que sa mémoire
physique puisse ne pas en avoir conscience, il
vit, enveloppé de son essence la plus subtile,
sur d'autres plans, dans ces royaumes qui sont
les mondes de la réalité, et que sur notre plan
d'illusion nous appelons le monde des rêves.
Si un clairvoyant entraîné pouvait observer en
même temps un yogui en état de trance et un
sujet hypnotisé, il apprendrait une grande leçon
d'occultisme. Il apprendrait à connaître la différence entre la trance provoquée par le sujet
lui-même et l'état d'hypnose résultant d'une
influence extérieure. Chez le yogui, les principes du quaternaire inférieur disparaissent complètement. On ne trouve ni le vert, ni le rouge-
violet, ni le bleu aurique du corps causal ; tout
au plus voit-on quelques vibrations imperceptibles
du principe prânique aux reflets dorés, et une
petite flamme violette striée d'étincelles d'or qui
s'échappe du sommet de la tête, dans la région
où se trouve le *troisième œil*, et qui va se terminer en un point. Si l'étudiant veut bien se
rappeler que le violet véritable, l'extrême limite
du spectre, n'est pas une couleur composée de
rouge et de bleu, mais bien une couleur homo-
gène, dont les vibrations sont sept fois plus

rapides que celles du rouge, s'il se rappelle aussi
que la teinte dorée est l'essence des trois lignes
jaunes, du rouge-orangé au jaune-orangé et au
jaune-jaune, il comprendra pourquoi le yogui
vit dans son propre corps aurique, devenu le
véhicule de bouddhi-mânas. Par contre, chèz
le sujet en état de trance hypnotique ou mesmé-
rique, provoquée par des moyens artificiels
— sorte de magie noire inconsciente ou même
consciente, à moins qu'ils ne soient employés par
un adepte — tout le groupe des principes est
présent avec le mânas supérieur complètement
paralysé, et Bouddhi séparé de lui par cette
paralysie même ; quant au corps astral rouge-
violet, il est entièrement sous la domination
du mânas supérieur et du kâma roûpa (1). »

Cette différence de conditions, que le clairvoyant observe chez le sujet en état de trance,
se traduit ensuite par une différence d'une importance capitale, dans ses résultats ultérieurs.
Le yogui qui abandonne son corps, le quitte
avec toute sa soi-conscience, explore les mondes
supérieurs en pleine possession de ses facultés,
et lorsqu'il retourne à son corps physique il
imprime dans son cerveau, hautement développé,
le souvenir des expériences par lesquelles

(1) *Secret Doctrine*, éd. ang. III, p. 479-80.

il a passé. Mais l'individu peu évolué, plongé dans l'état de trance, « perd connaissance » ; si la soi-conscience n'est pas développée sur les plans supérieurs, son pouvoir de perception ne se tournera pas vers l'extérieur sur ces plans ; il est pour ainsi dire aussi endormi dans ces mondes astral et mental qu'ici-bas sur le plan physique, et lorsqu'il se réveille de sa trance, il ne sait absolument rien de ce qui s'est passé autour de lui.

Cependant, si le sujet est assez développé — et la plupart des hommes de notre évolution actuelle le sont — pour être soi-conscient sur le plan astral, il pourra, avec avantage, répondre aux questions qui lui seront posées pendant l'état de trance. Car, lorsque cet état est provoqué artificiellement, le cerveau, n'étant plus le jouet de l'action et de la réaction qui d'ordinaire a lieu entre lui et les choses qui l'entourent, devient, si imparfait qu'il soit, un instrument de la conscience supérieure. Isolé de son entourage physique, insensible aux stimuli extérieurs auxquels il a coutume de répondre, débarrassé de tout lien avec les principes inférieurs, mais restant en communication avec les principes supérieurs, il continue à répondre aux impacts d'en haut et d'une façon beaucoup plus nette, car aucune de ces énergies ne va se perdre dans le plan physique. C'est en cela que réside l'essence même de l'état de trance. Lorsque toutes les avenues des sens sont volontairement fermées, les forces, qui se déversent par ces avenues dans le monde extérieur, restent à la disposition de la conscience supérieure, prêtes à la servir. C'est au milieu de ce silence, imposé aux activités physiques, que les voix des plans supérieurs peuvent se faire entendre.

Dans la trance hypnotique on observe une grande intensification des pouvoirs du mental ; la mémoire embrasse un champ beaucoup plus grand ; les faibles vibrations laissées par les événements passés deviennent perceptibles lorsque les vibrations plus puissantes des expériences récentes sont arrêtées temporairement ; le sujet se souvient de personnes qu'il avait complètement oubliées à l'état de veille ; il se remet à parler des langages qu'il connaissait dans son enfance mais qu'il avait oubliés depuis ; des événements sans importance lui reviennent en mémoire. Parfois l'activité des pouvoirs de perception est intensifiée d'une façon extraordinaire ; le sujet a connaissance d'événements qui se passent dans un lieu éloigné ; sa vision traverse les obstacles physiques ; il entend des paroles prononcées à une grande distance,

Des fragments des plans supérieurs deviennent parfois visibles pour lui, mêlées aux formes-pensées de l'état de veille. Mais on a écrit un grand nombre de livres sur ce sujet, et ceux que cela intéresse pourront les consulter.

On a remarqué aussi que les résultats de la trance profonde ne sont pas les mêmes que dans la trance superficielle. A mesure que la trance devient plus profonde, des états de conscience hyperphysique se manifestent dans le cerveau. Tout le monde connaît le cas de la fameuse Léonie nos 1, 2 et 3. Il faut observer que Léonie no 1, ne savait absolument rien de Léonie no 2 ou 3 ; que Léonie no 2 connaissait Léonie no 1, mais n'avait pas la moindre idée de Léonie no 3 ; et que Léonie no 3 connaissait parfaitement Léonie no 1 et Léonie no 2 ; c'est-à-dire que le supérieur connaît l'inférieur tandis que ce dernier n'a aucune idée du premier — un fait très significatif.

Dans la trance magnétique, les phénomènes supérieurs apparaissent plus facilement que dans la trance hypnotique ; on peut ainsi obtenir des renseignements précis sur le plan astral et même le plan mental — lorsque le sujet est très développé, on arrive même parfois à la mémoire des vies passées.

Lorsqu'on se rend compte que, pour que la conscience supérieure se manifeste, il faut que les activités du plan physique soient tenues en échec, on commence à comprendre la rationnelle des méthodes de la yoga, telle qu'on la pratique en Orient. Lorsque ces méthodes sont purement physiques, comme dans la hâtha joga, c'est la trance hypnotique ordinaire qui apparaît, et à son réveil le sujet n'a aucune souvenance des expériences par lesquelles il a passé. Par les méthodes de la râja yoga, grâce auxquelles, par une concentration intense, la conscience se sépare du corps physique, l'étudiant acquiert une parfaite continuité de conscience sur tous les plans et lorsqu'il revient à l'état de veille, il se souvient de toutes ses expériences hyper-physiques.

En Orient comme en Occident, c'est cette paralysie de la conscience de veille qu'on cherche à obtenir, de façon à pouvoir recueillir des témoignages de la conscience supérieure, ou, comme dirait un psychologue occidental, de l'inconscient dans l'homme. Mais la méthode orientale, qui a derrière elle des milliers d'années d'expérience, donne des résultats incomparablement supérieurs, dans le domaine de la conscience hyper-physique, et établit, sur une base certaine d'expériences physiques répétées, l'indépendance absolue dé la conscience par rapport à son véhicule physique.

L'extase et les visions des saints, dans tous les temps et pour toutes les religions, nous offrent encore un exemple de ces irruptions de « l'inconscient ». Dans ce cas, la prière prolongée absorbante ou la contemplation, sont les moyens qui permettent de mettre le cerveau dans les conditions requises ; les avenues des sens se trouvent fermées par l'intensité de la concentration intérieure, et cet état, que le râja yogui cherche à atteindre délibérément, le mystique l'atteint par intermittence. Voilà pourquoi nous voyons les mystiques de chaque religion attribuer leurs visions à la faveur de leur divinité respective, sans se douter le moins du monde qu'ils ont provoqué eux-mêmes un état de passivité du cerveau, permettant à la conscience supérieure d'y imprimer des visions, des sons, émanant des plans supérieurs.

Le professeur William James, dans son livre : *L'Expérience religieuse*, attire notre attention sur ce fait : que les cas les plus curieux de ces manifestations de « l'inconscient » sont souvent les cas de « conversion subite » ; une pensée soudaine, une vision, une voix, trans-

forme brusquement et totalement tout le cours
de la vie de l'homme. Il soutient, avec raison,
qu'une force assez puissante pour produire de
semblables effets, ne saurait être rejetée à la légère ou méprisée par l'étudiant sérieux. Cette
classe de phénomènes physiques demande une
étude scientifique approfondie, et l'étudiant sérieux obtiendra des résultats d'une valeur inesti-
mable par ses recherches dans le domaine de la
consciencee hyperphysique.

Mais on oppose à cette théorie que ces manifestations sont toujours accompagnées d'un état
morbide du système nerveux et que les sujets
sontdes personnes hystériques et surexcitées qui
n'ont de leurs expériences sur les plans hyper-
physiques, qu'une idée faussée par l'état morbide dans lequel elles se trouvent. Tout d'abord,
ceci n'est pas toujours vrai ; les râja joguis
d'Orient sont des personnes réputées pour leur
calme et leur sérénité d'esprit ; quant aux cas
de conversion subite, leurs héros ont été sou-
ventdes hommes du monde, des hommes pleins
de bon sens. Admettons que dans beaucoup de
cas l'état nerveux est anormal, que le cerveau
est surexcité ; eh ! bien, et après? Tout le monde
admet que le cerveau est arrivé à un point
d'évolution où il peut répondre aux vibrat ons

du plan physique et les transmettre en haut,
de même qu'il peut transmettre en bas
les vibrations astrales et mentales des mondes
supérieurs, se mêlant à celles du plan physique.
Mais il n'est pas encore développé au point de
pouvoir recevoir, sans trouble, les vibrations
par trop violentes des plans supérieurs, ou de
répondre aux vibrations que les phénomènes
extérieurs provoquent au sein des véhicules
subtils sur leurs plans respectifs. Il arrive souvent que la joie, la douleur, le chagrin, la peur,
sont trop forts pour un cerveau ordinaire et
provoquent de violents maux de tête, l'hystérie
ou un abattement nerveux complet. Il n'est
donc pas étonnant que l'émotion violente que
provoque ce que nous appelons la conversion
subite, soit accompagnée fréquemment d'une
affection nerveuse quelconque. Le point important, c'est que, lorsque le bouleversement nerveux est passé, l'effet demeure : une attitude
différente envers la vie. Le trouble nerveux
vient de l'insuffisance des moyens de résistance
du cerveau contre les vibrations violentes et
rapides qui viennent l'assaillir ; quant à l'attitude changée — permanente — elle est due à la
pression énergique que la conscience hyperphysique exerce d'une façon continue sur le cer-

veau. Lorsque la conscience supérieure n'est pas assez développée pour exercer cette pression d'une façon ininterrompue, la personne convertie perd *l'état de grâce* lorsque le flot des émotions est passé.

Nous avons vu que des cas de visions ou des phénomènes de ce genre apparaissent lorsqu'on provoque une sorte de trance chez le sujet. Mais, en dehors de cela, ces phénomènes peuvent aussi se produire lorsque le cerveau se trouve dans un état de tension extrême, soit sous l'influence d'une excitation passagère, ou bien parce qu'il a dépassé l'évolution normale. Une forte émotion peut augmenter la tension nerveuse au point que la réponse aux vibrations astrales directes devient possible, et c'est ainsi que le sujet peut voir ou entendre ce qui se passe sur le plan astral. La réaction qui suivra cette tension anormale provoquera probablement un trouble nerveux quelconque. Lorsque le cerveau est plus hautement évolué qu'à l'ordinaire, plus élaboré, plus sensitif, il perçoit, d'une façon continue, les influences du plan astral, et il peut arriver que la tension qui en résulte soit trop forte pour que le système nerveux puisse la supporter, en plus de la fatigue et du surmenage auxquels la civilisation moderne l'oblige à résister. C'est pourquoi il y a beaucoup de chances pour que l'hystérie ou quelque autre affection nerveuse accompagne ces visions.

Mais ces faits n'amoindrissent en rien l'importance des expériences, en tant que manifestations de la conscience.

Au contraire, ils en augmentent plutôt la portée en montrant comment l'évolution agit sous l'influence que l'entourage exerce sur l'organisme. Les impacts réitérés des influences extérieures stimulent la croissance de l'organisme et parfois le soumettent à un surmenage momentané : mais cette tension même vient activer l'évolution. La crête de la vague évolutive est forcément toujours constituée par des organismes anormaux ; les organismes robustes, normaux et sains des hommes ordinaires, viennent ensuite ; ils sont tout à fait dignes de considération, mais certainement moins intéressants que les premiers et certainement moins instructifs en ce qui concerne les choses de l'avenir. Par le fait, les influences du plan astral agissent constamment avec force sur le cerveau humain, afin de le développer et d'en faire un véhicule plus parfait pour la conscience, et il peut se faire qu'un cerveau sensitif, dans un état de transition perde, dans une certaine mesure de son équili-

bre et se trouve un peu dépaysé. Il est probable
qu'un grand nombre des activités, sur lesquelles
la pensée dirige actuellement son attention,
s'exerceront d'une façon automatique dans le futur, et tomberont graduellement au-dessous du
niveau de la conscience de veille, comme l'ont
fait toutes ces différentes fonctions qui autrefois
s'accomplissaient consciemment.

A mesure que ces changements se produisent,
les vibrations plus subtiles se montrent inévitablement en nombre toujours plus grand dans les
cerveaux particulièrement élaborés, dans ceux
qui n'appartiennent pas au type normal ; d'autant plus que ce sont ces cerveaux — ceux qui se
trouvent à la crête de la vague évolutive — qui
sont le plus capables de répondre à ces vibrations. Le docteur Maudsley écrit : « De quel
droit nous imaginons-nous que la Nature est
forcée d'accomplir son œuvre par l'intermédiaire d'intelligences parfaites seulement ? Il
peut très bien se faire que dans une intelligence imparfaite elle trouve un instrument qui
convienne mieux à un but particulier (1). » Et
le professeur James lui-même fait la remarque

(1) Mentionné, page 19, dans le livre du professeur James,
dont il a été question plus haut. Au lieu « d'intelligence »,
lire « cerveau ».

que : « S'il existe une chose telle que l'inspiration venant d'un monde supérieur, il peut très bien se faire que ce soient ces tempéraments de névrosés qui présentent les principales conditions requises pour la recevoir (1). »

Lorsque nous aurons reconnu que les forces plus subtiles que celles du plan physique exigent pour se manifester un véhicule plus finement élaboré qu'un cerveau organisé pour recevoir les influences physiques seulement, nous ne nous sentirons plus embarrassés ou déroutés lorsque nous verrons que souvent les forces hyperphysiques se manifestent plus facilement dans les cerveaux dont l'équilibre avec le plan physique est plus ou moins rompu. Nous comprendrons aussi que les symptômes physiques anormaux qui accompagnent ces manifestations n'enlèvent rien à la valeur de ces forces, ni à l'importance du rôle qu'elles auront à jouer dans l'humanité future. Et le désir qui nous viendra naturellement sera de trouver un moyen quelconque de permettre à ces forces de se manifester sans courir le risque de détruire l'instrument physique.

Ce moyen, les sages de l'Orient l'ont découvert ; c'est la râja joga, par laquelle on cherche

(1) *Ibid.*, p. 25.

à favoriser, sans risque de danger, par la concentration intense, la manifestation de la conscience supérieure. Cette concentration en elle-même développe le cerveau, et, en agissant sur les cellules du cerveau — comme nous l'avons décrit plus haut à propos de la pensée — en fait un instrument grâce auquel les forces subtiles peuvent se manifester. De plus, elle ouvre peu à peu le groupe de spirilles de l'atome qui fait suite aux groupes actuellement en activité, et vient ainsi ajouter un nouvel organe pour la manifestation des forces supérieures. Ce développement est naturellement très lent ; mais c'est le seul qui soit sans danger ; et si sa lenteur paraît être un obstacle, nous exhorterons l'étudiant à la patience, en lui faisant remarquer qu'il cherche à provoquer avant l'heure le développement atomique de la prochaine ronde, et qu'il peut difficilement espérer accomplir cette tâche avec rapidité. C'est cette lenteur, offerte par les pratiques de la râja joga qui fait que les Occidentaux, toujours trop pressés, ont de la peine à les accepter ; et cependant il n'y a pas d'autre moyen permettant d'arriver à un développement normal. Nous ne pouvons que choisir entre ces deux voies : ou bien un développement lent, ou bien les troubles morbides du

système nerveux qui accompagnent les manifestations de la conscience hyperphysique dans
un véhicule qui n'est pas préparé pour la recevoir. Il est impossible à l'homme d'outrepasser
les lois de la nature ; il ne peut qu'essayer de
les comprendre afin de les utiliser ensuite.

CHAPITRE XI

LA MONADE A L'ŒUVRE

§ 1. — Construction des Véhicules

Considérons maintenant l'œuvre de la Monade construisant ses véhicules, lorsqu'elle a comme représentants — sur le troisième, le quatrième et le cinquième plans — Atmâ, Bouddhi, Mânas, avec le corps causal comme réceptacle, magasin de réserve où sont accumulés les résultats des expériences de chaque incarnation.

Au terme de chaque période de vie, c'est-à-dire à la fin de chaque existence dévakhanique, la Monade doit donner un nouvel élan d'activité aux *noyaux* des trois différents corps qu'elle doit habiter dans sa nouvelle existence. Elle ré-

veille en premier lieu le noyau du corps mental.
Ce réveil consiste en un flot de vie qui va toujours en augmentant, et qui s'écoule à travers
les spirilles. Il faut se rappeler que lorsque les
unités permanentes se sont endormies le flux
normal de la vie a diminué dans les spirilles,
et, durant toute la période de repos, il est
presque imperceptible et peu abondant (1).
Quand l'heure de la réincarnation sonne, les
spirilles entrent en vibration sous l'impulsion
de la vie, et les unités permanentes, les unes
après les autres, se transforment pour ainsi dire
en aimants et attirent autour d'elles la matière
appropriée. Lorsque l'unité mentale est ainsi appelée à l'activité, elle se met à vibrer fortement,
selon les pouvoirs vibratoires — résultats d'expériences passées — qui se trouvent accumulés en
elle et attire, la déposant autour d'elle, la matière
appropriée du plan mental. Une barre de fer doux
se transforme en aimant lorsqu'on fait passer un
courant électrique dans un fil enroulé autour
d'elle, et la matière qui se trouve dans le champ
magnétique de cet aimant se dispose instantanément autour de ses pôles ; de même l'unité mentale permanente, lorsqu'elle est enveloppée par
le courant de vie, devient un véritable aimant et

(1) Voir chap. IV, § 4-5.

la matière qui se trouve dans le champ d'action de ses lignes de force, s'arrange autour d'elle et forme un nouveau corps mental. La nature de la matière ainsi attirée sera en rapport avec la nature plus ou moins complexe de l'unité permanente. Non seulement elle sera plus ou moins grossière, mais elle variera quant au développement des atomes qui entrent dans la composition de ses agrégats. Les molécules attirées seront composées d'atomes dont les pouvoirs vibratoires seront identiques à ceux de l'unité qui joue le rôle d'aimant, ou s'en rapprocheront beaucoup, et seront en harmonie avec eux. C'est donc du stade d'évolution de l'individu que dépendra le développement de la matière de son nouveau véhicule mental. C'est ainsi que pour chaque incarnation il y a un corps mental approprié. Ce processus se répète exactement sur le plan astral pour la construction du nouveau corps astral. Le noyau astral — l'atome astral permanent — est réveillé à son tour et agit de la même façon.

L'homme se trouve ainsi revêtu de nouveaux corps mental et astral qui indiquent le degré de son évolution et permettent à ses facultés et à ses pouvoirs de se manifester d'une façon précise dans leur monde respectif.

Mais lorsqu'on arrive à la construction du véhicule sur le plan physique, un nouvel élément entre en jeu. Pour ce qui est de la monade, le travail est le même. Elle réveille le noyau physique — l'atome physique permanent — et celui-ci se transforme en un aimant comme les précédents. Mais il semble qu'à partir de ce moment une entité intervienne dans l'attraction de la matière et sa disposition dans le champ magnétique : l'élémental chargé de façonner le double éthérique d'après le modèle donné par les Seigneurs du Karma, se montre alors et vient prendre la direction du travail. Les matériaux sont rassemblés de la même façon que lorsqu'un ouvrier rassemble les pierres pour la construction d'une maison, mais c'est le maître-maçon qui les examine et les accepte ou les rejette et les dispose suivant le plan de l'architecte.

On se demandera : Pourquoi cette différence ? Pourquoi sur le plan physique, où nous pouvions nous attendre à voir le même processus se répéter, un pouvoir étranger doit-il enlever au propriétaire de la maison le soin d'en diriger lui-même la construction. La réponse est que par là l'individu ne fait qu'obéir à la loi de Karma. Sur les plans supérieurs l'homme manifeste par ses véhicules tous les pouvoirs qu'il a développés et n'a pas à s'occuper des liens karmiques qu'il a créés dans le passé. Chaque centre de conscience agit sur ces plans dans son cercle particulier ; ses énergies sont dirigées sur ses propres véhicules et la somme de ces énergies qui se manifestent dans le véhicule physique influence tout l'entourage. Par ces relations avec l'entourage, le Karma de l'individu sur le plan physique se complique, et le véhicule qu'il habite, durant une vie donnée, doit être de nature à permettre au Karma de se manifester en lui. C'est ce qui montre la nécessité de l'intervention directrice des Seigneurs du Karma. Si l'individu avait atteint un point d'évolution où il pourrait entrer en relations avec son entourage sur d'autres plans, nous verrions apparaître sur ces plans les mêmes limites dans son pouvoir de façonner ses véhicules. Dans la sphère de ses activités extérieures, quelles qu'elles soient, ces limites se présentent inévitablement.

C'est pourquoi le façonnement du corps physique est dirigé par une autorité plus haute que celle de l'individu, et il est forcé de passer par les conditions de race, de nation, de famille, de circonstances, déterminées par ses activités passées. Cette action restrictive du Karma exige la construction d'un véhicule qui ne sera qu'une expression partielle de la conscience — partielle, non seulement parce qu'une grande partie de son pouvoir ne peut se manifester à cause de la grossièreté des matériaux, mais encore à cause des limites extérieures dont nous avons parlé plus haut. Une grande partie de la conscience — bien qu'elle soit prête à se manifester sur le plan physique — peut se trouver ainsi entravée dans son expression, et une petite portion seulement pourra se manifester sur le plan physique, sous forme de conscience de veille.

Ce qu'il nous faut étudier maintenant dans cette œuvre d'élaboration des véhicules, c'est le travail spécial de l'organisation des véhicules comme expressions de la conscience ; nous laisserons de côté la construction qui se fait sous l'action des désirs et des pensées, car nous la connaissons déjà. Nous nous occuperons ici des détails plutôt que des grandes lignes.

Nous savons que, tandis que c'est lors de la descente du Deuxième Logos que les qualités sont conférées à la matière, c'est à Son ascension qu'appartient la tâche de disposer ces matériaux spécialisés en formes relativement permanentes. Lorsque la Monade — par l'intermédiaire de son image réfléchie, l'Homme spirituel — s'arroge

un certain pouvoir sur ses véhicules, elle se
trouve en possession d'une forme dans laquelle
le système nerveux sympathique joue un très
grand rôle, mais dans lequel le système cérébro-spinal ne prédomine pas encore. Elle aura
à former un certain nombre de liens entre le
système sympathique dont elle hérite, et les
centres qu'elle doit organiser dans son corps astral, afin de pouvoir y fonctionner à l'avenir d'une
façon indépendante. Mais, avant que toute activité indépendante dans un véhicule supérieur
quelconque soit possible, il est nécessaire que la
Monade ait fait de ce véhicule — et dans une assez
grande mesure — un *véhicule transmetteur*,
c'est-à-dire un véhicule par l'intermédiaire duquel elle pourra agir jusque dans le corps physique. Il faut faire une distinction entre le travail initial d'organisation des véhicules astral
et mental — organisation qui les rend aptes à
transmettre une partie de la conscience de
l'Homme spirituel — et le travail ultérieur de
développement qui a lieu dans ces mêmes véhicules et en fait des corps indépendants dans lesquels l'Homme spirituel peut fonctionner sur le
plan correspondant à chacun d'eux. Il y a donc
un double travail à accomplir : d'abord l'organisation des corps astral et mental en véhicules

transmettant la conscience au corps physique ; et ensuite l'organisation de ces véhicules en corps indépendants, dans lesquels la conscience peut fonctionner sans l'aide du corps physique.

Les véhicules astral et mental doivent donc être organisés à seule fin que l'Homme spirituel puisse se servir du cerveau physique et du système nerveux comme d'organes de la conscience sur le plan physique. L'influence qui le pousse à se servir de ces instruments lui vient du plan physique sous l'action des impacts qui vont frapper les différentes terminaisons nerveuses et donnent naissance à des vagues de force nerveuse qui remontent le long des nerfs jusqu'au cerveau : ces ondes passent ensuite du cerveau physique au corps éthérique, de là au corps astra et enfin au corps mental, provoquant une réponse de la conscience, dans le corps causal sur le plan mental supérieur. Cette conscience, éveillée par ces impacts de l'extérieur donne naissance à des vibrations qui, en réponse, émanent du corps causal et atteignent le corps mental ; de là elles passent au corps astral, puis au corps éthérique et enfin au corps physique dense ; ces vagues produisent des courants éthériques dans le cerveau éthérique et ces courants réagissent sur la matière dense des cellules nerveuses.

Toutes ces activités vibratoires organisent graduellement les premiers nuages informes de matière astrale et mentale, et en font des véhicules qui fourniront à ces actions et réactions un terrain dans lequel elles pourront s'exercer avec effet. Ce processus se continue pendant des existences sans nombre, commençant, comme nous l'avons vu, en bas, mais s'exerçant de plus en plus sous le contrôle de l'Homme spirituel ; celui-ci commence à diriger ses activités en se basant sur le souvenir qui lui reste des expériences passées ; l'incitation de ce souvenir, stimulé par le désir est le point de départ de ces activités. A mesure que ce processus marche en avant, l'action directrice émanant de l'intérieur devient de plus en plus sensible, et les attractions et les répulsions des objets extérieurs perdent peu à peu leur pouvoir directeur ; de sorte que l'influence extérieure perd peu à peu tout contrôle dans la construction des véhicules ; ce contrôle a dès lors son centre à l'intérieur.

A mesure que les véhicules se perfectionnent, il s'y forme certains agrégats de matière, vagues, imprécis tout d'abord, mais qui, peu à peu, prennent une forme de plus en plus définie. Ce sont les futurs chakras ou roues, centres sensoriels

du corps astral, distincts des centres sensoriels
astrals qui ont rapport aux organes des sens
et aux centres du corps physique (1). Mais,
pendant une immense période de temps, rien
ne vient éveiller l'activité de ces centres qui
croissent très lentement ; et souvent leur mise
en rapport avec le corps physique se trouve
retardée, même lorsqu'ils ont commencé à fonctionner sur le plan astral ; car cette liaison
avec le corps physique ne peut s'accomplir que
par l'intermédiaire du véhicule physique dans
lequel réside la force ardente de Koundalini.
Avant que Koundalini puisse les atteindre, de
telle façon qu'il leur soit possible de transmettre
leurs observations au corps physique, il faut que
ces centres soient reliés au système nerveux sympathique, et les grandes cellules ganglioniques
de ce système constituent les points de contact.
Quand ces liens se trouvent établis, le courant
de feu peut se déverser librement, et les observations de faits du plan astral pourront être transmises d'une façon précise au cerveau physique.
Bien que ces centres ne puissent être reliés au
véhicule physique d'une autre manière, leur
construction en tant que centres et leur organisation graduelle en roues peut avoir pour point

(1) Voir chap. VII, § 2.

de départ un véhicule quelconque, et pour chaque individu elle partira du véhicule qui représente le type spécial de tempérament de cet individu. C'est le type de tempérament de l'individu qui détermine la place où se déploiera la plus grande activité dans la construction des véhicules et leur transformation graduelle en instruments parfaits de la conscience qui va se manifester sur le plan physique. Ce centre d'activité peut être localisé dans le corps physique, le corps astral, le corps mental inférieur ou le supérieur. Dans tous ces corps, et même dans d'autres plus élevés encore — selon le tempérament-type de l'individu — nous trouverons ce centre dans le principe qui caractérise le tempérament, et c'est de ce principe que le centre agira « vers le haut » et « vers le bas », façonnant les véhicules de façon à les rendre aptes à manifester les caractéristiques de ce tempérament.

§ 2. — Un exemple comme évolution

Pour mieux comprendre ce qui se passe, nous prendrons un cas spécial — un tempérament dans lequel l'intelligence concrète prédomine. Nous al-

lons suivre l'Homme spirituel dans ses pérégrina-
tions à travers la troisième, la quatrième et la cinquième Race-mère. Si nous l'examinons lorsqu'il
agit au sein de la troisième race, nous trouvons
que son niveau mental est très bas, bien que la
note prédominante de son type soit l'intellect.
La vie qui est en pleine activité autour de lui,
mais qu'il ne peut ni comprendre ni maîtriser,
exerce sur lui, du dehors, une puissante influence
et affecte profondément son véhicule astral. Ce
véhicule retient les impressions qu'il reçoit — en
vertu du tempérament de l'individu — et les désirs viennent stimuler la jeune intelligence, la
poussant à faire des efforts pour leur accorder
satisfaction. La constitution physique diffère de
l'homme de la cinquième race ; le système sympathique prédomine encore et le système cérébro-spinal lui est entièrement subordonné. Mais
certains centres du système sympathique commencent à perdre de leur valeur effective en tant
qu'instruments de la conscience, car ils appartiennent, comme tels, à un degré d'évolution inférieur au stade humain. Il y a dans le cerveau deux
glandes qui, à l'origine, sont reliées d'une façon
spéciale au système sympathique, quoique de nos
jours ils fassent partie du système cérébro-spinal
— ces corps sont : la glande pinéale et le corps pi-

tuitaire. Ces deux organes nous montrent comment une même partie du corps peut, à une période donnée, fonctionner d'une certaine façon, puis perdre par la suite cette fonction particulière et ne plus agir que faiblement et enfin, à un stade d'évolution ultérieur, retrouver son activité sous l'influence d'un courant de vie supérieur qui vient lui donner une utilité nouvelle, une fonction plus élevée.

C'est chez les invertébrés plutôt que chez les vertébrés que ces corps se développent, et c'est pourquoi les biologistes appellent le « troisième œil » l' « œil des invertébrés ». Cependant on trouve encore cet organe chez certains vertébrés, chez lesquels il tient lieu d'œil ; on a par exemple découvert il y a quelque temps en Australie un serpent qui présentait au sommet de la tête une disposition particulière d'écailles à demi transparentes ; lorsqu'on enleva ces écailles on trouva un œil — complet dans tous ses détails — mais ne fonctionnant pas. Ce troisième œil fonctionnait chez les Lémuriens de cette façon vague et imprécise qui caractérise les stades inférieurs de l'évolution, surtout pour le système sympathique. Lorsque l'homme passa graduellement de la race lémurienne à la race atlantéenne, ce troisième œil perdit son activité ; le cerveau se développa autour de lui et il se transforma en cet appendice que nous appelons aujourd'hui la glande pinéale. Dans la race lémurienne, l'homme était essentiellement psychique, car son système sympathique était très sensible aux vibrations du corps astral, non organisé à cette époque. Dans la race atlantéenne, il perdit peu à peu ses facultés psychiques, à mesure que le système sympathique prenait une importance secondaire et que le système cérébro-spinal se développait.

La croissance du système cérébro-spinal est plus rapide chez l'Atlante du type que nous étudions, que chez ceux d'un type différent, car chez lui l'activité principale est centrée dans l'intelligence concrète, la stimule et la façonne ; le corps astral perd plus tôt sa prédominance et devient plus rapidement un instrument de transmission des vibrations mentales jusqu'au cerveau. Aussi lorsque cet individu passera dans la cinquième race, il sera tout prêt à prendre avantage de ses caractéristiques, il se construira un cerveau fort et bien proportionné ; il se servira de son corps astral surtout comme un instrument de transmission et construira ses véhicules en partant du plan mental.

§ 3. — LA GLANDE PINÉALE ET LE CORPS PITUITAIRE

Revenons au deuxième des organes dont nous avons parlé plus haut — le corps pituitaire. On suppose que cet organe est le résultat de l'évolution de ce qui, à l'origine, était une bouche, communiquant directement avec le tube digestif des invertébrés. Cet organe cessa de fonctionner en tant que bouche chez les vertébrés et devint un organe rudimentaire, mais il conserva une fonction particulière, intimement liée à la croissance du corps. Il est en pleine activité durant la période normale de la croissance physique, et plus son activité est grande, plus rapide aussi est la croissance du corps. On a remarqué que chez les géants cet organe est particulièrement actif. De plus, le corps pituitaire recommence parfois à fonctionner plus tard dans la vie, lorsque la charpente osseuse du corps est déjà complètement terminée, et il provoque alors des croissances monstrueuses aux endroits libres du corps, mains, pieds, nez, etc., et donne naissance à des déformations pénibles pour ceux qui en sont l'objet. Lorsque le système cérébro-spiral devint prédominant, ces deux organes perdirent leur fonction première ; mais ils avaient un futur devant eux, aussi bien qu'un passé. Dans e passé ils furent intimement liés au système

sympathique ; dans le futur ils le seront au système cérébro-spinal. A mesure que l'évolution
progresse, et que les chakras du corps astral sont
appelés à l'activité, le corps pituitaire devient
d'abord l'organe physique de la clairvoyance astrale et plus tard celui de la clairvoyance mentale. Si l'on force par trop la vision astrale pendant la vie physique, il en résulte souvent une
inflammation du corps pituitaire. C'est par son
intermédiaire que les connaissances acquises par
la vision astrale sont transmises au cerveau ;
c'est lui aussi qui permet de vérifier les points de
contact entre le système sympathique et le corps
astral, de telle sorte que la continuité de conscience
se trouve établie entre le plan astral et le plan
physique.

La glande pinéale se trouve à un moment
donné reliée à l'un des chakras du corps astral,
et par son intermédiaire, elle entre en rapport
avec le corps mental ; elle sert alors d'organe physique pour la transmission de la pensée d'un cerveau à un autre. Dans les cas de télépathie, la
pensée peut être projetée d'une intelligence à une
autre en employant la matière mentale comme
moyen de transmission ; ou bien elle peut être envoyée au cerveau physique, et transmise par la
glande pinéale, à travers l'éther physique, à la

15.

glande pinéale d'un autre cerveau, d'où elle
passera à la conscience de celui qui la reçoit.

Quoique le centre d'activité se trouve dans le
principe dominant de l'homme, les liens d'union
entre les chakras et le corps physique doivent
être établis en partant du plan physique. Le but
de ces liens n'est pas de faire du véhicule astral
un appareil grâce auquel les énergies émanant
de l'homme spirituel pourront être transmises
d'une façon plus complète au corps physique,
mais bien de permettre au véhicule astral d'entrer
en relations plus intimes, plus complètes avec le
corps physique. Il peut y avoir plusieurs centres
d'activité pour la construction des véhicules
transmetteurs, mais il est indispensable de partir
du plan physique pour faire parvenir à la conscience le résultats des activités des corps fonctionnant sur d'autres plans. De là l'importance
capitale de la pureté physique dans la nourriture
entre autres choses.

On demande souvent : « Comment les connaissances acquises sur d'autres plans parviennent-
elles au cerveau, et comment se fait-il qu'elles ne
laissent aucun souvenir des circonstances dans
lesquelles elles ont été acquises ? Toute personne
pratiquant régulièrement la méditation sait qu'un
grand nombre de connaissances qu'elle n'a pas

acquises par l'étude sur le plan physique, se font
jour dans le cerveau. D'où viennent-elles ? Elles
viennent du plan astral ou du plan mental, plans
sur lesquels elles ont été acquises, et de là parviennent au cerveau de la façon ordinaire, comme
nous l'avons décrit précédemment ; la conscience
les a assimilées directement sur le plan mental,
ou les a reçues du plan astral, et elle émet
comme à l'ordinaire des vagues de pensée. Ces
connaissances peuvent aussi avoir été communi-
quées sur un plan supérieur par une entité qui
aura agi directement sur le corps mental. Mais
l'individu peut n'avoir aucun souvenir des circonstances qui ont présidé à cette transmission
pour une ou pour deux raisons, ou pour toutes
les deux à la fois. La plupart des individus ne
sont pas ce qu'on appelle techniquement
« éveillés » sur le plan astral ou le plans mental,
c'est-à-dire que leurs facultés sont dirigées vers
l'intérieur : ils sont absorbés par le travail mental et les émotions, et ne prennent aucun intérêt aux phénomènes extérieurs sur ces plans. Ils
peuvent être très réceptifs ; il peut se faire que
leurs corps astral et mental entrent très facilement en vibration, et ce sont ces vibrations qui
apportent ces connaissances ; mais leur attention
ne se porte pas sur la personne qui envoie la

communication. Avec le progrès de l'évolution ces personnes deviennent de plus en plus réceptives sur les plans astral et mental, mais malgré cela elles restent inconscientes de leur entourage.

La raison de ce manque de mémoire est l'absence de liens d'union avec le système sympathique, liens dont nous avons parlé plus haut. Il peut se faire qu'une personne soit pleinement « éveillée » sur le plan astral, qu'elle y fonctionne activement, en pleine conscience de son entourage, mais si les liens entre le corps astral et le corps physique manquent, ou bien s'ils n'ont pas été appelés à l'activité, il y aura une solution de continuité dans la conscience. Si vive que soit cette conscience sur le plan astral, il lui est impossible de transmettre au cerveau, avec le souvenir, les expériences astrales, avant que ces liens ne fonctionnent parfaitement. De plus il faut aussi que le corps pituitaire — qui rassemble les vibrations astrales comme la lentille concentre en un foyer les rayons du soleil — soit en pleine activité. Un certain nombre de vibrations astrales sont rassemblées et projetées sur un point particulier : des vibrations prennent ainsi naissance dans la matière physique et leur propagation devient ensuite aisée. Tout ceci est nécessaire pour que la mémoire soit possible.

§ 4. — LES VOIES DE LA CONSCIENCE

Une question se pose ici : La conscience suit-elle toujours le même chemin pour arriver à son véhicule physique ? Nous savons que parfois le passage direct d'un plan à un autre peut se faire par l'intermédiaire des sous-plans atomiques et quelquefois en passant par tous les sous-plans jusqu'au septième, avant d'arriver au sous-plan atomique du plan suivant. Laquelle de ces deux routes la conscience suit-elle ? Dans son activité normale, pendant l'élaboration habituelle des pensées, la vague descend sans interruption à travers tous les sous-plans successifs ; partant des sous-plans mentals, elle passe à travers les sept sous-plans astrals, puis à travers les sous-plans éthériques physiques et arrive ainsi à la matière nerveuse dense. Là elle donne naissance à des courants électriques dans la matière éthérique et ces courants influencent le protoplasme des cellules de la matière grise du cerveau. Mais lorsqu'il se produit des manifestations anormales comme dans les lueurs soudaines de génie ou les illuminations brusques de l'intelligence — ces lueurs soudaines qui viennent, par exemple, illuminer l'intelligence de l'homme de science lorsqu'd'un

amas de faits disparates il voit tout à coup sur-
gir la grande loi de l'unité qui en forme la base
— la conscience se déverse à travers les sous-plans
atomiques seulement et arrive ainsi au cerveau.
C'est l'illumination qui s'affirme elle-même par sa
seule présence, comme la lumière du soleil, et
dont aucun raisonnement ne saurait augmenter
l'irrésistible pouvoir Le raisonnement atteint
donc le cerveau en passant par tous les sous-plans
successifs, tandis que la vague d'illumination
passe par les sous-plans atomiques seulement.

CHAPITRE XII

NATURE DE LA MÉMOIRE

§ 1. — Le grand Soi et les petits Soi

Qu'est-ce que la mémoire ? Comment agit-
elle ? De quelle façon arrivons-nous à nous remémorer les choses du passé, que ce passé soit
proche ou lointain ? Car, somme toute, qu'il soit
proche ou lointain, qu'il appartienne à notre vie
actuelle ou à une vie antérieure, les lois qui gouvernent le souvenir du passé doivent toujours
être les mêmes, et, ce que nous cherchons, c'est
une théorie qui embrasse tous les cas de mémoire, et qui nous permette en même temps
d'expliquer chaque cas particulier.

La première chose à faire pour arriver à une
théorie intelligible et définie, c'est de bien com-

prendre la composition de notre être, celle du
Soi et de ses enveloppes, et leurs relations mutuelles ; nous pouvons retracer brièvement les
faits principaux des chapitres précédents qui ont
trait à ce problème de la mémoire. Il ne faut
jamais perdre de vue que notre conscience est
une unité et que cette unité agit par l'intermédiaire d'enveloppes variées qui lui donnent cette
apparence trompeuse de multiplicité d'aspects. La
plus intérieure, la plus subtile de ces enveloppes
est inséparable de l'unité de conscience ; par le fait,
c'est cette enveloppe même qui fait de la conscience une unité. Cette unité, c'est la Monade,
dont la demeure est le plan Anoûpâdaka ; mais
dans la pratique on peut la prendre dans son aspect habituel : l'Homme-intérieur, le triatome,
Atmâ-Bouddhi-Manas, considéré comme séparé
des enveloppes âtmiques, bouddhiques et manâ-
siques. Cette unité de conscience se manifeste par
les enveloppes où elle réside, enveloppes appartenant chacune à l'un des cinq plans sur lesquels
elle agit ; nous l'appellerons le Soi agissant dans
ses enveloppes. Nous devons donc nous représenter le Soi habitant des véhicules capables de vibrer.
Ces vibrations, au point de vue de la matière,
correspondent avec les changements dans la conscience, au point de vue du Soi. Il n'est pas tout à

fait exact de parler de vibrations de la conscience,
car les vibrations ne peuvent se former que dans
la partie matérielle des objets, le côté de la forme ;
le terme *conscience vibrante* ne peut donc être
employé que dans un sens tout à fait général.
Des changements se produisent dans la conscience, et des vibrations correspondantes
prennent naissance dans les enveloppes.

La question des véhicules ou corps dans lesquels la conscience, le Soi agit, est d'une importance capitale dans l'étude de la mémoire. Le
travail mental, grâce auquel l'individu peut se
remémorer des événements plus ou moins loin-
tains, consiste à reproduire ces événements dans
une enveloppe particulière, à façonner, à l'image
de ces événements, la matière de cette enveloppe
dans laquelle la conscience agit à ce moment.
Dans le Soi, fragment du Soi universel — que
nous pouvons considérer pour le moment comme
le Logos lui-même, bien qu'en réalité le Logos
ne soit qu'une portion du Soi universel — tout
est présent ; car le Soi universel contient tout
ce qui a eu, ou aura lieu dans l'Univers. Tout
ceci, et beaucoup plus encore, se trouve emmagasiné dans la Conscience universelle. Figurons-
nous pour un instant un Univers unique avec
son Logos. Considérons ce Logos comme omni-

présent et omniscient. Fondamentalement, cette
omniprésence et cette omniscience se trouvent
aussi dans le Soi individualisé, car il est un avec
le Logos; mais — et ce *mais* est nécessaire
ici — il y a une différence, et la voici : bien
que dans le Soi séparé, en tant que Soi, abstraction faite de tous ses véhicules, cette omniprésence et cette omniscience existent en vertu
de son unité avec le Soi unique, les véhicules
qu'il occupe n'ont pas encore appris à vibrer en
réponse aux changements de conscience, lorsqu'il tourne son attention sur une partie quelconque de son contenu. C'est pourquoi nous
disons que tout existe en lui potentiellement,
et non pas virtuellement comme dans le Logos.
Tous les changements qui ont lieu dans la
conscience du Logos peuvent se produire dans ce
Soi séparé, qui est une partie indivisible de
sa vie, mais les véhicules ne sont pas encore
prêts à servir d'intermédiaires pour leur manifestation. C'est à cause de la séparation engendrée par la forme, à cause de l'emprisonnement
du Soi séparé ou individualisé, que tous ces
pouvoirs, en tant que portion du Soi universel,
sont latents et non manifestés, sont des potentialités et non des réalités. De même qu'il y a
dans chaque atome entrant dans la composi-

tion d'un véhicule des possibilités infinies de vibrations, de même il y a dans chaque Soi séparé des possibilités sans limites de changements de conscience.

Nous ne trouvons pas cette variété infinie de vibrations dans l'atome au commencement d'un Système solaire, mais nous savons que cet atome possède les capacités d'acquérir une variété immense de pouvoirs vibratoires ; ces vibrations, il les acquiert au cours de son évolution, tandis qu'il répond sans cesse aux vibrations qui viennent frapper son enveloppe extérieure ; lorsque la période d'activité du Système touche à sa fin, un nombre immense des atomes qu'il renfermait ont atteint un stade d'évolution où ils sont capables de vibrer en réponse à n'importe quelle vibration prenant naissance au sein de ce Système ; ont dit alors que, les atomes y ont atteint la perfection. Il en est de même pour les Soi séparés ou individualisés. Tous les changements qui se produisent dans la conscience du Logos et qui se trouvent représentés dans l'Univers et y prennent une forme quelconque, se retrouvent aussi dans les consciences qui ont atteint la perfection dans cet univers, et n'importe lequel de ces changements peut se répéter dans l'une quelconque de ces consciences. Voilà en quoi

consiste la mémoire : la réapparition, la réincor-
poration dans la matière, de tout ce qui a existé
au sein de cet Univers et qui *est*, par conséquent,
dans la conscience du Logos, et dans les consciences qui sont des parcelles de Sa Conscience.
Bien que nous nous représentions le Soi comme
séparé par rapport à tous les autres Soi, il ne
faut pas oublier qu'il est inséparable par rapport
au Soi unique, le Logos. Aucune partie de son
Univers n'est privée de Sa vie, et en Lui nous
vivons, nous agissons et nous existons, toujours
ouverts à Son influence, toujours pleins de Sa
vie.

A mesure que le Soi se revêt de ses enveloppes
de matière les unes après les autres, ses pouvoirs
d'acquérir la connaissance deviennent de plus
en plus restreints, mais par contre plus définis.
Arrivée sur le plan physique, la conscience en est
réduite aux seules expériences qui peuvent être
perçues par le corps physique et en particulier
par ces ouvertures qu'en appelle les organes
des sens ; ce sont les avenues par lesquelles les
expériences peuvent arriver jusqu'au Soi — emprisonné dans les enveloppes — bien qu'elles
semblent souvent être plutôt des obstacles à l'ad-
mission des connaissances, lorsqu'on songe aux
capacités des véhicules plus subtils. Le corps phy-

siqué rend la perception définie et précise, un peu de la même façon qu'un écran percé d'un trou permet à une image du monde extérieur de se former sur un mur, parfaitement nu autrement ; en réalité, l'écran empêche les rayons de lumière d'atteindre le mur, mais c'est cela même qui fait que les quelques rayons qui peuvent passer forment sur le mur une image bien définie.

§ 2. — Changements dans les Véhicules et dans la Conscience

Examinons maintenant le véhicule physique pour voir ce qui se passe lorsqu'il reçoit une impression quelconque, et comment cette impression est rappelée à la mémoire. Une vibration de l'extérieur vient frapper un organe sensoriel et est transmise à un centre correspondant dans le cerveau. Un groupe de cellules du cerveau entre en vibration et lorsque cette vibration a cessé, les cellules restent dans un état un peu différent de celui dans lequel elles se trouvaient précédemment. Cette réponse laisse une trace qui constitue une possibilité vibratoire pour le groupe de cellules ; ce groupe a vibré une

fois d'une façon particulière et il conservera durant tout le reste de son existence, en tant que
groupe, la possibilité de vibrer à nouveau de la
même façon sous l'influence d'une excitation
extérieure. Chaque répétition de la même vibration vient renforcer cette faculté, laissant chaque
fois une trace particulière, mais il faudra que
cette vibration soit répétée un grand nombre de
fois avant qu'elle puisse arriver à se reproduire
d'elle-même à volonté ; chaque fois que les cellules vibrent à nouveau de la même façon, elles
s'acheminent vers ce but. Mais cette vibration
ne s'arrête pas aux cellules physiques : elle est
transmise aux cellules, aux groupes de cellules
correspondantes, dans les véhicules plus subtils,
et provoque, en fin de compte, un changement
dans la conscience. Ce changement réagit à son
tour sur les cellules et il se crée ainsi une répétition des vibrations, de l'intérieur vers l'extérieur,
sous l'influence de ce changement dans la conscience, et cette répétition constitue le souvenir
de l'objet qui a provoqué cette série de vibrations.
La réponse des cellules aux vibrations du dehors,
réponse qui a pour cause les lois de l'univers
physique, confère à ces cellules le pouvoir de
répondre à une impulsion du même genre, bien
plus faible, venant du dedans. A chaque mou-

vement dans la matière d'un nouveau véhicule, un peu d'énergie se trouve perdue ; il en résulte une diminution de force dans la vibration. Mais il s'en perd de moins en moins à mesure que les cellules répètent plus fréquemment des vibrations semblables, en réponse à de nouveaux impacts du dehors et qu'elles répondent plus facilement à chaque nouvelle répétition.

C'est en cela que réside toute la valeur du *dehors* ; il éveille dans la matière, mieux que par tout autre moyen, la possibilité de répondre, car il a plus de points de contact que le *dedans* avec les véhicules.

Le changement qui prend naissance au sein de la conscience laisse, lui aussi, dans cette conscience le pouvoir de répéter ce changement plus facilement qu'auparavant, et chaque changement rapproche la conscience du moment où elle aura le pouvoir de provoquer elle-même un changement de ce genre. Si nous reportons nos regards en arrière, sur les origines de la conscience, nous voyons que les Soi emprisonnés passent par d'innombrables expériences, avant qu'un changement provoqué par leur propre volonté puisse prendre naissance dans la conscience ; mais, en ne perdant pas cela de vue, nous pouvons quitter ces stades préliminaires et étudier les activi-

tés de la conscience à un degré plus élevé. Il faut
nous rappeler ainsi que chaque impact atteignant l'enveloppe la plus intérieure et produisant un changement dans la conscience est
suivi d'une réaction, — car le changement dans
la conscience donne naissance à une nouvelle
série de vibrations du dedans au dehors — ; les
vibrations pénètrent donc vers l'intérieur jusqu'au
Soi, et cette incursion est suivie d'une ondulation,
du Soi vers l'extérieur ; le premier mouvement
pour cause l'objet extérieur, et donne naissance
à ce qu'on appelle la perception ; le second est
dû à la réaction du Soi et donne naissance à ce
qu'on appelle le souvenir. Un certain nombre
d'impressions sensorielles venant frapper le
corps physique par la voie des sens de la vue, de
l'ouïe, du toucher, du goût et de l'odorat sont
transmises de ce véhicule, à travers le corps astral, jusqu'au corps mental. Là elles sont coor-
données de façon à former une unité complexe
comme un accord de musique composé de plusieurs notes. C'est ici la tâche particulière du
corps mental ; il reçoit de nombreux courants
et les synthétise en un seul ; d'un grand nombre
d'impressions il fait une perception, une pensée,
une unité complexe.

§ 3. — SOUVENIRS

Essayons de comprendre la nature de cette chose si complexe, après qu'elle a pénétré à l'intérieur et provoqué un changement dans la conscience : ... *une idée.* Ce changement donne naissance, dans les véhicules, à de nouvelles vibrations, répétition de celles qui avaient été provoquées au début, et ces vibrations se reproduisent d'un véhicule à l'autre, sous une forme affaiblie. Cette image n'est pas aussi vive, aussi précise qu'au moment où les différentes vibrations qui la composent passèrent, avec la rapidité de l'éclair, du corps physique au corps astral et de là au corps mental. Elle réapparaît dans le mental sous une forme affaiblie, copie de ce que le mental a transmis précédemment vers l'intérieur, mais avec des vibrations plus faibles. Lorsque le Soi perçoit cette réaction — car l'impact d'une vibration provoque fatalement une réaction en touchant les différents véhicules — cette réaction est beaucoup plus faible que l'action qui en est la cause et semble par conséquent moins *réelle* que cette action; le changement dans la conscience est moins sensible, et le sentiment de *réalité* s'en trouve amoindri d'autant.

Tant que la conscience est incapable de recon-

naître la présence des impacts qui ne lui parviennent pas par l'intermédiaire des puissantes
vibrations du corps physique, elle est réellement plus intimement liée à ce corps qu'à toute
autre enveloppe. Il n'y a pas de souvenirs
d'idées mais seulement de perceptions, c'est-à-
dire d'images d'objets extérieurs, engendrées par
les vibrations de la matière nerveuse du cerveau
qui se reproduisent dans la matière astrale et
mentale correspondante. Ce sont littéralement
des images dans la matière mentale, semblables
aux images qui se forment sur la rétine de l'œil.
La conscience perçoit, ou plutôt voit ces
images, car la vision de l'œil n'est qu'une impression limitée de son pouvoir de perception.
Lorsque la conscience se retire partiellement du
corps physique pour tourner son atttention vers
les modifications qui se produisent dans ses enveloppes intérieures, elle voit les images réflé-
chies du corps astral, dans le cerveau, par les
vibrations que cette conscience envoie vers l'extérieur ; c'est en cela que consiste le souvenir
des sensations. L'image prend naissance dans le
cerveau, sous l'influence de la réaction provoquée
par le changement dans la conscience, et est
reconnue par cet organe. Ceci montre que la
conscience s'est retirée, dans une grande mesure,

du corps physique pour passer dans le véhicule astral où elle est en pleine activité. C'est de cette façon que de nos jours la conscience agit dans l'être humain ; c'est pourquoi elle est pleine de souvenirs, reproduction dans le cerveau d'images passées, et provoquées par la réaction de la conscience. Chez les individus peu évolués, ces images sont celles d'événements passés, dans lesquels le corps physique a joué un rôle quelconque, la sensation de la faim, de la soif et leur satisfaction, le souvenir de jouissances sexuelles, etc., toutes choses auxquelles le corps a été mêlé d'une façon ou d'une autre. Chez les individus plus évolués, chez lesquels la conscience agit dans une plus grande mesure dans le corps mental, ce seront les images dans le corps astral qui attireront le plus l'attention ; ces images sont formées dans le corps astral par les vibrations émanant du véhicule mental, et la conscience les perçoit, en tant qu'images, lorsqu'elle se recueille plus spécialement dans le corps mental, son véhicule le plus proche. Peu à peu la conscience s'éveille et répond aux vibrations provoquées à l'extérieur par des objets sur le plan astral ; ces objets deviennent plus réels et plus faciles à distinguer des souvenirs mêmes, des images auxquelles les réactions de la conscience. ont donné naissance dans le corps astral.

Notons en passant que le souvenir d'un objet est toujours allié à une image de la répétition, sous une forme plus vive, par le contact physique de la sensation causée par cet objet ; c'est ce qu'on appelle l'anticipation. Plus le souvenir d'une expérience quelconque est net, plus nette aussi sera cette anticipation. De sorte que le souvenir pourra parfois provoquer dans le corps physique les mêmes réactions qui d'habitude accompagnent le contact avec un objet extérieur, et on pourra par exemple savourer à l'avance des jouissances hors de portée à ce moment. Ainsi, l'anticipation de mets savoureux nous « fait venir l'eau à la bouche ». Nous reviendrons à ceci en terminant l'exposé de notre théorie de la Mémoire.

§ 4. — Qu'est-ce que la Mémoire ?

Après avoir étudié les changements qui ont lieu dans les véhicules sous l'influence des impacts du monde extérieur, et la réponse à ces impacts sous forme de changements dans la conscience, puis les vibrations plus faibles qui pren-

nent ensuite naissance dans les véhicules par la
réaction de la conscience ; après avoir vu enfin
comment la conscience reconnaît ces vibrations
comme des souvenirs, abordons maintenant la
question principale : Qu'est-ce que la mémoire ?
La désintégration des corps qui se produit entre
la mort et la réincarnation met fin à l'automa-
tisme de ces corps, à leur pouvoir de répondre à
des vibrations qu'ils ont déjà ressenties ; les
groupes responsifs se dissolvent, et tout ce qui
doit devenir des facultés vibratoires à l'avenir,
se trouve emmagasiné dans les atomes permanents, on peut se rendre compte combien faibles
sont ces traces de facultés vibratoires comparées
aux nouvelles facultés de réponse automatique
que la matière acquiert par chaque nouvelle période d'expérience dans le monde extérieur, lorsqu'on se rend compte de l'absence de tout souvenir des vies passées, qui pourrait prendre
naissance dans les véhicules eux-mêmes. A
vrai dire, tout ce que les atomes permanents
peuvent faire, c'est de répondre plus facilement
à des vibrations semblables à celles auxquelles
ils ont déjà répondu antérieurement plutôt qu'à
des vibrations nouvelles. La mémoire des cellules
ou des groupes de cellules disparaît à la mort,
et il est impossible de la recouvrer sous cette

forme. Où la mémoire se conserve-t-elle dans ce cas?

La réponse est simple : la mémoire n'est pas une faculté et n'est conservée nulle part ; elle n'est pas inhérente à la conscience en tant que faculté, et aucun souvenir d'événement n'est enregistré dans la conscience individuelle. Chaque événement est présent dans la conscience universelle, la conscience du Logos ; tout ce qui se passe dans l'univers, le passé, le présent, l'avenir, se trouve dans Sa conscience qui embrasse tout dans son *éternel Présent*. Du commencement à la fin, de l'aurore au crépuscule de l'univers, tout est là, toujours présent, toujours vivant ; dans cet océan d'idées, tout *est*. Errant à travers cet océan, nous entrons en contact avec des fragments de ce qu'il renferme, et la réponse que nous donnons constitue le savoir ; lorsqu'une fois nous avons su, il nous est plus facile à l'avenir d'entrer à nouveau en contact avec ces fragments, et cette répétition du contact — lorsqu'elle ne résulte pas d'un contact de l'enveloppe extérieure du moment, avec les fragments du plan sur lequel elle se trouve — constitue la mémoire. Tous les souvenirs peuvent être recouvrés, car toutes les possibilités vibratoires produisant des images se trouvent emmagasinées dans la conscience du Logos, et nous pourrons partager cette conscience d'autant plus aisément que nous aurons perçu plus souvent, auparavant, des vibrations du même genre ; c'est pourquoi nous répétons plus facilement les vibrations que nous avons déjà ressenties, que celles qui nous sont nouvelles. C'est là qu'apparaît toute la valeur des atomes permanents ; ces atomes, lorsqu'ils sont appelés à l'activité, émettent à nouveau les vibrations qu'ils ont reçues auparavant, et, de toutes les possibilités vibratoires des atomes et des molécules de nos corps, celles-là seules se montreront qui répondront à la note émise par les atomes permanents. Parce que nous avons été affectés dans notre vie présente par les vibrations et les changements de conscience, il nous est plus facile de prendre dans la Conscience universelle ce que nous avons déjà vécu dans notre conscience individuelle. Que ce soit de notre vie présente ou d'une vie passée depuis longtemps, un souvenir est toujours recouvré de la même façon. Il n'y a pas d'autre mémoire en dehors de la conscience toujours présente du Logos, dans laquelle, en vérité, nous vivons, nous agissons, nous existons ; et tout effort de mémoire consiste à nous mettre en rapport avec les parties de la conscience avec lesquelles nous avons déjà été en contact auparavant.

C'est pourquoi, d'après Pythagore, apprendre n'est que se souvenir, car ce n'est que l'action de puiser dans la conscience du Logos, pour le faire passer dans celle du Soi séparé, ce qui, en vertu de notre unité essentielle avec Lui, est éternellement nôtre. Sur le plan où l'unité l'emporte sur la séparativité, nous partageons avec le Logos Sa conscience de l'univers ; sur les plans inférieurs où l'unité est ensevelie sous le voile épais de la séparativité, nous sommes séparés de cette conscience par nos véhicules grossiers. C'est le manque de responsivité de ces véhicules qui nous limite, car nous ne pouvons prendre connaissance des plans de l'univers que par leur intermédiaire. C'est pourquoi il nous est impossible d'améliorer directement notre mémoire ; nous ne pouvons améliorer que notre réceptivité générale et notre faculté de reproduction, en rendant nos corps plus sensitifs tout en prenant soin de ne pas dépasser les limites de leur élasticité. Il nous faut aussi apprendre à *faire attention*, c'est-à-dire à diriger le pouvoir de perception de la conscience, à concentrer cette conscience sur la portion de la Conscience du Logos avec laquelle nous désirons nous

mettre en harmonie. Il est inutile de nous fatiguer à chercher « combien d'anges peuvent se
tenir sur la pointe d'une aiguille », ou comment
il nous est possible d'enmagasiner, dans un espace
infinitésimal, le nombre illimité des vibrations
que nous avons vécues au cours de nos nombreuses existences, car toutes les vibrations produisant des formes dans l'univers, sont continuellement présentes, toujours à la portée de
n'importe quelle unité individuelle qui désire y
puiser, et cette unité les fait siennes, à mesure
que par son évolution, elle passe par des expériences de plus en plus nombreuses.

§ 5. — Mémoire et Oubli

Appliquons ceci à une expérience d'une vie
passée. Un certain nombre de circonstances
que nous avons traversée nous restent en
mémoire, d'autres sont oubliées. En réalité,
l'expérience, qu'elle soit restée en mémoire
ou qu'elle soit oubliée, reste toujours, avec
toutes les circonstances qui l'entouraient, sous
une forme unique, dans la mémoire du Logos,
la Mémoire universelle. Toute personne capable
de se mettre en rapport avec cette mémoire

pourra retrouver ces circonstances aussi bien que nous-mêmes : *les expériences par lesquelles nous avons passé ne nous appartiennent pas en propre* mais font partie du contenu de Sa Conscience ; et ce qui fait que nous croyons que ces expériences sont nôtres, c'est que nous avons déjà auparavant vibré en harmonie avec elles et par conséquent vibrons, cette fois, plus facilement qu'à l'origine.

Nous pouvons cependant entrer en contact avec ces expériences par l'intermédiaire d'enveloppes différentes et à différents moments, car nous vivons au milieu de conditions de temps et d'espace qui varient avec chaque enveloppe.

La partie de la conscience du Logos dans laquelle nous agissons dans le corps physique est beaucoup moins étendue que celle dans laquelle nous fonctionnons dans nos corps astral et mental, et les contacts qui s'établissent avec elle par l'intermédiaire de corps hautement organisés sont plus nets et plus précis que lorsque c'est un corps plus grossier qui sert de médium. Il faut se rappeler aussi que l'étroitesse du champ d'action n'est due qu'à nos véhicules. Vis-à-vis d'une expérience complète — physique, astrale, mentale et spirituelle — notre conscience en est réduite aux limites du champ d'action des seuls véhi-

cules capables de répondre. Nous avons la sensation d'être au milieu des conditions qui
entourent notre véhicule le plus grossier et qui,
par conséquent, viennent le toucher *du dehors* ;
par contre nous avons le souvenir des expériences
avec lesquelles nous entrons en contact par l'intermédiaire des corps subtils ; ceux-ci transmettent les vibrations au corps grossier qui se
trouve aussi influencé *du dedans*.

Pour nous rendre compte de l'objectivité des
circonstances présentes ou à l'état de souvenirs, nous les soumettons au jugement du
sens commun. Si d'autres personnes autour
de nous voient comme nous, entendent comme
nous, nous admettons que ces circonstances sont
objectives ; mais si au contraire ces autres personnes sont inconscientes de ce dont nous
sommes conscients, nous serons forcés d'admettre que ces circonstances sont subjectives.
Mais cette épreuve d'objectivité n'a de valeur
que pour des personnes agissant dans des enveloppes identiques ; si l'une agit dans le corps
physique et l'autre dans le corps physique et le
corps astral en même temps, les choses qui seront
objectives pour cette dernière ne pourront affecter la première et celle-ci soutiendra que ces
expériences ne sont que des hallucinations sub-

jectives. Le sens commun ne peut agir que dans
des corps de même nature ; il donnera des
résultats identiques pour tous les individus si
ceux-ci agissent tous dans leur corps physique.
Car le sens commun n'est que les formes-pensées du Logos sur chaque plan ; ces formes-
pensées conditionnent chaque conscience incorporée et la rendent capable, par certains changements, de répondre à certaines vibrations
prenant naissance dans les véhicules. Le sens
commun ne se limite pas au plan physique seul ;
mais la majorité des individus, au degré actuel
de l'évolution, n'ont pas assez développé la conscience interne pour pouvoir se servir de leur
sens commun sur le plan astral et le plan
mental. Le sens commun est donc une preuve
éloquente de l'unité de la vie qui est en nous tous.
Sur le plan physique nous voyons tous de la
même façon ce qui nous entoure, parce que nos
consciences, qui paraissent séparées les unes
des autres, font, en réalité, toutes partie de la Conscience unique, animant toutes les formes. Nous
répondons tous d'une façon générale identique, selon le degré de notre évolution, parce
que tous nous partageons une même conscience ;
nous sommes tous affectés de la même façon par
des choses semblables parce que l'action et la

réaction qui se produisent entre elles et nous ne sont en réalité que les activités d'une Vie unique dans des formes variées.

Par conséquent, s'il est possible pour la mémoire de retrouver une chose passée quelconque, cela vient de ce que tout existe éternellement dans la conscience du Logos, et Il nous a imposé les limites de l'Espace et du Temps afin qu'en nous y efforçant nous devenions capables de répondre rapidement par des changements de conscience, aux vibrations provoquées, dans nos véhicules, par des vibrations émanant d'autres véhicules, animés, eux aussi, par la conscience ; c'est de cette façon seulement que nous apprenons graduellement à distinguer avec précision et netteté ; nous entrons en contact avec les objets extérieurs successivement — car nous sommes les esclaves du temps — et dans des directions relatives, par rapport à nous-mêmes et aux objets entre eux — car nous sommes soumis à l'espace. Nous nous développons ainsi graduellement, et atteignons un état dans lequel il nous est possible de reconnaître toutes les choses à la fois, et chaque chose en tous lieux — c'est-à-dire sans être limités par l'espace ou le temps.

A mesure que nous passons ainsi par toutes les expériences de la vie, nous nous rendons compte

que nous ne restons pas en rapport avec toutes
les circonstances par lesquelles nous avons passé ;
notre véhicule n'offre qu'un pouvoir de réponse
très limité et il s'ensuit qu'un grand nombre d'expériences échappent à son observation. Dans l'état
de trance il nous est possible de retrouver ces
expériences : on dit alors qu'elles sortent de la
subconscience. En réalité elles demeurent toujours telles quelles dans la Conscience universelle, et lorsque nous passons à leur portée nous
devenons conscients de leur présence, parce que
la lumière très faible de notre conscience, ensevelie dans le corps physique, tombe sur elles ;
mais elles disparaissent lorsque nous passons notre
chemin. Cependant, comme l'espace éclairé par
cette même lumière est plus grand lorsqu'elle
brille à travers le corps astral, elles réapparaissent lorsque nous sommes en état de trance
— c'est-à-dire dans le corps astral, délivré du
corps physique. Les expériences ne sont pas appa-
rues pour disparaître et réapparaître ensuite ; mais
la lumière de notre conscience dans le corps physique a continué son chemin et c'est pourquoi nous
ne les avons pas remarquées ; mais la lumière
brillant dans le corps astral éclaire une étendue
plus vaste et nous permet de les apercevoir à
nouveau. Comme l'a si bien dit Bhagavân Dâs :

« Si une personne errait au milieu de la nuit à travers les salles d'un grand musée, à travers une galerie de tableaux, avec une simple lanterne à la main, les objets, les tableaux, les statues, les portraits seraient éclairés, chacun à son tour, par la lumière de cette lanterne, pendant un instant seulement, tandis que tout le reste serait dans l'obscurité, et, après cette illumination fugitive, tout retomberait dans les ténèbres. Qu'au lieu d'une seule personne il y en ait un grand nombre, autant que d'objets dans la salle, et que chaque personne aille et vienne sans cesse parmi la foule, de telle sorte que la lampe mette momentanément en lumière un objet et seulement pour la personne qui tient la lampe. La salle immense et immobile dans laquelle tout ceci se passe symbolise l'idéation pétrifiée de l'immuable Absolu. Chaque personne portant sa lanterne, parmi cette foule, est une ligne de conscience parmi toutes ces lignes pseudo-infinies qui forment la totalité de la Conscience universelle. Chaque apparition d'un objet éclairé est l'état manifesté de cet objet, soit une expérience du Jîva ; chaque obscuration est le retour à l'état non manifesté. Au point de vue des objets eux-mêmes ou de la Conscience universelle, il n'y a pas plus d'état manifesté que d'état non manifesté. Mais au point de vue des lignes de conscience ces deux états existent (1). »

A mesure que les véhicules deviennent les uns après les autres plus actifs, le champ de cette lumière s'étend, et la conscience peut diriger son attention sur une partie quelconque de ce champ et examiner attentivement les objets qui s'y trouvent. Lorsque la conscience est capable de fonctionner librement sur le plan astral, et qu'elle est consciente de ce qui l'entoure, elle peut voir beaucoup de choses qui, sur le plan physique, sont passées ou futures, si ce sont des choses qu'elle a vécues dans le passé. Les choses qui se trouvent en dehors du champ de la lumière projetée à travers le corps astral, tomberont dans le champ de la lumière du véhicule mental, plus subtil. Lorsque c'est le corps causal qui remplit le rôle de véhicule, le souvenir des vies passées devient possible, car le corps causal vibre plus facilement en harmonie avec des événements qu'il a déjà vécus ; la lumière qui émane de lui couvre une étendue beaucoup plus considérable et illumine des scènes passées depuis longtemps — n'étant pas, en réalité, plus passées que les scènes du présent, mais occupant un endroit différent dans le temps et dans l'espace.

(1) *Science of Peace.*

Les véhicules inférieurs, qui n'ont pas vibré auparavant en réponse à ces événements, ne peuvent entrer rapidement en contact direct avec eux et y répondre ; cette tâche appartient au corps causal, seul véhicule relativement permanent. Mais lorsque ce corps répond aux vibrations, celles-ci rayonnent rapidement vers l'extérieur et peuvent être reproduites par les corps mental, astral et physique.

§ 6. — L'Attention

Nous avons dit plus haut, en parlant de la conscience, qu' « elle peut diriger son attention sur une partie quelconque de ce champ et examiner attentivement les objets qui s'y trouvent ». Cette action de diriger l'attention correspond de très près, dans la conscience, à ce qu'on appellerait, dans le corps physique, la mise au point de l'œil. Si nous observons ce qui se passe dans les muscles de l'œil, lorsque nous regardons un objet rapproché, et ensuite un objet éloigné ou vice versa, nous sentirons un léger mouvement ; cette contraction et cette dilatation provoquent, selon le cas, une légère compression, ou le contraire, sur la pupille de l'œil. De nos jours ce mouvement est automatique, instinc-

tif ; mais il ne l'est devenu que par la pratique.
Un jeune enfant ne sait pas mettre son œil au
point, ni juger des distances ; il cherchera aussi
bien à saisir une bougie placée à l'autre extré-
mité de la chambre que celle qui est à proxi-
mité de sa main, et ce n'est que peu à peu qu'il
saura se rendre compte de ce qui est hors de sa
portée. L'effort fait afin de voir clairement,
mène graduellement à la mise au point de l'œil
et, au bout d'un certain temps, cette action devient automatique. Les objets sur lesquels l'œil
est localisé se trouvent dans le champ de la
vision nette tandis que le reste est imprécis.
De même la conscience perçoit clairement les
choses sur lesquelles elle fixe son attention, tandis que les autres objets restent vagues, et ne
sont pas *au point*.

L'homme apprend ainsi graduellement à tourner son attention vers des choses passées depuis
longtemps, selon la notion que nous avons du
temps. Le corps causal entre en rapport avec ces
choses et les vibrations engendrées sont transmises aux corps inférieurs. La présence d'un
étudiant avancé aidera un étudiant qui l'est
moins parce que le corps astral du premier a
appris à vibrer en réponse à des événements passés depuis longtemps, et forme ainsi une image

astrale de ces événements, et son frère moins avancé peut reproduire ces vibrations plus facilement et *voir* lui aussi. Cependant, même lorsque l'individu a appris à se mettre en rapports avec son passé et, par son intermédiaire, avec le passé de ceux qui y ont été mêlés d'une façon quelconque, il éprouvera plus de difficulté à entrer effectivement en contact avec des événements dans lesquels il n'a joué aucun rôle ; et lorsqu'il y sera arrivé, il aura de la peine à entrer en contact avec des événements en dehors des limites de son passé récent ; si par exemple il veut visiter la lune et qu'il s'élance dans cette direction selon les méthodes habituelles, il se verra bientôt bombardé par une grêle de vibrations inusitées, auxquelles il ne pourra pas répondre instinctivement, et il sera obligé de faire appel au pouvoir divin qui est en lui pour répondre à tout ce qui pourrait affecter ses véhicules. S'il cherche à aller plus loin, à atteindre un autre Système planétaire, il trouvera devant lui une barrière impossible à franchir, le *cercle infranchissable* de son propre Logos Planétaire.

§ 7. — LA CONSCIENCE UNIQUE

Nous commençons maintenant à comprendre

ce qu'on veut dire quand on soutient que des êtres,
à un certain degré d'évolution, peuvent visiter
telle ou telle partie du Cosmos; ils peuvent se
mettre en rapport avec la conscience du Logos,
délivrés qu'ils sont des limites imposées à leurs
frères plus jeunes par leurs véhicules grossiers.
Comme ces véhicules sont composés de matière modifiée par l'action du Logos Planétaire de
la Chaîne à laquelle ils appartiennent, ils ne peuvent pas répondre aux vibrations d'une matière
modifiée d'une façon différente ; il faut que l'étudiant devienne capable de se servir de son corps
atmique avant de pouvoir entrer en contact avec
la Mémoire universelle, au delà des limites de sa
propre Chaîne.

Telle est la théorie de la mémoire que j'offre
à la considération des étudiants théosophes.
Elle s'applique aussi bien aux petits oublis,
aux petits souvenirs de la vie de tous les jours
qu'à ceux de plus haute portée dont nous venons de parler. Car pour le Logos rien n'est
petit ou grand, et lorsque nous accomplissons
l'acte de mémoire le plus insignifiant, nous
nous mettons aussi bien en rapport avec l'omniprésence et l'omniscience du Logos, que lorsque nous cherchons à nous remémorer notre
passé lointain. Il n'y a ni *lointain* ni *proche*.

Tout est également présent en tous temps et en tous lieux ; la difficulté ne vient que de nos véhicules imparfaits et non de la Vie immuable qui embrasse l'Univers. Tout devient intelligible et la paix descend en nous, lorsque nous pensons à cette Conscience dans laquelle il n'y a ni *avant* ni *après*, ni *passé* ni *futur*. Nous commençons à sentir que toutes ces choses ne sont que des illusions, que des limites imposées par nos enveloppes, nécessaires jusqu'au moment où nos pouvoirs ont évolué, et se trouvent prêts à nous servir docilement. Nous vivons inconscients au sein de cette Conscience si puissante dans laquelle tout est éternellement présent, et nous sentons vaguement que si nous pouvions vivre consciemment dans cet Éternel, ce serait la Paix. Je ne sais rien qui puisse mieux donner aux choses de la vie leurs véritables proportions que cette idée d'une Conscience dans laquelle tout est présent dès l'origine et dans laquelle il n'y a, en vérité, ni commencement ni fin. Nous apprenons à comprendre qu'il n'y a rien de terrible, rien d'affligeant, sinon d'une façon toute relative ; et c'est dans cette leçon que nous trouvons le commencement d'une paix véritable qui, lorsque l'heure aura sonné, s'épanouira en une joie infinie.

DEUXIÈME PARTIE

VOLONTÉ, DESIR, ÉMOTION

CHAPITRE PREMIER

LA VOLONTÉ DE VIVRE

Dans l'étude succincte des origines, § 1 et 2 de l'introduction à ce livre, nous avons vu que la Monade, émanant du Premier Logos, montrait, dans sa nature même, la tri-unité de sa source, les aspects volonté, sagesse et activité.

C'est sur l'étude de la volonté — se manifestant comme volonté sur le plan supérieur, et comme désir sur le plan inférieur — que nous allons porter maintenant notre attention; et l'étude du désir nous mènera à l'étude de l'émo-

tion qui lui est indissolublement rattachée. Nous
avons déjà vu que nous sommes ici-bas parce
que nous avons *voulu* vivre dans les mondes
inférieurs et que c'est la volonté qui détermine
notre séjour sur terre. Mais la plupart du temps
on ne réalise que très imparfaitement la nature,
le pouvoir et l'œuvre de la volonté car, au début
de l'évolution, elle ne se manifeste pas autrement sur les plans inférieurs que comme désir,
et c'est sous cet aspect qu'il nous faut l'étudier
avant de pouvoir la comprendre en tant que
volonté.

C'est l'aspect *pouvoir de la conscience*, toujours voilé dans le Soi, caché pour ainsi dire
derrière la sagesse et l'activité, mais les poussant toutes deux à se manifester. Si cachée est
sa nature que beaucoup la considèrent comme
ne faisant qu'un avec l'activité et refusent de
lui accorder le titre d'aspect de la Conscience. Cependant, l'activité c'est l'action du Soi sur le non-
soi ; c'est ce qui donne au non-soi sa réalité
passagère ; c'est ce qui crée ; mais la volonté y
est toujours cachée ; c'est elle qui pousse à l'activité, attire, repousse ; elle est le noyau du cœur
de l'Être.

La volonté est ce pouvoir qui forme la base
de la connaissance et qui stimule l'activité.

La pensée est l'actiuité créatrice et la volonté est le pouvoir moteur. Nos corps sont ce qu'ils sont parce que le Soi a voulu, depuis des âges sans nombre, que la matière soit façonnée en formes par l'intermédiaire desquelles il pourrait connaître et influencer tout ce qui l'entoure. Il est dit dans un écrit antique : « En vérité ce corps est mortel, ô Maghavan, et est sujet à la mort. Et cependant c'est le lieu de repos de l'Atmâ immortel et sans corps... Les yeux sont là comme organes d'observation pour l'Être qui repose dans ces yeux. Celui qui veut : « Je sentirai », c'est l'Atmâ qui désire sentir l'odeur. Celui qui veut : « Je parlerai », c'est l'Atmâ qui désire écouter les sons. Celui qui veut : « Je penserai », c'est l'Atmâ. Le mental est l'œil céleste qui observe les objets désirables. A l'aide de l'œil céleste de l'intelligence, « Atmâ jouit de tout (1) ». C'est là le pouvoir secret, le pouvoir moteur de l'évolution. Il est parfaitement vrai que la grande volonté trace la route de l'évolution ; il est vrai aussi que des Intelligences spirituelles de différents ordres guident les entités évoluantes sur la voie ; mais on n'attache pas assez d'importance aux expériences sans nombre, aux succès, aux

(1) *Chândogyopanishad*, VIII, xii, 1, 4, 5.

insuccès, aux chemins tortueux, aux détours —
dus aux tâtonnements des volontés séparées,
chaque *volonté de vivre* cherchant à s'exprimer elle-même. Les contacts avec le monde exté-
térieur éveillent dans chaque Atmâ la volonté de
savoir ce qui les provoque. La connaissance est
nulle dans la méduse, mais la volonté de savoir
façonne — en passant par des formes variées —
un œil de plus en plus perfectionné, qui présente un moins grand obstacle au pouvoir de
perception. Lorsqu'on étudie l'Évolution, on
reconnaît de plus en plus la présence de volontés qui façonnent la matière, mais qui la
façonnent à tâtons, par des essais répétés, et
non avec une vision précise. C'est la présence
de ce grand nombre de volontés qui est la
cause du dédoublement continu des branches de
l'arbre de l'Evolution. Il y a une grande vérité
dans cette histoire humoristique que le professeur Clifford raconte à nos jeunes écoliers au
sujet des grands sauriens de premiers âges :
« Un certain nombre d'entre eux, dit-il, décidèrent de voler et devinrent oiseaux : d'autres
décidèrent de ramper et devinrent des reptiles ».
Parfois nous voyons une tentative échouer et
l'effort prendre alors une autre direction.
D'autres fois nous voyons les combinaisons les

plus grossières marcher de pair avec les p -
portions les plus parfaites. Celles-ci sont dues
à des Intelligences qui connaissent le but vers
lequel elles tendent et qui pétrissent continuellement la matière en formes appropriées ; quant
aux autres elles résultent des efforts venant de
l'intérieur, aveugles encore et tâtonnants, mais
n'ayant d'autre but que de se manifester eux-
mêmes. S'il n'y avait que les constructeurs extérieurs — qui, eux, voient dès l'origine le but
vers lequel ils tendent — la Nature ne nous
offrirait que des énigmes indéchiffrables, tant
sont nombreux ses essais infructueux, ses projets qui n'aboutissent pas. Mais, dès que nous
reconnaissons, dans chaque forme, la volonté de
vivre qui cherche à s'exprimer, qui façonne des
véhicules pour ses besoins particuliers, nous
comprenons le plan de création qui est à la
base de tout — le plan du Logos — nous
comprenons ce que sont ces formes qui travaillent à l'accomplissement de Son plan — le
travail des Intelligences édificatrices ; et nous
nous rendons compte des combinaisons inha-
biles, des moyens maladroits — dûs aux efforts
des Sois qui veulent, mais n'ont pas encore les
connaissances ou les pouvoirs nécessaires pour
accomplir leurs volontés.

C'est ce Soi qui tâtonne, qui cherche, qui lutte, c'est ce Soi divin qui, avec le progrès de l'Evolution, devient de plus en plus le véritable Souverain, le Maître intérieur, l'Immortel. Celui qui arrive à réaliser que ce Maître intérieur, qui demeure au sein des véhicules qu'il s'est créés pour son expression, c'est lui-même, celui-là voit naître en lui un sentiment de dignité, de pouvoir, qui grandit de plus en plus et subjugue la nature inférieure. Seule la connaissance de la vérité nous rend libres. Le Maître intérieur peut se trouver encore limité dans son action par les formes mêmes qu'il a façonnées pour s'exprimer, mais sachant que lui seul est le Maître, il peut travailler avec persévérance à devenir le souverain Seigneur de son propre royaume. Il sait qu'il est venu ici-bas dans un but déterminé, pour devenir capable de travailler en harmonie avec la Volonté suprême, et, pour atteindre ce but, il saura faire et supporter tout ce qui sera nécessaire. Il sait qu'il est de nature divine et que la réalisation de sa Divinité n'est pour lui qu'une question de temps. Il a conscience de la divinité au dedans, bien que celle-ci ne se manifeste pas encore au dehors — sa seule tâche est de travailler à devenir en réalité ce qu'il n'est qu'en essence.

Il est roi DE JURE, mais pas encore DE FACTO.

Comme un prince, né pour porter la couronne se soumet patiemment aux épreuves qui feront de lui un roi, la volonté souveraine évoluant en nous marche vers le moment où les pouvoirs royaux lui reviendront en partage, et se soumet en attendant à la discipline nécessaire de la vie.

CHAPITRE II

LE DÉSIR

§ 1. — NATURE DU DÉSIR

Lorsque la Monade envoie ses rayons dans la matière des troisième, quatrième et cinquième plans, et s'empare d'un atome de chacun de ces plans (1), elle donne naissance à ce qu'on appelle souvent sa *réflexion dans la matière* — l'*Esprit* dans l'homme — et l'aspect volonté se trouve reproduit dans l'Atmâ de l'homme qui a sa demeure sur le troisième plan, ou plan âtmique. Par cette première hypostase, la Monade perd naturellement certains de ses pouvoirs, à cause des voiles de matière qui viennent l'envelopper, mais sa nature n'est altérée en aucune

(1) Voir première partie, chap. IV, § 3.

façon. De même que l'image d'un objet reflété par un bon miroir est une reproduction parfaite de cet objet, de même l'Esprit humain, Atmâ-Bouddhi-Mânas, est une image parfaite de la Monade ; c'est, en vérité, la Monade elle-même, voilée par la matière dense qui l'entoure. Mais de même qu'un miroir convexe ou concave ne nous donnera qu'une image faussée de l'objet qui s'y reflète, de même la réflexion, ou l'involution de l'Esprit dans de la matière encore plus dense, ne nous donnera qu'une image déformée de cet Esprit.

Ainsi, lorsque la volonté, qui dans sa descente se voile de plus en plus en passant par les plans successifs, arrive au monde immédiatement supérieur au monde physique, c'est-à-dire le monde astral, elle apparaît sous la forme du désir. Le désir présente toute l'énergie, toute la concentration, tout le caractère impulsif de la volonté, mais la matière l'a enlevé au contrôle et à la direction de l'Esprit, et c'est elle qui en devient maîtresse. Le désir, c'est la volonté à laquelle on a arraché sa couronne, c'est la volonté captive, esclave de la matière. Elle n'agit plus par elle-même, mais sous l'empire des attractions de ce qui l'entoure.

Telle est la différence entre la volonté et le

désir. Leur nature intime à tous deux est identique, car tous deux ne sont, en réalité, qu'une
seule et même modification, l'Atmâ, le pouvoir
moteur unique dans l'homme, qui se détermine lui-même et devient le pouvoir qui pousse
à l'activité, qui incite l'homme à agir sur son
entourage, sur le non-soi. Lorsque c'est le Soi
qui détermine cette activité, sans être influencé
par les attractions ou les répulsions des objets
extérieurs, c'est la volonté qui se manifeste.
Lorsque ce sont les attractions et les répulsions
des objets extérieurs qui déterminent l'activité,
et que l'homme, sourd à la voix du Soi, inconscient de la présence du Maître intérieur, devient
le jouet de ces influences, c'est le désir qui apparaît.

Le désir, c'est la volonté revêtue de matière
astrale, de cette matière, dont la deuxième
vague de vie a formé des combinaisons nombreuses, et qui dans sa réaction sur la conscience, donne naissance, en celle ci, à des sensations. Revêtue de cette matière dont les
vibrations sont accompagnées de sensations dans
la conscience, la volonté se transforme en désir.
Enveloppée de matière donnant naissance à des
sensations, sa nature essentielle, qui est de
donner des impulsions motrices, répond par

une énergie impulsive et c'est cette énergie qui
s'éveille et agit dans la matière astrale qu'on
appelle le désir.

Sur les plans supérieurs la volonté constitue
le pouvoir actif ; sur les plans inférieurs c'est
le désir qui remplit ce rôle. Lorsque le désir
est faible, toute la nature de l'individu est
faible dans sa réaction sur le monde extérieur.
La force effective de la nature d'un individu
se mesure d'après sa force de volonté ou de
désir, selon le stade de son évolution. Il y a
une grande vérité au fond de ce dicton populaire : « Les plus grands pécheurs font les plus
grands saints. » Une personne de nature tiède
ne sera jamais ni très bonne ni très méchante ;
elle n'est pas assez forte de tempérament pour
avoir autre chose que des demi-vertus ou des
demi-vices. La force de la nature de désirs d'un
individu nous donne la mesure de sa capacité
de progresser, la mesure de l'énergie motrice,
grâce à laquelle il pourra se frayer son chemin.
La force qui pousse l'individu à réagir sur son
entourage nous donne la mesure de son pouvoir de modifier, changer, conquérir cet entourage. Dans la lutte contre la nature des désirs,
lutte qui marque l'évolution supérieure, l'énergie motrice ne sera pas détruite, mais trans-

muée ; les désirs inférieurs seront transmués en
désirs plus élevés ; l'énergie s'affinera sans
perdre rien de son pouvoir, et finalement la nature des désirs disparaîtra pour réapparaître
sous forme de volonté, toutes les énergies se
trouvant rassemblées et fondues dans l'aspect
volonté de l'Esprit, le pouvoir du Soi.

Aussi l'aspirant ne se découragera pas devant
l'assaut furieux des désirs, pas plus qu'un dres-
seur de chevaux ne saurait s'émouvoir devant les
bonds et les ruades d'un poulain fougueux. L'im-
pétuosité du jeune animal encore indiscipliné
et sa révolte contre les efforts que son maître
fait pour le dompter ne sont que les promesses
de tous les services qu'il rendra un jour
lorsqu'il aura été dompté et dressé. De même,
la résistance qu'opposent les désirs au joug de
l'intelligence n'est que la promesse de la future
puissance de la volonté, l'aspect *pouvoir* du
Soi.

Là où la difficulté apparaît plutôt, c'est lorsque les désirs sont faibles, avant même que la
volonté se soit affranchie des entraves de la
matière astrale, car dans ce cas la volonté de
vivre ne se manifeste que faiblement et la
force motrice qui active l'évolution est presque
nulle.

Les véhicules constituant une sorte d'obstacle, de barrière, qui arrête l'énergie de la Monade et en empêche le libre épanchement ; et tant que cet obstacle n'est pas supprimé, tout progrès est à peu près impossible. Le navire file droit devant lui dans la tempête, s'exposant peut-être par là à un naufrage, mais, lorsque la mer est calme comme un lac, il reste immobile et n'obéit plus à la voile ni au gouvernail.

Et comme dans ce grand voyage qu'est l'évolution, la catastrophe finale est impossible, et que seule une avarie passagère peut se produire, comme l'ouragan souffle, plutôt que le calme plat, vers le progrès, ceux qui se voient ballottés par la tempête peuvent attendre avec confiance le jour où les coups de vent impétueux des désirs feront place aux courants continus de la volonté.

§ 2. — Apparition du Désir

C'est du monde astral que dépendent toutes nos sensations. Les centres par lesquels nous sentons sont situés dans le corps astral, et les réactions qu'ils opposent aux contacts de l'extérieur donnent naissance, dans la conscience, aux sensations de plaisir ou de douleur. D'ordinaire, le physiologiste fait partir la sensation de plaisir ou de douleur du point de contact avec un centre du cerveau, et ne reconnaît que des vibrations nerveuses, allant de la périphérie au centre, et la réaction de la conscience dans le centre du cerveau constitue pour lui la sensation. Mais nous suivons les vibrations plus loin ; nous ne trouvons dans le centre du cerveau et dans l'éther qui le pénètre que des vibrations pures et simples et pour nous, le centre astral est l'endroit où la réaction de la conscience prend place. Lorsque le corps astral se sépare du corps physique, que ce soit sous l'influence du chloroforme, de l'éther, un gaz stupéfiant ou une drogue quelconque, le corps physique, avec tout son système nerveux, n'a pas plus conscience que s'il avait été privé de tous ses nerfs. Les liens entre le corps physique et le corps des sensations perdent l'équilibre de leurs fonctions, et la conscience ne répond plus aux influences de l'extérieur. L'éveil des désirs se produit dans le corps des sensations et fait suite aux premières vagues sensations de plaisir et de douleur. Comme nous l'avons dit plus haut (1), « le plaisir se

(1) Voir première partie, chapitre IV, § 1.

traduit par un sentiment d'*augmentation*, de *vie plus intense, plus riche*. Tandis que la douleur provoque un sentiment de suppression, de diminution de la vie. Toutes deux font partie de la conscience dans sa totalité. A cet état primitif, la conscience ne manifeste pas les trois aspects familiers de volonté, sagesse et activité, même à l'état de germe ; la sensation les précède, et appartient à la conscience dans son ensemble, quoique dans deux stades ultérieurs de l'évolution, elle se montre si souvent alliée à l'aspect volonté-désir, qu'on l'identifie presque avec lui. A mesure que les états de plaisir et de douleur deviennent plus fréquents dans la conscience, ils donnent naissance à un état spécial ; lorsque le plaisir est passé, il reste dans la conscience une attraction qui se transforme en un tâtonnement vague vers ce plaisir — et, chose importante à noter, un tâtonnement, non pas vers un objet procurant le plaisir, mais vers la continuation de la sensation de plaisir — une vague poursuite de la sensation qui s'évanouit, un mouvement — trop peu défini pour qu'on l'appelle un effort — pour s'emparer de cette sensation et la retenir. De même lorsque la douleur est passée, il reste dans la conscience un sentiment de répulsion qui devient un vague effort pour repousser la douleur. Ce sont ces états qui donnent naissance au désir. Ce réveil du désir est un faible effort, un mouvement, un tâtonnement vague, sans direction déterminée, que fait vers l'extérieur la Vie en quête du plaisir. Il ne peut pas aller plus loin tant que la pensée ne s'est pas développée jusqu'à un certain point, et n'ait reconnu la présence d'un monde extérieur, un non-soi, et n'ait appris à rattacher à différents objets de ce non-soi, le sentiment de plaisir ou de douleur, que leur contact produit dans la conscience.

Mais bien avant que la présence des objets extérieurs ait été reconnue, les résultats de ces contacts ont provoqué, comme nous l'avons dit plus haut, une division, un dédoublement du désir. Prenons un exemple très simple : le désir de la nourriture dans un organisme inférieur ; lorsque le corps physique s'use, s'affaiblit, il se produit dans le corps astral une sensation de douleur, un besoin, une demande impérieuse, mais vague et indéterminée ; par l'usure, le corps est devenu un véhicule moins effectif de la vie qui se déverse à travers le plan astral, et cet arrêt provoque la douleur. De la nourriture est apportée par le courant d'eau qui baigne cet organisme ;

à mesure qu'elle est absorbée, l'usure est réparée, la vie reprend son cours normal : c'est le plaisir. A un stade un peu plus élevé nous voyons, sous l'influence de la douleur, apparaître le désir de se soustraire à son atteinte, un sentiment de répulsion, opposé au sentiment d'attraction provoqué par le plaisir. Il en résulte que le désir se trouve divisé en deux. De la volonté de vivre est né le désir ardent de la sensation, et cette envie qui apparaît dans les véhicules inférieurs sous la forme du désir, devient d'une part le désir intense des sensations qui donnent plus de force à la vie et d'autre part un dérobement à tout ce qui affaiblit ou amoindrit cette vie. Cette attraction et cette répulsion sont toutes deux également de la nature du désir. De même qu'un aimant attire ou repousse certains métaux, de même le Soi attire et repousse ce qui l'entoure. L'attraction et la répulsion sont toutes deux le désir ; ce sont les deux grandes énergies motrices de la vie, dans lesquelles peuvent se résoudre tous les désirs. Le Soi tombe sous le joug du désir, de l'attraction et de la répulsion, et se trouve attiré de ce côté, repoussé de celui-là, jeté au milieu d'une foule d'objets qui provoquent le plaisir ou la douleur, comme un bateau sans gouvernail au milieu des tourbillons du vent et des eaux.

§ 3. — Relations entre le Désir et la Pensée

Voyons maintenant quelles relations il y a entre le désir et la pensée et voyons comment ce désir gouverne d'abord la pensée et se trouve ensuite lui-même gouverné par elle.

La raison pure est la réflexion de l'aspect sagesse de la Monade, et se montre dans l'esprit humain sous la forme de Bouddhi. Mais nous ne nous occuperons pas ici de la relation entre le désir et la raison pure, car on ne peut pas dire qu'il y ait une relation directe avec la sagesse, mais plutôt avec l'amour, manifestation de la sagesse sur le plan astral. Ce qu'il nous faut étudier plutôt, c'est la relation avec l'aspect activité de la Monade, aspect qui apparaît sur le plan astral sous forme de sensation et sur le plan mental sous forme de pensée. Nous ne nous occuperons pas de l'intelligence supérieure, l'activité créatrice, manas, dans toute sa pureté, mais de sa réflexion déformée. l'intelligence inférieure. C'est cette intelligence inférieure qui se trouve en relation directe avec le désir, auquel elle est indissolublement liée dans l'évolution humaine ; ils sont si intimement liés l'un à l'autre qu'on emploie souvent le terme kâma-manas, l'intelligence-désir, comme si c'était une seule chose, tant il est rare de trouver dans la conscience inférieure une seule pensée qui ne soit pas influencée par le désir. « En vérité il est dit que manas est double, pur et impur ; le manas pur est déterminé par la pensée (1). »

Cette intelligence inférieure devient *la pensée* sur le plan mental. Sa propriété caractéristique est l'affirmation et la négation ; elle connaît par la comparaison ; elle perçoit et se souvient. Comme nous l'avons vu plus haut, ce même aspect, qui, sur le plan mental, est la pensée, devient sur le plan astral la sensation et résulte du contact avec le monde extérieur.

Lorsqu'un plaisir a été ressenti et s'est évanoui ensuite, le désir prend naissance de le ressentir à nouveau comme nous venons de le voir. Ceci implique la présence de la *mémoire*, qui est une fonction de l'intelligence. Ici comme partout, il faut se rappeler que la conscience agit toujours sur ces trois aspects, quoique l'un ou l'autre des aspects prédomine, car il est impossible qu'un désir, si rudimentaire soit-il, prenne naissance, si la mémoire n'existe pas. Il faut que la sensation produite par un impact extérieur se renouvelle un grand nombre de fois avant que l'intelligence n'établisse une relation entre

(1) *Bindopanishad*, I.

18

la sensation dont elle a conscience et l'objet extérieur qui l'a provoquée. L'intelligence finit par
percevoir l'objet, c'est-à-dire le rattache à l'un
des changements qui se produisent en elle-même,
reconnaît qu'une modification a été provoquée en
elle par un objet extérieur. La répétition de cette
perception établit un lien défini dans la mémoire entre l'objet et la sensation de plaisir ou
de douleur, et lorsque le désir pousse l'individu
à répéter le plaisir, l'intelligence se remémore
l'objet qui lui a procuré ce plaisir. Le mélange
de la pensée et du désir donne naissance à un
désir particulier, le désir de trouver et de s'approprier l'objet qui procure le plaisir.

Ce désir pousse l'intelligence à exercer son activité naturelle. Le désir intense, lorsqu'il n'est
pas satisfait, provoque un sentiment de gêne, et
l'individu fait un effort pour s'en défaire, en s'em-
parant de l'objet convoité.

L'intelligence jette des plans, forme des projets,
pousse le corps à agir, en vue de satisfaire l'ardeur du désir. De la même façon, poussée par le
désir, elle jette ses plans, forme des projets, pousse
le corps à agir, pour éviter le retour de la douleur provoquée par un objet, qui, elle le sait
maintenant, donne naissance à la douleur.

Telle est la relation qui existe entre le Désir et

la pensée. Elle provoque, stimule, engendre les
efforts de l'intelligence. Cette intelligence au début est l'esclave du désir, et la rapidité de sa
croissance dépend de l'intensité des excitations
du désir. Nous désirons, et nous sommes forcés
de penser.

§ 4. — DÉSIR, PENSÉE, ACTION

Le troisième stade de ce contact du Soi et du
non-soi est l'action. L'intelligence ayant perçu
l'objet de son désir, provoque l'action, qu'elle
guide et façonne. On dit souvent que l'action naît
du désir, mais le désir seul ne pourrait donner
naissance qu'à un mouvement, à une action
imprécise. La force du désir est propulsive et
non directe. C'est la pensée qui apporte l'élément
directeur et guide l'action selon les besoins.

Ce cercle — désir, pensée, action — se répète
continuellement dans la conscience. Le pouvoir
propulsif du désir fait naître la pensée ; le pouvoir directeur de la pensée guide l'action. Cette
succession est invariable et il est de toute importance de bien le comprendre, car le contrôle de
la conduite dépend de sa compréhension et de
son application dans la pratique. Pour façon-

ner le karma, il faut bien comprendre cet ordre de succession, car ce n'est qu'ainsi que nous pourrons distinguer entre l'action que l'on peut éviter et celle qui est inévitable.

C'est par la pensée que nous pouvons transformer le désir et, par suite, l'action. Lorsque l'intelligence s'est rendu compte que certains désirs l'ont poussé à des actions qui ont eu des résultats désastreux, elle est capable de résister à l'avenir à tous les assauts des désirs de ce genre, et de refuser de guider des actions qu'elle sa't devoir se terminer d'une façon malheureuse. Elle peut se représenter ces résultats douloureux et éveiller ainsi l'énergie répulsive du désir et peut voir en imagination les résultats heureux que donneraient des désirs d'espèce opposée. L'énergie créatrice de la pensée peut s'employer à façonner les désirs, et son énergie propulsive peut prendre une direction plus avantageuse. Ainsi, la pensée peut s'employer à maîtriser les désirs et devenir le maître au lieu d'être l'esclave. Et lorsqu'elle affirme ainsi sa suprématie sur son partenaire rebelle, elle commence la transmutation du désir en volonté, transférant le contrôle de l'énergie rayonnante, de l'extérieur à l'intérieur, des objets extérieurs qui attirent ou repoussent, à l'Esprit, le Maître intérieur.

§ 5. — LES LIENS DU DÉSIR

Comme la volonté de vivre est la cause du rayonnement vers l'extérieur, la cause qui pousse la vie à s'incorporer et à s'approprier ce qui est nécessaire à sa manifestation et à sa subsistance dans la forme, le désir, étant la volonté sur un plan inférieur, offrira les mêmes caractéristiques ; il cherchera à s'approprier, à attirer pour en faire une partie de lui-même, tout ce qui pourra contribuer à maintenir et favoriser sa vie dans la forme. Lorsque nous désirons un objet, nous cherchons à faire de cet objet une partie de nous-mêmes, une partie du Moi, afin qu'il fasse partie de la forme dans laquelle le Moi est incorporé. Le désir est la manifestation du pouvoir d'attraction, c'est lui qui attire à nous l'objet de nos désirs. Tout ce que nous désirons, nous l'attirons à nous. Le désir de posséder établit un lien entre l'objet et l'être qui désire cet objet. Nous attachons ainsi au Soi cette portion du non-soi, et le lien ainsi établi persiste jusqu'à ce que l'objet entre entièrement en notre possession ou que le Soi ne brise ce lien et ne refuse d'accepter l'objet. Ce sont-là les « liens du

cœur », qui attachent le Soi à la roue des renais-
sances et de la mort.

Ces liens entre celui qui désire et les objets
désirés sont comme des cordes qui tirent le Soi
vers l'endroit où il trouvera les objets de ses
désirs, et déterminent sa naissance dans un
monde ou dans l'autre. C'est de cela que parle
ce verset : « Et celui qui est attaché, obtient
toujours par l'action, l'objet sur lequel son intelligence s'est arrêtée. Et ayant obtenu l'objet de
l'action qu'il accomplit ici-bas, il revient de
l'autre monde dans celui-ci pour l'amour de l'action. Il en est ainsi de l'intelligence qui désire (1) ». Si un homme désire les objets d'un autre
monde plus ardemment que ceux de celui-ci,
c'est dans cet autre monde qu'il renaîtra. Ce lien
du désir se resserre continuellement, jusqu'au
moment où le Soi et l'objet se trouvent réunis.

Cette grande et unique énergie directrice, la
volonté de vivre, qui maintient le cours des pla-
nètes autour du soleil, qui empêche la dissocia-
tion de la matière des mondes, et maintient la
forme de nos corps, c'est l'énergie du désir, et
ce désir attire infailliblement à nous tous les
objets sur lesquels il a jeté son dévolu, ou bien
nous attire nous-mêmes vers ces objets. L'hame-

(1) *Brihadaranya Rapanishad*, IV, 6.

on du désir se fixe dans un objet comme un
arpon dans le flanc de la baleine. Lorsque le
ésir s'est fixé sur un objet, le Soi se trouve
ttaché à cet objet; il se l'est approprié par la
olonté et bientôt va le faire sien par l'action.
'est pourquoi un grand sage a dit : « Si ton œil
roit te gêne, arrache-le et jette-le loin de toi...
Si ta main droite te déplaît, coupe-la et jette-la
oin de toi (1). » La chose désirée devient partie
ntégrante du Soi, et, si cette chose est mauvaise,
l faut l'arracher coûte que coûte. Autrement elle
ne disparaîtra que sous l'influence du temps ou
de l'usage continu. « L'homme fort, seul, pourra
l'anéantir. Le faible devra attendre qu'elle croisse,
mûrisse et meure (2). »

§ 6. — Rupture des Liens

Pour briser les liens du désir, il faut avoir
recours à l'intelligence. C'est en elle que réside
le pouvoir qui purifiera d'abord et transmuera
ensuite le désir.

Chaque fois qu'un individu s'empare de l'objet
de son désir, l'intelligence enregistre les résul-

(1) Mathieu, V, 29-30.
(2) *Lumière sur le Sentier*, 4.

tats de l'action, et remarque si cette union de l'objet avec le Soi incorporé provoque le plaisir ou bien la douleur. Lorsqu'elle s'est approprié un certain nombre de fois un objet et se rend compte que le résultat est chaque fois une sensation douloureuse, elle range cet objet dans la catégorie de ceux qu'elle devra éviter à l'avenir. « Les plaisirs qui naissent des contacts sont en vérité des sources de douleur (1) ».

C'est alors qu'une lutte s'engage. Lorsque l'objet attractif se présente à nouveau, le désir lance son harpon pour le saisir, et commence à l'attirer. L'intelligence, se souvenant des résultats pénibles qu'ont eus les précédentes captures de ce genre, cherche à trancher avec le glaive de la connaissance le lien qui l'enserre. Un combat furieux se livre dans l'homme. Il est poussé en avant par le désir et retenu en même temps par la pensée. Maintes fois le désir triomphera et s'emparera de l'objet convoité ; mais la douleur qui en résulte se renouvelle continuellement, et à chaque nouvelle victoire qu'il remporte, le désir voit se dresser devant lui un nouvel ennemi en la personne du pouvoir de l'intelligence. Inévablement, quoique bien lentement, la pensée montrera sa suprématie, jusqu'à ce qu'enfin la

(1) *Bhagavad Gitâ*, V, 22.

victoire soit de son côté ; et un jour viendra où le désir, devenu plus faible que l'intelligence, l'objet attractif perdra tout son intérêt, et le lien se trouvera brisé. Le lien avec cet objet sera rompu à tout jamais.

La pensée cherche, dans ce conflit, à utiliser la force du désir contre le désir lui-même. Elle choisit parmi les objets du désir ceux qui procurent un plaisir relativement durable, et cherche à s'en servir contre les désirs qui provoquent rapidement la douleur. Ainsi, elle opposera les plaisirs artistiques aux plaisirs sensuels ; elle se servira de la renommée, du pouvoir politique ou social contre les jouissances de la chair ; elle stimulera le désir de faire le bien et de s'abstenir du vice ; et pour finir elle laissera le désir de la paix éternelle prendre la suprématie sur les jouissances temporelles. Par l'unique grande attraction, les attractions inférieures se trouvent obscurcies et cessent d'être l'objet des désirs. « Même le goût (pour ces objets) se détourne de lui, lorsqu'il a vu le Suprême » (1). L'énergie même du désir peut l'arracher à ce qui provoque la douleur, et l'attacher à ce qui apporte la joie. Cette même force qui, auparavant, tenait tout son joug, devient maintenant un instrument

(1) *Bhagavad Gîtâ*, II, 59.

de délivrance. S'arrachant à l'attraction des objets extérieurs, elle tourne ses regards en haut, vers l'intérieur, et réunit l'homme à la Vie dont il est sorti, et de l'union avec cette Vie naîtra pour l'homme la félicité sans bornes.

En cela réside toute la valeur de la dévotion, comme agent libérateur. L'amour pour l'Être suprême trouve cet Être éminemment désirable, le considère comme un objet de plaisir sans borne, et les liens avec les objets inférieurs, qui tiennent le cœur captif, sont brisés.

C'est seulement par le Soi en tant que pensée, que le Soi, en tant que désir, peut être maîtrisé ; le Soi qui a reconnu *qu'il est la Vie* l'emporte sur le soi *qui se croit la forme*. Il faut que l'homme apprenne à se séparer des véhicules dans lesquels il désire, pense, agit, afin de reconnaître que tous font partie du non-soi, qu'ils constituent la vie en dehors de lui-même. De sorte que l'énergie qui, dans les désirs inférieurs se portait sur les objets, devient le désir supérieur, guidé par l'intelligence et prêt à se transmuer en volonté.

A mesure que l'intelligence inférieure se fond ainsi dans l'intelligence supérieure, et cette dernière dans la sagesse, l'aspect volonté pure apparaît sous la forme du pouvoir de l'Esprit, qui se détermine et se gouverne lui-même, en harmonie parfaite avec la Volonté suprême, et libre par conséquent. C'est alors seulement que tous les liens sont brisés et que l'Esprit se trouve libéré de tout. C'est à ce moment seulement qu'on peut dire de la volonté qu'elle est libre.

CHAPITRE III

LE DÉSIR (*suite.*)

§ 1. — LE VÉHICULE DU DÉSIR

Nous aurons à revenir à cette lutte qui se livre au sein de la nature des désirs, pour y apporter quelques nouveaux détails utiles ; mais il est nécessaire d'étudier d'abord le véhicule des désirs, le corps des désirs ou corps astral, car nous comprendrons mieux la méthode précise qu'il nous faudra suivre pour subjuguer les désirs inférieurs et nous en débarrasser.

Le véhicule des désirs est formé de ce qu'on appelle la matière astrale, la matière du plan immédiatement supérieur au plan physique. Cette matière, comme la matière physique, se présente sous sept modes différents qui, l'un par rapport à l'autre, sont, comme les solides, les liquides, les gaz, etc., des sous-états de la matière du plan physique. De même que le corps physique renferme en lui ces différents sous-états de matière physique, le corps astral est composé, lui aussi, des différents sous-états de la matière astrale. Chacun de ces sous-états renferme des agrégats plus ou moins subtils ou grossiers et l'œuvre de purification astrale consiste, comme pour la purification physique, à remplacer la matière grossière par de la matière plus subtile.

De plus, les sous-états de la matière astrale servent principalement à la manifestation des désirs inférieurs, tandis que les sous-états supérieurs vibrent en réponse à des désirs transformés en émotions par l'intelligence qui s'unit à eux. Les désirs inférieurs — ceux qui poussent l'individu à rechercher les objets qui procurent le plaisir — trouvent ces sous-états inférieurs disposés pour servir de médium à leur force attractive ; et plus les désirs sont bas et grossiers, plus grossiers aussi sont les agrégats de matière capable de leur donner expression.

Lorsqu'un désir quelconque fait entrer en vibration la matière correspondante du corps astral, cette matière est fortement vitalisée et attire à elle, du dehors, une nouvelle quantité de matière

du même genre, et augmente ainsi la quantité de
cette matière particulière entrant dans la constitution du corps astral, dans son ensemble.
Lorsque les désirs, se purifiant graduellement, se
transforment en émotions, que l'élément intellectuel entre dans leur constitution et que
l'égoïsme diminue, la quantité de matière subtile
augmente proportionnellement dans le corps astral, tandis que la matière grossière, n'étant plus
vitalisée, perd toute son énergie et se fait de plus
en plus rare.

Mis en pratique, ces faits nous aideront à
vaincre l'ennemi qui trône au dedans de nous,
car nous pourrons le priver de ses instruments.
Un traître dans la place est plus dangereux qu'un
ennemi en dehors des murs ; le corps astral agit
comme un traître aussi longtemps qu'il entre
dans sa composition des éléments qui répondent
aux tentations du monde extérieur.

L'intelligence doit repousser le désir, si celui-
ci attire, dans le corps astral, des matériaux
d'ordre grossier ; il faut que l'intelligence refuse de
créer une image du plaisir passager que lui pro-
curerait la possession de l'objet désiré, et qu'elle
se représente les ennuis beaucoup plus durables
qui en résulteraient. Au fur et à mesure que nous
nous débarrassons de la matière grossière qui

vibre en réponse aux attractions inférieures, ces attractions perdent toute influence sur nous.

Il nous faut donc prendre sérieusement en main ce véhicule des désirs ; la nature des attractions qui nous parviennent du dehors dépendent de sa constitution interne. Il nous est possible d'améliorer le véhicule, de changer les éléments qui le composent, et de faire ainsi d'un ennemi un défenseur.

Lorsque le caractère de l'homme évolue, il se trouve face à face avec des difficultés qui souvent l'alarment et le tourmentent. Il se voit la proie de désirs auxquels il voudrait se dérober et dont il a honte ; et malgré tous les efforts qu'il fait pour s'en débarrasser, ils s'accrochent à lui sans relâche, s'opposant à ses efforts, ses espérances, ses aspirations, et cependant dans un certain sens, paraissant être une partie de lui-même. Cette douloureuse épreuve résulte de ce que la conscience évolue plus rapidement que la forme, et toutes deux se trouvent en quelque sorte en lutte l'une contre l'autre. Il reste encore dans le plan astral une grande quantité d'agrégats grossiers, mais comme les désirs se sont purifiés, ces matériaux ne sont plus vivifiés. Cependant il leur reste encore une certaine

vitalité, et bien qu'ils dépérissent, ils ne sont pas
entièrement éliminés.

Mais, quoique la nature des désirs ne se serve
plus de ces matériaux pour se manifester, il peut
se faire cependant qu'ils retrouvent une activité
passagère, sous une influence extérieure, et qu'ils
prennent une apparence de vie, comme un cadavre sous l'influence du courant galvanique.
Des désirs émanant d'autres individus — des
élémentals du désir d'un genre pernicieux —
peuvent s'attacher à ces éléments sans emploi,
et les appeler à l'activité, leur donner une vie nouvelle, faisant naître ainsi dans l'homme des désirs qui le remplissent d'horreur. Que le combattant désespéré reprenne courage, lorsqu'il lui
faut traverser ces épreuves ; qu'il repousse ces
désirs, même au plus fort de leurs assauts, comme
des choses qui ne lui appartiennent pas ; qu'il
sache que les éléments dont ils font usage, en
lui, font partie du passé, qu'ils sont en voie de
désintégration et qu'avec leur disparition sonnera
pour lui l'heure de la délivrance.

Prenons le rêve comme exemple pour montrer comment cette matière de rebut agit
dans le corps astral. Un homme dans une existence antérieure s'est adonné à l'ivrognerie ; ses
expériences *post mortem* ont laissé en lui une

profonde aversion pour la boisson ; lorsqu'il se
réincarne, l'*Ego* imprime ce sentiment de dégoût
dans ses nouveaux véhicules physique et astral ;
mais, malgré cela, il entre dans le corps astral
une certaine quantité de matière attirée par les vibrations que cet ivrogne avait provoquées au sein
de l'atome permanent. Durant la vie présente,
cette matière n'est vivifiée par aucun désir impé-
rieux pour la boisson, par aucune tendance à
boire ; au contraire, durant la veille, l'homme est
d'une sobriété exemplaire. Mais, pendant le rêve,
cette matière entre en activité sous l'influence
d'une excitation extérieure, et comme l'*Ego*
n'exerce qu'un faible contrôle sur le corps astral (1), cette matière répond aux vibrations des
désirs passionnés pour la boisson, et l'homme
rêve qu'il boit. S'il reste en lui à l'état latent un
désir pour la boisson, ce désir, trop faible pour
s'affirmer pendant l'état de veille, pourra réapparaître pendant l'état de rêve ; car la matière physique est relativement lourde et difficile à mouvoir, et un désir faible n'aura pas assez d'énergie
pour la faire entrer en vibration ; mais ce même

---

(1) Pendant le sommeil l'*Ego* tourne son attention vers l'intérieur jusqu'au jour où il peut se servir de son corps astral
d'une façon indépendante ; c'est pourquoi le contrôle qu'il
exerce est très faible.

désir pourra faire vibrer la matière astrale, infiniment plus subtile, si bien que l'homme pourra,
en rêve, se trouver influencé par un désir qui
n'aurait aucun pouvoir sur lui durant la veille.
Ces rêves affligent beaucoup ceux qui en sont la
proie, parce qu'ils ne les comprennent pas.
L'homme devrait se rendre compte que ces rêves
montrent que la tentation est conquise, en ce qui
le concerne, et qu'il n'est tourmenté que par les
vestiges de désirs passés, vivifiés sur le plan astral
par une influence extérieure, ou bien, si cette
influence vient du dedans, par un désir en voie
de disparaître et trop faible pour le troubler durant la veille. Ce rêve est le signe d'une victoire
presque complète. Et c'est en même temps un
avertissement, car il fait voir à l'homme qu'il y a
encore dans son corps astral de la matière capable d'être vivifiée par les vibrations du désir
pour la boisson, et qu'il lui faudra par conséquent éviter, durant la veille, toutes les conditions où il pourrait se trouver à la merci de ces
vibrations. Tant que les rêves de ce genre n'ont
pas entièrement cessé, le corps astral n'est pas
complètement débarrassé de toute matière constituant une source de danger.

§ 2. — LA LUTTE ENTRE LE DÉSIR ET LA PENSÉE

Examinons maintenant cette lutte qui se livre
au sein de la nature des désirs, et à laquelle nous
avons déjà fait allusion, afin d'y apporter quelques détails complémentaires.

Cette lutte appartient à ce qu'on pourrait appeler le stade moyen de l'évolution, ce stade de
longue durée qui forme le trait d'union entre cet
état de l'homme entièrement dominé par les
désirs, qui s'empare de tout ce dont il a besoin,
sans écouter la voix de sa conscience, sans être
troublé par le remords, et cet état de l'homme
spirituel hautement évolué, chez lequel la volonté,
la sagesse et l'activité sont harmonieusement et
également actives. La lutte s'engage entre le
désir et la pensée, entre la pensée qui commence
à comprendre la relation qui existe entre elle et
le non-soi et les autres *Soi* séparés, et le désir,
influencé par les objets qui l'entourent, stimulé
par les attractions et répulsions, attiré de côté et
d'autre par les objets qui le séduisent.

Nous allons étudier ce stade de l'évolution où
les souvenirs des expériences passées, accumulés et emmagasinés dans l'intelligence, viennent
s'opposer à la gratification des désirs qui, ainsi

qu'ils l'ont prouvé eux-mêmes provoquent la douleur ; ou, pour mieux dire, ce stade dans lequel
nous voyons les conclusions que le Penseur a
tirées de ces expériences répétées, s'affirmer elles-
mêmes en face d'une demande impérieuse de la
nature des désirs pour un objet reconnu dangereux.

Cette habitude de s'emparer des objets du désir
et d'en jouir a été établie par des centaines d'existences successives, et est devenue toute-puissante,
tandis que l'habitude de résister à un désir présent afin d'éviter une douleur future commence
seulement à se former, et est par conséquent très
faible. Il en résulte que pendant longtemps la
lutte de la pensée contre les désirs se termine par
une défaite. La jeune intelligence, luttant contre
le corps des désirs qui a atteint sa pleine maturité,
est constamment vaincue. Mais comme à chaque
victoire des désirs fait suite un plaisir très court
et une douleur de longue durée, une force nouvelle prend naissance, une force hostile à elle-
même, qui s'empare de la puissance de son adversaire. Chaque défaite du Penseur est une promesse de sa victoire future, et sa force grandit
de jour en jour, tandis que celle de la nature des
désirs diminue.

Lorsque nous aurons compris ceci, nous ne

nous lamenterons plus sur nos fautes et sur celles
de ceux qui nous sont chers, car nous saurons
que ces chutes seront pour nous un point d'appui
sûr à l'avenir, et que c'est dans la douleur que
grandit le conquérant futur.

Notre connaissance du bien et du mal grandit
par l'expérience et n'évolue que par l'épreuve. Le
sentiment du bien et du mal, sentiment inné chez
l'homme civilisé de notre époque, s'est développé au cours d'expériences sans nombre. Aux
premiers stades de la vie du Soi séparé, toutes
les expériences étaient nécessaires à son évolution
et lui apportaient des leçons utiles qui hâtaient
sa croissance. Gruduellement il s'est rendu
compte que lorsqu'il cédait à des désirs qui causaient du tort à son entourage il en récoltait
une somme de douleur hors de proportion avec
le plaisir fugitif qu'ils lui avaient procuré. Il a
commencé à appeler *mal* tous les désirs qui
lui apportaient surtout de la douleur lorsqu'il
les gratifiait, d'autant plus que les Maîtres qui
guidaient son évolution au début avaient désap-
prouvé les objets de ces désirs en les proscrivant
sévèrement. Lorsqu'il obéissait à ces désirs et
qu'il en résultait pour lui de la souffrance, ces
avertissements antérieurs des Maîtres ne ren-
daient que plus forte l'impression faite sur le

Penseur, et la conscience — la volonté de faire le
bien et d'éviter le mal — se trouvait fortifiée
d'autant.

Nous voyons toute la valeur que peuvent avoir
sous ce rapport les avertissements, les reproches,
les bons conseils. Tout cela est enmagasiné dans
l'intelligence ; ce sont des forces qui viennent
s'ajouter à la somme des souvenirs qui poussent
l'homme à résister aux désirs maùvais ; si l'individu, après avoir été mis en garde, cède à la
tentation, c'est que le désir est encore plus fort
que lui ; lorsque la souffrance prédite se fera sentir, l'intelligence se souviendra de tous ces avertissements, de toutes ces remontrances, et gravera
d'autant plus profondément au fond d'elle-même
la conviction que : *Ceci est mal.* Si un individu fait un acte répréhensible, cela montre simplement que ces souvenirs de souffrances passées
n'étaient pas encore assez profondément ancrés
en lui pour contrebalancer l'attraction d'un plaisir immédiat ardemment convoité. Il faut qu'il
répète la leçon encore plusieurs fois, afin de
fortifier la mémoire du passé ; lorsqu'il l'aura
fait, la victoire sera certaine. La souffrance est
un élément nécessaire à la croissance de l'âme,
et cache en elle-même la promesse de cette croissance. Si nous savons ouvrir les yeux, nous ver-

rons que partout autour de nous le bien grandit et que nulle part le mal n'est sans remède.

Cette lutte se trouve exprimée tout entière dans ces exclamations de désespoir de bien des gens : « Ce que je voudrais faire, je ne puis le faire, et ce que je ne voudrais pas faire, je le fais malgré moi ! » « Lorsque je cherche à faire le bien, c'est le mal qui s'offre à moi. » Le mal que nous faisons, tout en ayant le désir de ne pas le faire, est le résultat d'une habitude acquise dans le passé. Une volonté faible est subjuguée par un désir puissant.

Mais dans sa lutte contre les désirs, c'est à la nature même des désirs que le Penseur fait appel : il cherche à faire naître en elle un désir qui s'opposera aux désirs contre lesquels il lutte actuellement. De même que l'attraction d'un aimant de faible puissance peut être neutralisée par un aimant plus fort, de même un désir peut être fortifié pour en dominer un autre, un bon désir pourra être cultivé pour en combattre un mauvais. C'est en cela que réside toute la valeur d'un idéal.

§ 3. — VALEUR D'UN IDÉAL

Un idéal est une conception mentale fixe, d'un caractère inspiré, créée pour servir de guide dans la conduite ; la création d'un idéal constitue un des moyens les plus efficaces pour influencer les désirs. L'idéal peut s'incarner ou ne pas s'incarner dans un individu, selon le caractère de celui qui le crée : il ne faut pas oublier que la valeur de l'idéal dépend dans une grande mesure de ses qualités attractives, et ce qui attirera un tempérament n'en attirera pas nécessairement un autre. Un idéal abstrait et un idéal personnel sont également bons, l'un et l'autre, si on les considère à un point de vue général, et l'individu devra choisir celui qui a le plus d'attrait pour lui. En général, une personne au tempérament intellectuel trouvera que l'idéal abstrait convient mieux à ses besoins, tandis qu'une personne au tempérament émotionnel demandera à ce que sa pensée prenne une forme concrète. Le point faible de l'idéal abstrait est qu'il manque parfois de pouvoir d'inspiration ; d'un autre côté, l'idéalisation concrète a le désavantage de tomber parfois au-dessous de l'idéal.

C'est l'intelligence, naturellement, qui crée

l'idéal, et elle le conserve sous forme d'abstraction ou l'incorpore dans une personne. Le moment le plus propice à la création d'un idéal est
celui où le mental est parfaitement calme, immo-
bilé et pur, où la nature des désirs est engourdie.
Le Penseur examine alors le but de sa vie, le but
vers lequel il tend, et guidé dans son choix par
le résultat de son examen, il choisira les qua-
litésqui lui sont nécessaires pour atteindre ce but.
Il combinera ces qualités en un concept unique,
en créant par l'imagination une image aussi
nette que possible de cette assimilation des
qualités dont il a besoin. Il répétera chaque
jour cet exercice jusqu'à ce que son idéal se
détache clairement dans son mental, avec toute
la merveilleuse beauté d'une pensée élevée, d'un
caractère noble : une image dont l'attrait sera
pour lui irrésistible. L'homme au tempérament
intellectuel conservera à cet idéal la forme d'une
pure conception. L'homme au tempérament
émotionnel l'incarnera dans un personnage
comme le Bouddha, le Christ, Shrî Krishna,
ou quelque autre Instructeur divin. Il étudiera la
vie, les enseignements, les actions de cet Instructeur, et son idéal deviendra de plus en plus vivant et réel pour le Penseur. Un amour intense
pour cet idéal personnifié naîtra en son cœur, et

le désir tendra vers lui de toutes ses forces pour
l'atteindre. Et lorsque la tentation viendra l'assaillir et que les désirs inférieurs demanderont
impérieusement satisfaction, le pouvoir attractif
de son idéal s'affirmera, les désirs élevés combat-
tront les désirs inférieurs et tous les désirs les
plus nobles viendront apporter leur force au
Penseur ; le pouvoir négatif de la mémoire qui
commande : « Abstiens-toi de ce qui est vil »
sera décuplé par la force positive de l'idéal qui
dit : « Accomplis ce qui est beau et noble. »

L'homme qui porte constamment en son
cœur un idéal élevé possède une arme contre
laquelle se brisent tous les désirs mauvais, une
arme que lui donne son amour pour cet idéal, sa
honte de paraître méprisable à ses yeux, son désir ardent de ressembler à l'objet de sa dévotion,
et aussi la direction, la tendance générale de son
intelligence vers un genre de pensée noble et
élevée. Les désirs mauvais deviennent chez lui
de plus en plus rares. Ils dépérissent tout naturellement, incapables de subsister dans une atmosphère aussi pure.

Il serait peut-être nécessaire de remarquer ici,
à cause des résultats destructifs qu'a la critique
historique aux yeux de certaines personnes, que
la valeur de l'idéal du Christ, du Bouddha, de

Krishna, ne se trouve pas amoindrie en quoi que ce soit par le manque de données historiques ou par l'imperfection des preuves d'authenticité d'un manuscrit quelconque. Un grand nombre de légendes rapportées par la tradition peuvent ne pas être vraies historiquement parlant, mais elles le sont au point de vue éthique et vital. Que tel ou tel événement ait ou n'ait pas eu lieu durant la vie du Maître cela n'a aucune importance ; l'influence d'un tel caractère idéal sur le monde qui l'entoure n'en est pas moins éternellement vraie. Les Écritures du monde entier représentent des faits spirituels, que les incidents de la vie physique soient ou ne soient pas vrais au point de vue de l'histoire.

La pensée peut donc façonner et diriger le désir et, au lieu d'un ennemi, s'en faire un allié. En changeant la direction du désir, elle en fera une force stimulante, accélératrice, au lieu d'une force retardatrice, et là où le désir pour les objets extérieurs nous tenait enchaînés dans la boue, le désir de l'idéal nous portera vers les cieux sur ses ailes puissantes.

§ 4. — PURIFICATION DES DÉSIRS

Nous avons déjà montré tout ce que l'on peut

faire dans le véhicule des désirs pour purifier ces désirs ; la contemplation et le culte de l'idéal dont nous venons de parler constituent un des facteurs les plus puissants de cette purification. Les mauvais désirs dépérissent à mesure que l'homme cultive et entretient les désirs élevés ; ils meurent faute de nourriture.

Tout effort que l'individu fait pour rejeter un désir mauvais, est accompagné d'un refus formel, de la part de la pensée, de permettre à ce désir de se transformer en acte. La volonté commence à réfréner l'action, même lorsque le désir demande impérieusement à être satisfait. En refusant d'agir sous l'influence d'un désir mauvais, il arrive un moment où les objets qui ont provoqué ce désir perdent tout leur pouvoir attractif. « Les objets des sens... se détournent de l'habitant du corps qui vit dans l'abstinence (1) » Les désirs se meurent faute d'être satisfaits. Le refus catégorique de satisfaire les désirs constitue un des plus puissants moyens de purification.

Il y a un autre moyen qui utilise la force répulsive du désir, de la même façon qu'avait été utilisée la force attractive dans la contemplation de l'idéal. Ce moyen devient utile dans les cas extrêmes, lorsque les désirs sont par trop tumul-

(1) Bhagavad Gita, II, 59.

tueux et indisciplinés, comme pour la gloutonne-
rie, l'ivrognerie, le libertinage. Il arrive parfois
que l'homme est incapable de se débarrasser de
certains désirs mauvais, et malgré tous ses efforts,
son intelligence cède à leur influence irrésistible
et des imaginations malsaines s'emparent de son
cerveau. Mais il peut les conquérir en faisant
semblant de céder à leur attraction, en allant au-
devant des résultats vers lesquels elles doivent
inévitablement le conduire. Il se voit lui-même
tomber de plus en plus bas et devenir l'esclave
absolu de ses passions. Il suit pas à pas, *en imagination,* les différentes phases de sa chute ; il
voit comment son corps devient de plus en plus
grossier et finit par tomber malade. Il contemple
avec horreur ses nerfs atrophiés, les ulcères re-
poussants qui couvrent ses membres, la corrup-
tion hideuse et la ruine finale de ce corps qui fut
un jour plein de santé et de force. Il imagine la
fin déshonorante qui l'attend et se rend compte du
triste legs que sera pour sa famille et ses amis la
honte attachée à son nom. Il se représente par la
pensée la mort et l'Au-delà ; il voit son corps astral malade, image de tous les ravages, de toutes
les altérations causées par ses vices et se représente l'agonie terrible que lui causeront des désirs effrénés impossibles à satisfaire. Résolument

il force sa pensée qui cherche à se dérober, à
s'arrêter sur ce spectacle effrayant du triomphe
des désirs mauvais, jusqu'à ce que naissent en lui
un dégoût irrésistible, une peur et une aversion
intolérables pour les résultats qui se produisent
lorsqu'il cède à leur influence.

Cette méthode de purification ressemble au bis-
touri du chirurgien qui vient couper le cancer
menaçant la vie d'un malade : et comme toutes
les opérations chirurgicales, il faut l'éviter, à
moins qu'il n'y ait plus d'autre moyen de guérison.
Il vaut mieux conquérir les désirs par la force attractive de l'idéal que par la force répulsive de
ce tableau de ruine et de désolation. Mais là où
l'attraction restera impuissante, la répulsion
pourra entrer en jeu avec succès.

Cette méthode présente de plus un danger : en
concentrant ainsi sa pensée sur le mal, l'individu
augmente la quantité de matière grossière dans
son corps des désirs, et la lutte est beaucoup plus
longue que lorsqu'il lui est possible de cultiver
des désirs nobles, des aspirations élevées. Des
deux méthodes, celle-ci est donc la moins désirable, et on ne doit y avoir recours que lorsqu'il
est impossible de pratiquer l'autre.

C'est par l'attraction élevée, par la répulsion,
ou bien par les lents enseignements de la souf-

france que le désir doit être purifié. Ce « devoir »
n'est pas simplement une nécessité imposée par
une déité extérieure ; c'est le commandement im-
périeux du Dieu qui est en nous et qui ne veut
pas se laisser renier. Toutes les forces de la Nature travaillent en harmonie avec cette volonté
pure de la Divinité qui constitue notre Soi, et
c'est ce Soi qui veut que ce qui est noble, que ce
qui est élevé, domine et subjugue toutes choses.

Après cette victoire, les désirs cessent de se
faire sentir. Les objets n'attirent ni ne repoussent
plus, dès lors, les énergies rayonnantes de l'Atmâ,
et ces énergies sont entièrement sous la direction
d'une sagesse qui se détermine elle-même ; c'est-
à-dire que la volonté a pris la place du désir.
Le bien et le mal apparaissent alors comme des
forces divines qui coopèrent à l'œuvre de l'Évolution, l'une aussi nécessaire que l'autre, l'une
n'étant que le complément de l'autre. Le bien est
la force avec laquelle nous devons tous nous
mettre en harmonie ; le mal est la force contre
laquelle nous devons lutter : c'est en nous servant d'une façon raisonnable de ces deux forces,
que nous manifesterons tous les pouvoirs du Soi.

Lorsque le Soi a développé l'aspect sagesse, il
considère d'un même œil l'homme juste et
l'homme méchant, le saint et le pécheur ; il est

prêt à leur venir en aide à tous deux également,
à leur tendre à tous deux sa main compatissante.
Le désir, qui, lui, les considérait selon l'attraction ou la répulsion, comme des objets qui engendrent la joie ou la douleur, a disparu, et la
volonté, c'est-à-dire l'énergie guidée par la sagesse, apporte à propos son aide secourable.
L'homme échappe ainsi à la tyrannie des paires
d'opposés, et repose au sein de la Paix éternelle.

CHAPITRE IV

L'ÉMOTION

§ 1. — NAISSANCE DE L'ÉMOTION

L'émotion n'est pas un état primaire ou simple de la conscience ; c'est un composé formé par l'action mutuelle qu'exercent l'un sur l'autre, deux aspects du Soi — le désir et l'intellect. L'action de l'intellect sur le désir donne naissance à l'émotion, enfant des deux, qui présente quelques-unes des caractéristiques de son père, l'intellect, et aussi de sa mère, le désir.

A un degré d'évolution avancé, l'émotion semble si différente du désir que leur identité fondamentale en est jusqu'à un certain point voilée ; mais nous pouvons nous convaincre de cette identité en suivant le travail de transformation d'un désir en une émotion, ou en les étudiant tous deux simultanément ; nous verrons ainsi qu'ils ont les mêmes caractéristiques, les mêmes divisions, que l'un n'est par le fait qu'une forme élaborée de l'autre, cette élaboration étant due, à la présence dans le dernier, d'éléments intellectuels qui font défaut, ou tout au moins ne sont pas aussi marqués dans le premier.

Suivons, par exemple, la transformation d'un désir en une émotion, dans l'une des relations les plus ordinaires des êtres humains entre eux, les relations des sexes, nous avons là le désir sous l'une de ses formes les plus simples ; le désir pour la nourriture et le désir pour l'union sexuelle sont les deux désirs fondamentaux de tous les êtres vivants — désir de la nourriture afin d'entretenir la vie du corps ; désir de l'union sexuelle afin de multiplier les vies. Dans les deux cas un sentiment *d'augmentation* se fait sentir ; autrement dit, le plaisir apparaît. Le désir pour la nourriture reste, en tant que désir ; la nourriture est appropriée, assimilée, par son identité séparée et devient une partie du *Moi*. Il n'y a pas, entre l'aliment et celui qui le consomme, de relation qui puisse offrir un champ à l'élaboration d'une émotion. Mais il en est tout

autrement dans les relations des sexes, qui tendent à devenir de plus en plus permanentes avec
l'évolution de l'individualité.

Deux sauvages sont attirés l'un vers l'autre
par l'attraction des sexes ; chez chacun d'eux
s'éveille le désir passionné de posséder l'autre,
chacun désire l'autre. Ce désir est aussi simple que
le désir pour la nourriture. Mais il ne peut pas
être satisfait au même degré, car aucun des deux
ne peut s'approprier et s'assimiler l'autre, complètement ; chacun conserve dans une certaine mesure son être séparé et chacun ne devient qu'en
partie le *Moi* de l'autre. Il y a certainement
une extension du *Moi*, mais cette extension se
fait par addition et non par identification. La
présence de cet obstacle persistant est nécessaire
pour que le désir se transforme en émotion. C'est
cette émotion qui rend l'anticipation possible,
et qui fait que la mémoire s'attache à un objet
unique au lieu de passer à un autre objet de
même espèce — comme pour la nourriture. Le
désir continu de s'unir avec un seul et même
objet, devient une émotion, et des pensées se
mêlent au désir initial de posséder. Cet obstacle
qui oblige deux objets, mutuellement attirés l'un
vers l'autre, à rester séparés au lieu de s'unir, qui
les empêche de se fusionner l'un dans l'autre,

immortalise en réalité, bien qu'il paraisse priver
de quelque chose ; si cet obstacle disparaissait,
le désir et l'émotion s'évanouiraient aussi, et il
faudrait que les Deux-en-Un cherchent un autre
objet extérieur pour permettre au plaisir de se
renouveler.

Mais revenons à nos deux sauvages unis par
le désir. La femme tombe malade et pour un
certain temps cesse d'être un objet de gratification des désirs sexuels. Mais l'homme se souvient du passé et prévoit d'avance le plaisir futur, en même temps qu'il ressent de la sympathie et de la compassion pour la faiblesse et la
souffrance de sa compagne. L'attraction persis-
tante qu'il ressent pour elle, et qui est due au
souvenir et à l'anticipation, transforme le désir en
émotion, la passion en amour, dont la sympathie
et la compassion sont les premières manifestations. Il sera amené, par là, à se sacrifier pour elle,
à veiller auprès d'elle pour la soigner lorsqu'il devrait dormir, à travailler à sa place lorsqu'il ai-
merait à prendre lui-même du repos. Ces états
passagers d'émotion d'amour deviendront plus
tard des vertus, c'est-à-dire qu'ils deviendront
une disposition d'esprit permanente qui rendra
l'individu prêt à répondre aux besoins de toutes
les personnes avec lesquelles il entre en contact,

ue ces personnes l'attirent ou non. Nous verrons
lus loin que les vertus ne sont que des états permanents d'une noble émotion.

Cependant, avant de nous occuper des relations
ntre les émotions et les lois morales, il faut que
ous réalisions parfaitement l'identité fondamentale du désir et de l'émotion en notant leurs
aractéristiques et leurs divisions communes.
Tous verrons que les émotions ne sont pas un
abyrinthe impossible à démêler, mais qu'elles
ont toutes partie d'une souche commune,
qu'elles se divisent en deux troncs principaux
qui se subdivisent à leur tour en branches sur
esquelles poussent les feuilles des vertus et des
ices.

Cette idée si précieuse, qui permet d'établir
ne science des émotions, et de constituer un
ode de morale intelligible et rationnel est due
un écrivain hindou, Bhagavân Dâs ; c'est lui
ui, le premier, a apporté la lumière dans cette
gion, jusque là inconnue, de la conscience. Les
udiants en psychologie trouveront dans son
vre *la Science des Émotions*, avec l'exposé de
tte doctrine, un traité très clair, qui fait du
aos des émotions un cosmos parfaitement or-
nné. Les grandes lignes de notre théorie ont
é empruntées à cet ouvrage auquel nous ren-

voyons les lecteurs pour de plus amples détails.

Nous avons vu que le désir se manifeste de deux façons principales : le désir d'attirer un objet afin de le posséder, ou d'entrer en contact avec un objet ayant procuré du plaisir à une époque antérieure ; le désir de repousser un objet afin de l'écarter loin de soi, ou d'éviter d'entrer en contact avec un objet ayant déjà causé de la douleur. Nous avons vu que l'attraction et la répulsion sont les deux formes du désir qui viennent influencer le Soi.

L'émotion, n'étant que le désir allié à l'intellect, présentera inévitablement cette double forme. Cette émotion qui tient de l'attraction, qui attire les objets les uns vers les autres par la force du plaisir, qui est l'énergie intégrante de l'univers, c'est l'amour. Cette émotion qui tient de la répulsion, qui sépare les objets les uns des autres par la douleur, qui est la force désintégrante, c'est la haine. Ce sont là les deux troncs principaux qui partent de la souche du désir, et toutes les branches des émotions prennent naissance sur l'un ou l'autre de ces deux troncs.

Nous voyons là l'identité des caractéristiques du désir et de l'émotion ; l'amour cherche à attirer, ou à poursuivre l'objet de ses désirs, afin de s'unir à lui, de le posséder ou d'être possédé par lui. Par le plaisir, par la joie, il crée des liens comme le désir. Ces liens sont certainement plus durables, plus compliqués et formés de fils plus nombreux, plus délicats, plus finement tissés ; mais l'essence du désir-attraction — le lien qui rattache deux objets l'un à l'autre — est aussi l'essence de l'émotion-attraction, l'amour. La haine cherche, de la même façon, à rejeter loin d'elle l'objet de sa répulsion, afin d'en être séparé, de le repousser ou d'être repoussée par lui. Et l'essence du désir-répulsion est aussi l'essence de l'émotion-répulsion, la haine. L'amour et la haine ne sont que des formes élaborées, mêlées de pensées, du désir pur et simple de posséder ou de fuir un objet.

§ 2. — RÔLE DE L'ÉMOTION DANS LA FAMILLE

On a dit de l'homme qu'il est un « animal social » — une expression biologique par laquelle on veut nous faire comprendre qu'il se développe mieux lorsqu'il est en contact avec ses semblables que lorsqu'il est isolé. Ses facultés purement intellectuelles ont besoin pour évoluer d'un milieu social, et les plus grandes joies — et par conséquent aussi les plus grandes douleurs — que l'individu puisse ressentir, résultent de ses rapports avec ses semblables. Seuls ces rapports avec les autres pourront éveiller en lui les réponses dont dépend toute son évolution ultérieure. Toute l'évolution, toute la mise en valeur de ses pouvoirs latents dépend de sa réponse aux influences de l'extérieur, et lorsque le stade humain est atteint, le contact avec d'autres êtres humains peut seul donner naissance à des influences plus sensibles et plus effectives.

L'attraction des sexes constitue le premier lien social ; les enfants qui naissent de l'homme et de la femme forment avec leurs parents la première unité sociale : la famille. L'impuissance prolongée des jeunes enfants, leur dépendance vis-à-vis de leurs parents, permet à la passion physique de se transformer en amour maternel et paternel, et resserre les liens de la famille, tandis que celle-ci offre un champ libre à l'action des différentes émotions. Ainsi se trouvent établies des relations définies et permanentes entre êtres humains ; et c'est de l'harmonie de ces relations et des avantages qui en résultent pour chaque membre de la famille, que dépend le bonheur de chacun.

Nous pourrons étudier avec profit l'œuvre de l'Emotion dans la famille, car nous avons en elle

une unité sociale relativement simple qui offre
cependant une image en miniature de la société
dans son ensemble. Nous y trouvons l'origine et
l'évolution des vertus et des vices et nous voyons
ainsi la signification et le but de la moralité.

Nous avons déjà vu comment évolue la passion
sexuelle, comment, sous l'influence des circonstances elle se transforme en émotion d'amour, e
comment cet amour devient de la tendresse et de
la compassion lorsque la femme, au lieu d'être
l'égale de l'homme, dépend de lui, lorsqu'une infériorité physique, comme la grossesse par
exemple, la réduit pour un certain temps à l'impuissance. Par contre, qu'une maladie ou un
accident quelconque s'abatte sur le mari et le
condamne à une infériorité physique temporaire,
toute la tendresse et la compassion de sa femme
iront à lui. Mais le plus fort ne saurait témoigner
de l'amour au plus faible sans éveiller en lui une
réponse; le plus faible répondra naturellement à
ce témoignage de tendresse, par la confiance, la
foi, la gratitude, toutes émotions d'amour
montrant le sentiment de sa faiblesse, de son infériorité. Dans les rapports entre parents et enfants, ou entre enfants et parents, la supériorité
ou l'infériorité physique étant bien plus marquée
et durable, ces émotions d'amour se manifesteront

continuellement de part et d'autre. Les parents
feront, à tout moment, preuve de tendresse, de
compassion, de protection envers leurs enfants,
et ceux-ci répondront à ces sentiments par une
confiance, une foi, une gratitude constantes.
Sous l'influence de circonstances variées, ces
manifestations de l'émotion-amour changeront
d'aspect; ce sera du côté des parents, la géné-
rosité, le pardon, la patience, etc. ; du côté des
enfants, l'obéissance, le respect, l'obligeance, etc.
Si nous examinons ces deux sortes d'émotions
d'amour, nous voyons que l'essence de l'une est
la bienveillance, et l'essence de l'autre le respect ;
la première est l'amour qui laisse tomber son re-
gard sur ceux qui sont plus faibles que lui, qui
lui sont inférieurs; l'autre est l'amour qui regarde en haut, vers ceux qui sont plus forts que
lui, qui sont supérieurs à lui. On peut donc dire
d'une façon générale que : l'amour qui se déverse vers le bas est la bienveillance, l'amour qui
tend vers le haut est le respect ; ce sont là les
différentes caractéristiques que l'on rencontre
toujours dans l'amour de supérieur à inférieur
ou d'inférieur à supérieur.

Les relations ordinaires entre mari et femme,
entre frères et sœurs, offrent un champ à l'étude
des manifestations de l'amour entre égaux. Nous

voyons l'amour prendre la forme de tendresse, de confiance mutuelle, de respect, de divination des désirs de ceux qui nous entourent, et des efforts que nous faisons pour les satisfaire, de magnanimité, de patience. Nous retrouvons ici les mêmes éléments que dans les émotions d'amour de supérieur à inférieur, mais empreints d'un sentiment de mutualité. Nous pouvons donc dire que la caractéristique de l'amour entre égaux est le désir d'aide mutuelle.

La bienveillance, le désir d'aide mutuelle et le respect sont donc les trois grandes divisions de l'émotion-amour et toutes les émotions de ce genre pourront y prendre place, car toutes les relations des êtres humains entre eux se trouvent résumées dans ces trois grandes divisions : relations entre supérieurs et inférieurs, relations entre égaux, relations entre inférieurs et supérieurs.

Si nous étudions de la même façon l'émotion-haine, nous verrons que dans la famille les résultats sont les mêmes. S'il y a de la haine entre l'homme et la femme, celui des deux qui pour le moment est le supérieur fera preuve de dureté, de cruauté, de tyrannie envers son inférieur qui, lui, répondra à ces sentiments par des manifestations de haine caractéristiques de la faiblesse, comme l'hostilité, la crainte, la perfidie. Ces sentiments seront encore plus apparents entre parents et enfants, lorsque des deux côtés l'émotion-haine domine, car la différence est beaucoup plus marquée dans ce cas, et la tyrannie produit une véritable abondance d'émotions malsaines— fourberie, servilité, lâcheté, tant que l'enfant est impuissant, et qui tournent plus tard en révolte et en désir de vengeance. Là encore, en cherchant une caractéristique commune, nous trouvons que la haine dirigée de haut en bas devient le mépris, et de bas en haut la crainte.

De même la haine entre époux se montrera sous forme de colère, de désaccord, de manque de respect, de violence, d'hostilité, de jalousie, d'insolence, etc., émotions qui séparent les individus, et qui, lorsqu'ils sont en face l'un de l'autre, font naître en eux une rivalité mutuelle qui les empêche de marcher la main dans la main. La caractéristique de la haine entre égaux est donc le préjugé mutuel ; et les trois caractéristiques de l'émotion-haine sont le mépris, le désir de préjugé mutuel et la crainte.

L'amour est caractérisé dans toutes ses manifestations par la sympathie, le sacrifice de soi-même, le désir de donner ; ce sont là ses éléments essentiels, qu'il s'offre à nous sous forme de bienveillance, de désir d'aide mutuelle ou de respect. Car toutes ces différentes manifestations sont nécessaires à l'attraction ; elles favorisent l'union et sont la nature de l'amour même. L'amour tient donc de l'Esprit, car la sympathie consiste à « ressentir pour les autres comme pour nous-mêmes » ; le sacrifice est ce sentiment qui fait que nous considérons les prétentions des autres comme si elles étaient les nôtres ; et l'acte de donner est une des conditions de la vie spirituelle. Nous voyons ainsi que l'amour vient de l'Esprit, le côté Vie de l'univers.

La haine, par contre, est caractérisée dans toutes ses manifestations par l'antipathie, l'exaltation de soi-même, le désir de prendre ; ce sont là ses éléments essentiels, qu'elle se manifeste sous forme de mépris, de désir, de préjugé mutuel ou de crainte. Ces manifestations favorisent directement la répulsion, la séparation. La haine tient donc de la matière ; elle accentue la diversité, les différences ; elle est essentiellement séparative et appartient au côté forme de la Nature.

Nous avons jusqu'ici étudié l'œuvre de l'émotion dans la famille, car la famille nous offre une image en miniature de la Société. La Société n'est que le groupement d'un grand nombre d'unités de familles : mais comme il n'existe pas de liens du sang entre toutes ces unités diffé-

rentes, comme il n'y a pas entre elles d'intérêts
ni de but communs, il devient nécessaire de
trouver un lien quelconque qui prendra la place
des liens de famille. Les unités de familles dans
la Société semblent plutôt être des rivales que des
frères et des sœurs : c'est pourquoi l'émotion-
haine.a plus de chances d'y régner que l'émotion-amour ; il est donc nécessaire de trouver un
moyen de maintenir l'harmonie entre les individus. Ce moyen, la transmutation des émotions
d'amour en vertu nous le donnera.

§ 3. — Naissance des Vertus

Nous avons vu que lorsque des membres pro-
ches d'une famille viennent à sortir du cercle
étroit des leurs, et se rencontrent avec des individus dont les intérêts sont différents des leurs,
ou opposés aux leurs, il n'y a aucun échange
mutuel d'amour. C'est plutôt la haine qui se
montre, allant de la simple attitude méfiante
qu'engendre le soupçon jusqu'à la furie destructive de la guerre. Comment, dans ce cas, une société peut-elle être composée d'unités, de familles
séparées ?

Ceci n'est possible que si les émotions qui naissent de l'amour deviennent chez les individus un état d'âme permanent, si les émotions engendrées par la haine sont absolument détruites. Une émotion d'amour envers un être vivant, devenue une disqosition d'esprit continuelle, se transforme en une vertu et uue émotion de haine incessante, devient un vice. Cette transformation est opérée par l'intellect qui donne à l'émotion un caractère permanent, et cherche à créer l'harmonie dans toutes les relations entre individus, afin de procurer le bonheur. Ce qui conduit à l'harmonie, et par conséquent au bonheur dans la famille, c'est la vertu, ce sentiment spontané qui naît de l'amour, lorsque cette vertu s'étend à tous les êtres, dans toutes les circonstances de la vie. La vertu naît de l'amour et son résultat est le bonheur. Par contre, le vice qui naît spontanément de la haine conduit au désaccord et, par conséquent, à la misère dans la famille, lorsqu'il s'étend à tous les êtres, dans toutes les circonstances de la vie.

Cette théorie — qu'une émotion d'amour devient un état d'esprit permanent — a donné lieu à une objection. On dit que l'adultère, le vol, et d'autres vices peuvent naître de l'émotion-amour. Il faut analyser les éléments qui composent l'attitude mentale dans ce cas. Cette attitude est tout

à fait complexe. L'adultère a certainement l'amour
pour motif, mais pas l'amour seul. Il y entre aussi
un certain mépris pour l'honneur du prochain,
de l'indifférence pour son bonheur, la recherche
égoïste du plaisir personnel aux dépens de l'harmonie, de l'honneur, des convenances sociales.
Tout cela résulte des émotions de haine. Le seul
sentiment qui puisse atténuer la faute, c'est
l'amour, unique vertu au milieu de tous ces vices
méprisables. Nous voyons ainsi que lorsqu'une
émotion d'amour prend une mauvaise direction,
le tort est tout entier aux vices qui accompagnent
la manifestation de cette émotion, et non à l'émotion d'amour elle-même.

§ 4. — LE BIEN ET LE MAL

Considérons un instant la question du bien
et du mal et voyons quels rapports il y a entre
ces deux choses et la félicité et le malheur. On
pense souvent que c'est faire preuve d'un maté-
rialisme peu élevé que de considérer la vertu
comme un moyen de parvenir au bonheur.
Beaucoup de gens se figurent que cette manière
de voir rabaisse la vertu et la relègue au second
rang, tandis que c'est la première place qu'elle

devrait occuper, et disent qu'elle fait de la vertu un moyen et non un but. Voyons comment la vertu peut conduire au bonheur, et comment cette vertu est inhérente à la nature même des choses.

Lorsque l'intellect se porte sur le monde extérieur, qu'il voit les relations innombrables de toutes les choses entre elles, qu'il se rend compte que les relations harmonieuses apportent le bonheur, et que les relations discordantes engendrent la misère, il cherche le moyen d'établir une harmonie universelle afin d'arriver au bonheur universel. Il se rend compte que l'humanité suit un chemin qui lui est inévitablement tracé et découvre ainsi la loi de l'Évolution. Pour chaque entité séparée, pour chaque unité, travailler en harmonie avec la loi du grand Tout dont elle fait partie, signifie paix, harmonie et par conséquent bonheur. Tandis qu'agir à l'encontre de la loi, c'est engendrer les frottements, la discorde, la misère. Le bien est donc ce qui, par son harmonie avec la grande loi, [apporte le bonheur ; le mal est ce qui engendre le malheur par son désaccord avec la loi. Lorsque l'intellect, illuminé par l'Esprit, verra dans la Nature une expression de la Pensée divine, dans la loi de l'Évolution une expression de la Volonté divine, dans le but de cette

Évolution, une expression de la félicité divine,
nous pourrons remplacer harmonie avec la loi de
l'évolution par harmonie avec la volonté divine,
et le bien sera ce qui est en harmonie avec la volonté de Dieu, et la morale deviendra une vraie
religion.

§ 5. — LA VERTU ET LE BONHEUR

La perfection, l'harmonie avec la volonté divine est inséparable du bonheur. La vertu est
le chemin qui conduit au bonheur, et tout ce qui
ne mène pas au bonheur ne saurait être la vertu.
La perfection de la Nature divine se manifeste par
l'harmonie, et lorsque les *fragments divins*
éparpillés dans l'univers, atteignent à l'harmonie,
ils goûtent une félicité sans mélange. Cette idée
se trouve souvent voilée par le fait que la pratique de la vertu conduit dans certains cas à la
misère. Cela est vrai, mais cette misère n'est que
temporaire et superficielle, et le contraste entre
la misère extérieure et la félicité intérieure qui
résulte d'une conduite vertueuse prêche plutôt en
faveur de cette dernière ; de plus, cette misère
n'est pas due à la vertu elle-même, mais bien
aux circonstances qui s'opposent à sa pratique,

au frottement qui se produit entre un organisme parfait et un entourage défectueux. Si vous faites vibrer une corde harmonique au milieu d'un ensemble de fausses notes, la dissonance sera amplifiée pendant un instant. L'homme vertueux entre en lutte avec le mal ; mais ceci ne devrait pas nous faire perdre de vue que la félicité est toujours indissolublement liée au bien et la misère au mal. Même si l'homme de bien souffre parfois, il n'en est pas moins vrai que seule la justice peut nous conduire au bonheur. Et si nous examinons la conscience de l'homme juste, nous verrons qu'il est plus heureux en faisant le bien, même s'il en résulte pour lui une souffrance superficielle, qu'en faisant le mal, ce qui détruirait la paix intérieure. En commettant une mauvaise action, il ressent une douleur intérieure qui dépasse de beaucoup le plaisir extérieur. Même lorsqu'en agissant selon la justice il a à souffrir extérieurement, cette douleur lui est moins sensible que celle qu'il ressentirait en agissant injustement. Miss Helen Taylor a bien exprimé cette idée, lorsqu'elle nous dit que, pour l'homme qui meurt pour la vérité, la mort est plus douce qu'une vie de mensonges. Il est plus doux et plus facile à l'homme juste de mourir en martyr que de vivre en hypocrite,

Comme la nature du Soi est la félicité, et que la manifestation de cette félicité n'est empêchée que par des circonstances qui s'opposent à elle, ce qui fera disparaître ce frottement et ouvrira le chemin à cette manifestation, amènera la réalisation du Divin en soi, par conséquent la réalisation de la félicité. Là où la nature intime des choses est paix et joie, l'harmonie qui permettra à cette nature de se manifester, apportera avec elle la paix et la joie, et l'œuvre de la vertu est de donner naissance à cette harmonie.

§ 6. — Transmutation des Émotions en Vertus et en Vices

Cherchons maintenant à approfondir la véracité de ce qui a été dit plus haut : que la vertu naît des émotions, et voyons jusqu'à quel point il est exact de dire qu'une vertu ou un vice n'est que l'état permanent d'une émotion. Dans notre définition, nous avons dit que la vertu est un état permanent de l'émotion-amour, et le vice un état permanent de l'émotion-haine.

Les émotions d'amour forment des énergies constructives qui, en attirant les individus les uns vers les autres, donnent naissance à la fa-

mille, la tribu, la nation. L'amour est une manifestation de l'attraction, il unit les objets entre
eux. Ce travail de construction commence par la
famille, et les relations qui s'établissent entre ses
différents membres dans la vie commune, impliquent des efforts de la part de chacun pour être
doux et serviable envers les autres, s'ils aspirent
tant soi peu au bonheur. Les obligations nécessaires au bonheur dans les relations entre individus, constituent le devoir, ce que chacun doit
aux autres. Si chaque membre de famille ne s'acquitte pas de ses devoirs envers les autres, les relations familiales deviennent une source de souffrance, car, dans le contact intime des membres
entre eux, le bonheur de chacun dépend de la
façon dont il est traité par les autres. Il ne peut
exister entre êtres humains de relations qui ne
créent une obligation, un devoir réciproque. Le
mari aime sa femme, la femme aime son mari,
et pour que chacun cherche à procurer le bonheur à l'autre, il suffit de ce désir spontané, intense, de rendre heureuse la personne aimée.
C'est ce désir qui pousse celui qui est capable de
donner, à procurer à l'autre ce qui lui manque.
Dans son sens le plus large : « l'amour est l'accomplissement de la loi » (1) ; le sentiment d'une

(1) Ép. aux Rom., XIII, 10.

obligation est inutile, car l'amour cherche toujours à aider, à donner le bonheur, et il n'est
pas nécessaire de lui dire « tu feras ceci » ou « tu
ne feras pas cela ».

Mais si une personne, poussée par son amour à
s'acquitter de tous les devoirs qui lui incombent
dans ses rapports avec tous ceux qui l'entourent,
entre en contact avec des personnes qu'elle
n'aime pas, comment des relations harmonieuses
pourront-elles s'établir entre elle et ces personnes?
Simplement en reconnaisssant les obligations
qu'impliquent les relations qu'elle vient de créer,
et en s'acquittant de ces devoirs. Ce que, dans
le cas précédent, elle accomplissait par amour
devient l'obligation, le devoir, maintenant que
l'amour est absent. La raison fait des actes spon-
tanés d'amour des obligations durables, des devoirs, et l'émotion-amour, devenant un élément
permanent dans la conduite, prend le nom de
vertu. Voilà donc justifiée notre théorie que la
vertu est un état permanent de l'émotion-
amour. L'émotion devient un état d'esprit permanent, et se manifestera dans tous les rapports
entre individus ; l'homme qui s'acquitte des obligations que lui créent ces rapports, est un
homme vertueux. Il est guidé dans ses actions
par des émotions que son intelligence a rendues

permanentes, cette intelligence ayant reconnu
que le bonheur dépend de l'harmonie dans toutes
les relations. L'amour, rendu raisonnable et
stable par l'intelligence, devient la vertu.

Nous pourrions ainsi créer une science de morale, une science dont les lois s'enchaîneraient
les unes les autres, aussi sûrement que celles sur
lesquelles repose n'importe quelle autre science.

Il y a une relation du même genre entre l'émotion haine et les vices. L'état permanent de l'émotion-haine constitue le vice. Une personne cause
un préjudice quelconque à une autre personne ;
celle-ci le lui rend ; la relation qui s'établit entre
elles est discordante et engendre la souffrance.
Et comme chacune s'attend à un préjudice quelconque de la part de l'autre, chacune cherche à
enlever à son adversaire une partie de son pouvoir de nuire ; cela constitue un acte spontané de
haine. Lorsque cet état d'esprit devient permanent et que l'individu le manifeste chaque fois
que dans ses relations avec les autres l'occasion
se présente de le faire, cet état d'esprit devient
un vice. Un homme aux passions indomptables,
d'une nature peu développée, frappe un de ses
semblables — expression spontanée de haine, —
il répète cet acte fréquemment, de telle sorte
que cela devient chez lui une habitude, lorsqu'il

est en colère. Il cause de la douleur à celui qu'il frappe, et prend plaisir à le faire. Il développe ainsi en lui le vice de la cruauté, et s'il rencontre un enfant ou une personne plus faible que lui, il manifestera cette cruauté, simplement parce qu'il se trouve entrer en relations avec eux. Tout comme l'émotion-amour, guidée et rendue permanente par une raison éclairée devient la vertu, de même l'émotion-haine, guidée et rendue permanente par une raison aveugle et déséquilibrée, devient le vice.

§ 7. — Application de cette théorie a la Conduite

Lorsqu'on se rend compte ainsi de la nature du vice et de la vertu, il est facile de comprendre que le moyen le plus efficace de cultiver les vertus et d'éliminer les vices est d'agir directement sur le côté émotionnel du caractère. Nous pouvons faire tous nos efforts pour développer en nous l'émotion-amour et fournir ainsi à la raison le matériel dont elle fera, en l'élaborant, des vertus caractéristiques. Ce développement de l'émotion-amour est le moyen le plus efficace pour améliorer notre caractère moral, car les vertus ne sont que les fleurs et les fruits de l'arbre de l'amour.

Nous nous rendrons compte combien il est nécessaire de comprendre cette transmutation des émotions en vertus et en vices, lorsque nous saurons que, par là, nous aurons une théorie qui pourra servir de base à nos actions ; c'est comme si nous voulions trouver une contrée éloignée et qu'on nous mette une carte sous les yeux, nous suivrions sur cette carte le chemin qui nous conduirait du point que nous occupons actuellement à l'endroit cherché. Il y a tant de personnes réellement bonnes et pleines d'ardeur qui perdent des années à aspirer vaguement à la bonté et qui cependant font peu de progrès ; elles sont pleines de bonne volonté, mais trop faibles pour atteindre le but. Cela tient surtout à ce qu'elles ne comprennent pas leur propre nature et les méthodes qui conviennent le mieux à son développement. Elles ressemblent à un jeune enfant au milieu d'un jardin, brûlant du désir de voir ce jardin rempli de belles fleurs, mais n'ayant aucune idée de la façon de planter et de cultiver ces fleurs, et de détruire les mauvaises herbes qui envahissent tout. Comme l'enfant, elles aspirent aux doux parfums des fleurs de la vertu, et voient leur jardin envahi par les mauvaises herbes et les ronces du vice.

§ 8. — UTILITÉ DES ÉMOTIONS

L'utilité de l'émotion-amour est si évidente qu'il semble à peine nécessaire de s'y arrêter ; et cependant on ne saurait trop souvent répéter que l'amour est la force édificatrice dans l'univers. Après avoir rassemblé les unités de famille, il les réunit en unités de tribus, de nations, et c'est d'elles que naîtra plus tard la grande Fraternité des hommes. Il ne faut pas oublier non plus que les unités plus petites font apparaître le pouvoir de l'amour et favorisent sa manifestation plus complète. Leur but est d'appeler à la manifestation le pouvoir divin de l'amour caché au sein de l'Esprit, en lui procurant les objets qui se trouvent à sa portée et vers lesquels il est attiré. L'amour ne saurait rester enfermé dans ces limites étroites ; à mesure qu'il devient plus fort par la pratique, il s'étend, s'élargit jusqu'à embrasser dans son étreinte tous les êtres vivants. La loi de l'amour pourrait se formuler ainsi : « Considère chaque personne âgée comme ton père et ta mère ; regarde toute personne de ton âge éomme ton frère ou ta sœur, et, toute personne plus jeune que toi comme ton enfant. » Toutes les relations entre les êtres humains sont résumées dans ce commandement. Si tous voulaient obéir à cette loi dans son intégrité, notre terre deviendrait un paradis, et c'est dans ce but que la famille a été constituée.

Que l'homme qui aspire à élargir ses relations d'amour considère le bien-être de la communauté à laquelle il appartient comme s'il s'agissait de sa propre famille. Qu'il cherche à travailler pour le bien général de cette communauté avec la même énergie, le même intérêt que s'il s'agissait de sa propre famille. Par la suite il étendra son intérêt, son affection, son travail, à la nation entière. C'est là qu'apparaîtra alors cette grande vertu, l'esprit public, sûr précurseur de la prospérité de la nation. Plus tard son amour s'étendra à l'humanité tout entière, et il travaillera pour elle, et finalement il embrassera dans son amour tous les êtres vivants et il deviendra l'ami de toutes les créatures.

Rares sont ceux qui, au stade actuel de l'évolution, se sentent réellement capables d'aimer l'humanité tout entière. Beaucoup parlent d'aimer tous les hommes et ne sont même pas prêts à faire le moindre sacrifice pour aider un de leurs frères, une de leurs sœurs dans le besoin. Celui qui veut aimer l'humanité entière ne doit pas se désintéresser des êtres qui sont à sa porte, ou bien, en imagination, arroser de sa sentimentale sympathie un jardin de fleurs plus ou moins lointain, tandis que les fleurs qui sont au seuil de sa maison meurent de soif.

L'utilité de la haine n'est peut-être pas aussi évidente à première vue ; mais elle n'en est pas moins très importante. Au premier abord, lorsque nous examinons la haine et que nous voyons que sa nature intime est désintégration, destruction, nous sommes portés à la croire essentiellement mauvaise. « Celui qui hait son frère est un meurtrier », a dit un grand Instructeur (1), car le meurtre n'est qu'une manifestation de la haine, et même si cette haine ne va pas jusqu'au meurtre, elle n'en est pas moins une force destructive ; elle désorganise la famille, ruine la nation et partout où elle passe sépare les êtres les uns des autres. Quelle peut donc être l'utilité de la haine ?

D'abord elle éloigne les uns des autres des éléments anormaux, qui ne peuvent se combiner, et empêche ainsi tout frottement. S'il s'agit d'individus peu développés qui ne peuvent s'accorder, il vaut mieux pour eux qu'ils restent séparés et que chacun suive son chemin dans l'évolution,

(1) Saint Jean, I, II, 13.

plutôt que de rester en contact avec l'autre et de
favoriser ainsi la naissance d'émotions malsaines.
De plus, la répulsion qu'une personne ordinaire
ressent pour un être malfaisant, est utile, tant
que cet être a le pouvoir de faire perdre à cette
personne le bon chemin, car elle la préserve
d'une influence dont elle pourrait devenir la victime. Le mépris vis à-vis du menteur, de l'hypocrite, de l'homme cruel pour les êtres faibles, est
une émotion utile à celui qui la ressent et en
même temps à celui qui en est l'objet ; elle tend
à empêcher le premier de succomber à ses défauts, et provoque chez la personne, objet de ce
mépris, un sentiment de honte qui pourra
l'arracher au vice dont elle est la proie. Tant
qu'une personne a en elle une tendance à commettre une faute quelconque, la haine envers
ceux qui la commettent lui sera utile et la protégera.

Par la suite, avec le progrès de l'évolution,
elle apprendra à faire une distinction entre le
mal et celui qui en est l'auteur ; elle ressentira
de la pitié pour celui qui le fait et toute sa haine
se tournera contre le mal seul. Plus tard encore,
forte de sa vertu, elle ne haïra plus ni le mal ni
celui qui le fait ; calme et sereine, elle ne verra là
qu'un stade d'évolution inférieur et cherchera par

des moyens appropriés à en faire sortir son frère
plus jeune. « Noble indignation », « souverain
mépris », « juste colère », sont des expressions
qui montrent toute l'utilité de ces émotions, tout
en cachant au profane qu'elles sont essentiellement des formes de la haine — la haine étant
considérée comme une chose mauvaise en soi.
Elles n'en sont pas moins des formes de la haine,
quelque soit le nom qu'on leur donne ; mais elles
jouent un rôle important dans l'évolution et les
tempêtes qu'elles provoquent purifient l'atmosphère sociale. L'intolérance à l'égard du mal
vaut beaucoup mieux que l'indifférence. Tant
qu'un homme n'est pas complètement à l'abri
d'une tentation mauvaise quelconque, l'intolérance qu'il professe à l'égard de ceux qui en sont
victimes sera pour lui une sauvegarde nécessaire.

Prenons comme exemple le cas d'un homme
peu évolué ; il cherche à éviter de commettre des
fautes grossières, et cependant il cède à la tentation. Le désir d'éviter ces fautes se montre en lui
sous forme de haine envers ceux qui en sont victimes ; supprimer cette haine n'aurait pour résultat que de le faire succomber à des tentations
auxquelles ses forces ne lui permettraient pas de
résister. A mesure qu'il évolue et qu'il se met de

plus en plus hors de portée de ces tentations, il hait le péché, mais ressent une sympathie mêlée de pitié pour ceux qui y succombent. Mais ce n'est que lorsqu'il sera devenu un saint, qu'il sera capable de ne plus haïr le mal.

Lorsque nous ressentons de la répulsion pour une personne, nous pouvons être certain qu'il reste en nous quelques traces de ce qui nous déplaît en elle. L'Ego, sentant le danger, retire ses véhicules. Un homme sobre ressent moins de répulsion pour l'ivrogne que l'homme qui, tout en étant sobre, se livre parfois à des excès. La femme absolument pure ne ressent aucune répulsion pour sa sœur tombée dans le péché, tandis qu'une femme moins pure s'écarte d'elle avec dégoût. Lorsque nous aurons atteint à la perfection, nous aimerons le pécheur autant que le saint, et même nous montrerons peut-être plus d'amour pour lui, car le saint est capable de se soutenir par ses propres forces, tandis que le pécheur succombera s'il n'a pas l'amour des autres pour lui venir en aide.

Lorsque l'homme a atteint un point où il ne hait plus ni le péché, ni le pécheur, la force destructive — la haine parmi les hommes — devient simplement une énergie qui servira à détruire les obstacles barrant le sentier de l'évolution. Ce

n'est que lorsque la sagesse parfaite guide les
énergies constructives et destructives et que
l'amour parfait en est le moteur que l'homme
peut se servir de la force destructive sans courir
le risque de tomber dans le péché originel du
sentiment de la séparativité. Nous sentir nous-
mêmes différents de ceux qui nous entourent,
voilà la *grande hérésie* ; car lorsque la totalité
des êtres évolue vers l'unité, l'esprit de séparation devient un obstacle à la Loi. Ce sentiment
est essentiellement erroné, qu'il nous pousse
à nous considérer nous-mêmes comme meilleurs
que les autres ou comme plus mauvais qu'eux.
Le saint s'identifie aussi bien avec le criminel
qu'avec le saint, car saint et criminel sont divins tous deux, bien qu'à des degrés d'évolution différents. Lorsque l'homme atteint à cette
conscience, il est bien près de vivre *le Christ
en lui*. Il ne se considère pas comme un être
séparé des autres, mais comme ne faisant
qu'un avec tous les êtres. Pour lui sa sainteté
est la sainteté de l'humanité tout entière, et le
péché de n'importe qui est son péché à lui aussi.
Il ne met aucune barrière entre lui et le pécheur ;
au contraire il renverse tous les obstacles que celui-ci a pu bâtir ; il prend part à la souffrance du
pécheur et partage avec lui tout ce qu'il possède.

Ceux qui sentent toute la vérité contenue dans cette incitation à la perfection devraient chercher à la mettre en pratique dans la vie de tous les jours. Lorsqu'ils ont affaire à des êtres moins avancés qu'eux, qu'ils cherchent à aplanir tous les obstacles qui s'élèvent entre eux et lui. Car le sentiment de la séparation est subtil, et persiste en nous jusqu'au moment où nous sommes devenus des Christs. Mais, par nos efforts, nous pouvons le faire disparaître. Chercher à nous identifier nous-mêmes avec ce qui nous est inférieur, c'est manifester cette énergie édificatrice qui unit les mondes entre eux, c'est faire de nous-mêmes des canaux par lesquels pourra se déverser l'amour divin.

CHAPITRE V

L'ÉMOTION (*suite*)

§ 1. — ÉDUCATION DES ÉMOTIONS

L'émotion, comme nous l'avons vu, est le pouvoir moteur dans l'homme ; elle stimule la pensée et engendre l'action : elle est à l'homme ce que la vapeur est à la locomotive ; sans elle il serait inerte, passif. Cependant, grand est le nombre de ceux qui sont continuellement le jouet de leurs émotions, qui, sous leur influence, sont jetés de côté et d'autre comme un bateau sans gouvernail ballotté par l'ouragan, qui sont soulevés, pour retomber ensuite, par des vagues de sensation, de plaisir ou de douleur, qui sont tour à tour la proie de la joie la plus grande et du désespoir le plus affreux. Ces personnes sont emportées, subjuguées par leurs émotions, continuellement tourmentées par leur lutte. Les facultés intérieures de ces personnes sont plus ou moins à l'état de chaos, et leurs actions à l'extérieur sont sans aucun ordre, influencées qu'elles sont par l'excitation du moment ; elles n'ont aucune considération pour les circonstances extérieures, et cependant si elles réfléchissaient elles pourraient donner à leurs actions une direction plus rationnelle. Ce sont souvent de très bonnes personnes, inspirées par des motifs généreux, désireuses de faire le bien, pleines de sympathie pour la souffrance des autres, et brûlant du désir de la soulager, et n'hésitant pas à agir rapidement lorsqu'il s'agit de venir en aide à celui qui est dans le besoin.

Nous ne voulons pas parler ici de la personne indifférente ou cruelle, mais de celle qui est poussée invinciblement par ses émotions à agir avant d'avoir pris le temps d'examiner les conditions dans lesquelles elle se trouve, ou de voir plus loin que son désir de soulager immédiatement la souffrance. Bien que ce soit le désir d'aider qui la pousse, bien que l'émotion qui la stimule soit de la sympathie et un désir intense de soulager la souffrance des autres, cette personne fera souvent plus de mal que de bien par son manque de réflexion dans ses actions. L'émotion qui la pousse à agir émane du côté-amour de sa nature, de ce sentiment qui attire les êtres les uns vers les autres et forme la base des vertus édificatrices et préservatrices, et c'est en cela même que réside tout le danger d'un tel caractère. Si son émotion avait eu le mal à sa base, cette personne aurait été la première à la rejeter; mais comme elle prend sa source dans l'émotion-amour, d'où naissent toutes les vertus sociales, elle ne cherche même pas à la contrôler.

« J'éprouve tellement de sympathie pour les autres », dira-t-elle; « la souffrance m'émeut tellement! Je ne puis pas supporter la vue de la misère! » Toutes ces expressions impliquent une certaine louange de soi-même, bien que le ton général semble montrer plutôt de la dépréciation. La sympathie est certainement très belle en tant que sympathie; mais lorsqu'elle est mal employée elle est très souvent plus mauvaise qu'utile. Parfois même elle cause du préjudice à l'objet de son attention et le laisse plus malheureux qu'auparavant. On ne voit que trop souvent des gens employer des moyens de soulagement qui sont loin d'être raisonnables et qui n'ont d'autre but que d'éviter de la peine

à celui qui sympathise, plutôt que d'aider celui
qui souffre. On cherche à éviter, au prix d'un
mal durable, une angoisse passagère, simplement
— bien qu'on ne l'avoue pas ouvertement —
pour épargner de la douleur à son entourage.
La réaction de sympathie qui se fait sentir
chez la personne qui est l'objet de notre sympathie est certainement à considérer, car elle
intensifie l'émotion-amour, mais son action sur
les autres est trop souvent mauvaise, faute
d'équilibre dans la pensée. Il est très facile de
remplir l'air de nos lamentations à la vue de la
souffrance, et de mettre ciel et terre en mouvement ; mais il est plus difficile de nous arrêter
pour examiner la cause du mal, trouver le moyen
de le guérir et appliquer un remède qui soulage
la souffrance au lieu de la faire durer. Une saine
raison doit gouverner et diriger nos émotions si
nous voulons qu'elles portent des fruits. Il faut
que l'émotion donne l'impulsion à l'action, mais
il ne faut pas qu'elle la dirige, car cette tâche
appartient à l'intelligence, qui ne devrait jamais
être privée de cette prérogative. L'homme, chez
lequel la conscience agit avec une émotion puissante comme agent moteur et une raison éclairée
comme directeur, est un sage, un homme utile
à sa race.

On a comparé avec raison les désirs à des chevaux attelés au corps de l'homme ; ils prennent
leur source dans les émotions. Lorsque ces émotions sont incontrôlables, les désirs sont comme
des chevaux fougueux, indomptables, qui mettent
en péril la voiture et son conducteur. Les rênes
ont été comparés à l'intelligence ; selon les besoins elles retiennent ou laissent aller les chevaux. Nous avons là une image frappante de la
relation entre l'émotion, l'intelligence et l'action.
L'émotion donne le mouvement, l'intelligence
contrôle et guide, et le Soi emploie l'activité pour
son plus grand avantage, car il gouverne les émotions au lieu d'en être le jouet.

Avec le développement de cet aspect de la
conscience qui se présentera sous la forme de
Bouddhi dans la sixième sous-Race, et à un degré
plus haut encore dans la sixième Race-mère, la
nature émotionnelle évolue rapidement chez
certains individus appartenant à l'élite de la
cinquième race, et souvent ce développement
est accompagné pendant un certain temps de
symptômes curieux et même inquiétants. Avec
le progrès de l'évolution, ces symptômes dispa-
raîtront et le caractère s'équilibrera et deviendra
plus fort, plus sage, plus généreux ; mais les individus qui se développeront trop rapidement

auront une existence pleine de désagréments, malheureuse même ; elles auront à souffrir beaucoup et longtemps. Cependant, c'est à ces souffrances qu'elles devront leur puissance future et leur purification présente, et la grandeur du résultat sera en proportion de l'acuité de la douleur. Chez ces natures puissantes, Bouddhi cherche en luttant à se manifester, et elles ont à souffrir toutes les angoisses de l'enfantement. Bientôt Bouddhi, le Christ, le « petit-enfant » naîtra ; la sagesse unie à l'amour, et alliée à l'intelligence deviendra l'Ego spirituel, le véritable Homme intérieur, le Guide immortel.

Que celui qui cherche à connaître sa propre nature afin de prendre fermement en main son évolution et d'en diriger le cours futur, observe avec soin ses qualités et ses défauts, afin de régulariser les unes et de corriger les autres.

Chez les individus peu développés, il arrive que l'intelligence et l'émotion varient en proportion inverse l'une de l'autre ; où les émotions sont très fortes, l'intelligence est faible, tandis que lorsque l'intelligence est très puissante les émotions seront faibles ; dans le premier cas, c'est le pouvoir directeur qui est faible ; dans le second, c'est le pouvoir moteur. Il faut donc que l'étudiant se rende compte, en s'examinant lui-même,

si son intelligence est réellement développée, au
cas où des émotions seraient fortes ; qu'il s'analyse lui-même, afin de voir si vraiment il est disposé à envisager les choses à la lumière claire
mais froide de l'intellect ; s'il sent en lui de la
répulsion lorsqu'un sujet quelconque lui est présenté sous ce jour, il peut être certain que le côté
émotionnel de sa nature est trop développé par
rapport au côté intellectuel. Car l'homme équilibré n'éprouve de la répulsion ni pour la claire
lumière de l'intelligence directrice, ni pour la
force puissante de l'émotion motrice. Si dans le
passé un côté de la nature a été trop cultivé, si
les émotions ont été entretenues au détriment de
l'intelligence, il faudra que l'étudiant porte toute
son attention sur l'intelligence, qu'il réprime sévèrement tout mauvais vouloir vis-à-vis d'une
façon froidement intellectuelle de présenter les
choses, en reconnaissant la différence entre l'intelligence et la sympathie.

§ 2. — Pouvoir déformant de l'Émotion

Une des choses qui échapperont le plus facilement à la personne de nature émotionnelle, c'est
la façon dont l'émotion emplit l'atmosphère am-

biante de ses vibrations, influençant ainsi les
intelligences. Toutes les choses nous apparaissent à travers cette atmosphère, elles sont colo-
rées, déformées par elle, de sorte qu'elles n'arrivent pas à l'intelligence sous leur véritable forme
et couleur, mais faussées et décolorées. L'aura
qui nous entoure devrait être un médium absolument transparent, par l'intermédiaire duquel
tout ce qui nous vient du monde extérieur devrait nous parvenir sous sa forme et sa couleur
véritables; mais lorsque l'aura vibre sous l'influence des émotions, elle ne peut plus remplir
son rôle de médium parfait, et tout ce qui passe
à travers elle est réfracté et nous arrive complètement déformé. Qu'une personne plongée dans
l'eau essaye de saisir un bâton qu'on lui présente à la surface, et sa main prendra une fausse
direction, car elle cherchera à saisir le bâton là
où elle le voit, et comme les rayons qui proviennent de l'objet se trouvent réfractés en entrant
dans l'eau, le bâton prendra par rapport à elle
une position qui n'est pas celle qu'il occupe en
réalité. De même lorsqu'une impression venant
de l'extérieur nous arrive à travers une aura sur-
chargée d'émotions, ses proportions se trouvent
faussées, et nous jugeons mal de sa position
réelle; les renseignements qui parviennent à l'in-

22.

telligence sont donc erronés, et le jugement que nous fonderons sur eux sera nécessairement faux, si exact que soit le travail de l'intelligence.

L'analyse la plus attentive de nous-mêmes ne nous protègera pas complètement de ce pouvoir déformant des émotions. L'intelligence a toujours tendance à juger favorablement des choses qui nous déplaisent, à cause de cette *réfraction* dont nous avons parlé. Nous mettons en valeur certains arguments en faveur d'une certaine action, à cause du désir que nous avons de l'accomplir, tandis que nous déprécions autant que nous le pouvons tous les arguments qui parlent contre elle. Tout nous semble clair, admissible d'un côté, tandis que de l'autre tout semble douteux, incertain. Et comme nous voyons à travers l'émotion, nous pensons avoir certainement raison, et il nous semble que tous ceux qui ne voient pas comme nous sont victimes d'un préjugé ou veulent nous nuire.

Contre ce danger qui nous menace continuellement, l'attention continue et l'effort persistant sont les seuls remèdes ; mais nous ne pouvons pas y échapper complètement tant que nous n'aurons pas surmonté nos émotions et que nous n'en serons pas devenus souverains maîtres.

Il nous reste un moyen qui peut nous aider à former un jugement clair et précis ; c'est d'étudier le travail de la conscience chez les autres, et d'examiner avec attention leurs décisions dans des circonstances semblables à celles dans lesquelles nous nous trouvons. Le jugement qui nous déplaît le plus sera probablement celui qui nous sera le plus utile, car il a été formé par l'intermédiaire d'un milieu émotionnel tout différent du nôtre. Nous pouvons comparer les décisions des autres avec les nôtres, et, en notant les points qui les affectent, eux, le plus, et nous, le moins, ceux qui ont le plus d'importance pour nous, et le moins pour eux, nous arriverons, dans notre jugement, à séparer les éléments émotionnels des éléments intellectuels ; et même si nos conclusions sont fausses, l'effort que nous aurons fait pour y arriver aura tendance à nous corriger et à nous faire voir la vérité ; il nous aidera à subjuguer les émotions et fortifiera l'intellect. Il ne faudra naturellement faire ces observations que lorsque nous ne serons troublés par aucune émotion ; et nous recueillerons les résultats de cette étude pour nous en servir lorsque nos émotions se montreront trop puissantes.

§ 3. — Moyens de Maitriser les Émotions

Le moyen le plus efficace pour maîtriser les émotions c'est — comme dans tout ce qui touche à la conscience — la Méditation. On devrait avoir recours à elle avant que le contact avec le monde extérieur ne soit venu troubler nos émotions. Lorsqu'à son retour d'un monde plus subtil que le monde physique, l'Ego rentre dans le corps après le sommeil, il trouve son véhicule dans un état de tranquillité parfaite, et peut prendre calmement possession du cerveau et des nerfs complètement reposés. Plus tard, dans le courant de la journée, lorsque les émotions ont été troublées ou sont en pleine activité, la méditation n'est pas aussi efficace. La période de tranquillité dont nous pouvons disposer après le sommeil de la nuit est le meilleur moment pour méditer avec succès, car la nature émotionnelle, le corps des désirs, est alors plus tranquille que lorsqu'elle est au milieu du va-et-vient de la vie ordinaire. De cette heure matinale calme et paisible naîtra une influence bienfaisante qui nous protégera pendant la journée tout entière, et les émotions apaisées et calmées seront plus faciles à contrôler.

Lorsque cela est possible, il est bon de prévoir d'avance la question que nous aurons à régler durant la journée et de prendre une décision quant à la manière d'envisager les questions qui se poseront et à la conduite à suivre en cette occasion. Si nous savons que nous devons nous trouver, à un moment donné, au milieu de circonstances qui éveilleront nos émotions, nous pourrons décider à l'avance de l'attitude mentale que nous prendrons, et même nous pourrons fixer d'avance notre manière d'agir. Supposons que nous soyions arrivés à une décision ; lorsque les circonstances se présenteront nous nous rappellerons cette décision et nous agirons en conséquence, même si la poussée des émotions nous incite à agir autrement. Nous savons par exemple que nous allons rencontrer une personne pour laquelle nous avons une grande affection ; nous décidons durant notre méditation quelle sera la meilleure façon d'agir, et à la claire lumière de notre intelligence paisible, nous convenons de ce qu'il conviendra de faire pour le plus

grand bien de tous. Et nous nous en tiendrons
à cette décision, même si nous nous sentons
portés à penser : « Je n'avais pas donné assez
d'importance à telle ou telle chose. » La vérité
est que c'est justement dans ces conditions que
nous donnons trop d'importance à un point,
et c'est dans nos moments de calme réflexion
que nous jugeons le plus sûrement des choses ;
le mieux est de suivre la voie que nous nous
sommes tracée auparavant, malgré toutes les
incitations des émotions du moment. Nous
pouvons nous tromper dans notre jugement,
mais si nous ne voyons pas notre erreur durant
la méditation, il est peu probable que nous
nous en apercevions au milieu du tumulte des
émotions.

Il y a un autre moyen de maîtriser les émotions ; il consiste à réfléchir sur ce qu'on va
dire, avant de parler, à mettre un frein à sa
langue. « L'homme qui a appris à contrôler ses
paroles est maître de tout », a dit un Sage de
l'antiquité. Celui qui ne prononce jamais une
parole aigre ou inconsidérée marche vers le
contrôle parfait de ses émotions. Être maître
de ses paroles, c'est être maître de sa nature
tout entière. Il est bon de ne pas parler — de
retenir délibérément ses paroles — tant qu'on

ne sait pas parfaitement ce qu'on va dire, ou
qu'on n'est pas sûr que ce qu'on va dire est
vrai, ou si les paroles qu'on va prononcer con-
viendront à la personne à laquelle elles s'adressent, ou si vraiment nous pouvons les prononcer. La vérité passe avant tout et rien ne
saurait excuser la fausseté de langage ; très souvent les paroles prononcées sous le coup d'une
émotion sont fausses, parce qu'elles sont exa-
gérées ou défigurées. Et puis sous l'influence
d'une forte émotion ou de sensations trop vives,
nous oublions de considérer si nos paroles
s'adaptent à la personne à laquelle nous les
adressons. Nous pouvons donner une idée absolument fausse d'une grande vérité si nous ne
tenons pas compte du point de vue sous lequel
se place la personne à laquelle nous nous adressons. Il faut qu'il y ait entre elle et nous de la
sympathie, que nous voyions comme elle voit ;
car ce n'est que là seulement que la vérité deviendra inutile. Ce n'est pas nous-mêmes que
nous cherchons à aider lorsque nous étalons la
vérité aux yeux des autres, mais bien notre
prochain lui-même. Il est possible que pour
celui qui parle l'idée d'une loi invariable, invio-
lable, d'une impartialité absolue, soit une idée
inspiratrice, réconfortante, qui élève l'âme ;

mais pour une personne peu développée cette
conception semblera barbare, impitoyable, et la
blessera plutôt qu'elle ne l'aidera. La vérité
n'est pas faite pour écraser mais pour élever,
et c'est la profaner que de la confier à celui qui
n'est pas prêt pour la recevoir. Nous avons tout
ce qu'il faut pour subvenir aux exigences de
chacun de nous, mais la discrétion est nécessaire pour choisir sagement, et il ne faut pas
que notre enthousiasme nous pousse à imposer
aux autres une initiation prématurée. Beaucoup
de jeunes théosophes font plus de mal que de
bien par le trop d'empressement qu'ils mettent
à vouloir imposer aux autres les trésors qu'ils
estiment tant. Il faut aussi considérer la forme
que nous donnons à nos paroles, et voir s'il y
a utilité, nécessité à les prononcer. Une vérité
très utile en elle-même peut devenir nuisible
selon la forme sous laquelle elle est présentée.
« Ne dites jamais ce qui est faux ni ce qui est
déplaisant. » Voilà un sage conseil que tous
nous devrions suivre lorsque nous nous adressons à ceux qui nous entourent. Toutes nos paroles devraient être vraies, douces et agréables.
Mais cette douceur de langage, les personnes
même les mieux intentionnées l'oublient parfois ; elles se font gloire de ce qu'elles appellent

leur sincérité, et en réalité elles ne sont que grossières et n'ont aucun respect pour les sentiments de ceux auxquels elles s'adressent. Mais, ceci n'est ni d'une bonne éducation, ni d'un esprit religieux, car l'homme mal élevé ne saurait être religieux ; l'homme vraiment religieux est à la fois sincère et courtois. Tout ce qui est superflu ou inutile est nuisible ; et ce débordement d'émotions frivoles, auxquelles donnent naissance tous ces bavardages et ces paroles inutiles, cause du préjudice à tout le monde. Les personnes qui ne peuvent supporter le silence et bavardent continuellement, gaspillent leurs forces intellectuelles et morales et disent une masse de niaiseries qu'elles feraient mieux de garder pour elles. La peur du silence est un signe de faiblesse mentale ; le silence et le calme valent mieux qu'un bavardage inutile. Dans le silence les émotions grandissent et prennent de la force, tout en étant contrôlées, et le pouvoir moteur dans l'homme augmente en puissance et se trouve en même temps assujetti à sa volonté. Le pouvoir du silence est immense, et son influence est calmante au plus haut degré ; mais par contre, il faut que l'homme qui a appris à se taire prenne garde que son silence ne lui fasse perdre de sa courtoisie, ou

23

bien qu'employé mal à propos dans la société, ce silence ne provoque une sensation de gêne, de froid chez les personnes présentes.

Peut-être certaines personnes penseront-elles qu'en se livrant à un tel examen avant de prononcer une parole, on n'entrave l'échange des pensées au point de paralyser la conversation. Tous ceux qui ont pratiqué ce contrôle des paroles témoigneront, avec nous, qu'avec un peu d'exercice l'intervalle entre la demande et la réponse finit par devenir imperceptible. Le travail de l'intelligence est plus rapide que l'éclair ; en un clin d'œil elle passe en revue tous les points à considérer. Il est possible qu'au début il y ait une légère hésitation, mais, après quelques semaines, tout arrêt deviendra inutile, et l'examen de la réponse se fera si rapidement qu'il ne sera plus un obstacle à la conversation. Plus d'un orateur vous dira que dans le feu du discours le plus éloquent, l'intelligence conserve tout son calme, tournant et retournant chaque phrase, supputant leur valeur respective avant de les choisir, rejetant tout ce qui ne lui convient pas ; et cependant, personne, dans l'auditoire charmé, ne s'aperçoit de ce travail intérieur ; les auditeurs sont à cent lieues de penser qu'au milieu de son discours rapide l'orateur choisisse ainsi ses expressions.

Un troisième moyen de maîtriser les émotions, c'est de s'habituer à ne pas agir d'une façon impulsive. Trop de hâte dans nos actions est une caractéristique de notre mentalité moderne et n'est qu'une déformation de cette rapidité qui est une de ses plus grandes qualités. Si nous envisageons la vie avec calme, nous verrons que la hâte fébrile est absolument inutile ; nous avons toujours assez de temps, et une action si rapide qu'en soit l'exécution, doit être considérée et accomplie sans précipitation. Lorsque nous sommes sous le coup d'une forte émotion et que nous agissons sans réfléchir pour obéir à cette influence, nous agissons imprudemment. Si nous nous entraînons à penser avant d'agir dans toutes les affaires de la vie, il arrivera que, lorsque nous nous trouverons dans un accident quelconque ou bien dans une situation où une prompte décision est nécessaire, l'intelligence alerte équilibrera les nécessités du moment et dirigera promptement l'action ; mais il n'y aura ni hâte imprudente, ni étourderie inconsidérée.

« Mais, ne devrais-je pas obéir à mon intuition ? » dira-t-on. On confond trop souvent impulsion avec intuition, deux choses cependant totalement différentes et par l'origine et par les caractéristiques. L'impulsion prend naissance

dans la nature des désirs, le corps astral ; c'est
une énergie qui est lancée à l'extérieur, en réponse à une influence du dehors, une énergie
hâtive, inconsidérée, aveugle, et qui n'est pas
dirigée par l'intelligence. L'intuition, elle, prend
sa source dans l'Ego spirituel ; c'est une énergie
qui s'écoule au dehors en réponse à une demande
de l'extérieur ; c'est une énergie puissante, calme,
ayant un but déterminé et guidée par l'Ego spirituel.

Mais pour les distinguer l'une de l'autre, il
faut à celui dont la nature n'est pas parfaitement
équilibrée, un examen calme et un certain intervalle de temps ; par ce calme examen et cet intervalle de temps, l'impulsion perd sa force,
tandis que l'intuition au contraire gagne en puissance et en clarté ; le calme permet au mental inférieur de reconnaître la présence de l'intuition et
d'en sentir toute la sereine puissance. S'il arrive,
de plus, que ce qui semble être une intuition
soit en réalité une suggestion émanant d'un Être
supérieur, cette suggestion se fera sentir bien
plus clairement durant la méditation silencieuse
et son efficacité ne sera amoindrie en rien par
un intervalle de calme.

Il est vrai qu'il y a un certain plaisir à s'abandonner à une impulsion aveugle ; il est certain

aussi que la restriction qui s'impose est douloureuse pendant un certain temps. Mais toute aspiration vers la vie supérieure nous met face à
face avec ce renoncement au plaisir, et nous
force à accepter la douleur ; graduellement nous
reconnaissons qu'il y a une joie beaucoup plus
grande à agir avec une calme considération, qu'à
nous laisser aller à une impulsion irraisonnée,
et nous comprenons que nous nous évitons ainsi
des remords constants. Car lorsque nous nous
laissons aller à l'impulsion, nous nous créons des
soucis, et nous finissons par comprendre que
l'impulsion n'est qu'une erreur. Si l'action que
nous avons en vue est vraiment juste, nous ne
ferons qu'augmenter sa valeur si nous l'accomplissons après avoir longuement réfléchi. Et si,
après l'avoir bien examinée, nous trouvons que
l'action a perdu de sa valeur, nous pouvons être
certain que l'impulsion qui nous y poussait, avait
son origine dans un désir inférieur.

Méditer journellement, considérer ses paroles
avant de les prononcer, refuser d'être le jouet
des impulsions, voilà les meilleurs moyens de
faire des émotions nos serviteurs dévoués, de
maîtres despotiques qu'elles étaient auparavant.

§ 4. — Utilité des émotions

Celui-là seul peut se servir des émotions qui a
appris à en être maître, et qui sait qu'elles ne
sont pas lui-même, qu'elles agissent dans les
véhicules qu'il occupe, et sont dues à l'action
réciproque du Soi et du non-Soi. Leur nature
toujours changeante, montre assez qu'elles appartiennent aux véhicules ; elles sont appelées à
l'activité par des influences extérieures et c'est la
conscience qui y répond à l'intérieur. L'attribut
de la Conscience qui engendre les émotions est
la félicité, et le plaisir et la douleur sont les
mouvements que provoquent dans le véhicule
des désirs, les influences, de l'extérieur, et la
réponse du Soi, en tant que félicité, à ces influences, à travers le corps des désirs ; de même
les pensées sont des mouvements dus à des contacts de ce genre avec l'extérieur, et à la réponse
que le Soi, en tant que savoir, donne à ces contacts. Lorsque le Soi se connaît lui-même et fait
une distinction entre lui et ses véhicules, il est
maître des émotions, et le plaisir et la douleur
deviennent tous deux des modes de la félicité.

A mesure que nous évoluons nous nous rendons compte que nous atteignons à un équilibre
plus stable dans le plaisir et la douleur, et les

émotions ne troublent plus la sérénité de l'intelligence. Tant que le plaisir l'influence, tant que la douleur le paralyse au point de l'empêcher d'accomplir sa tâche, l'homme n'est que l'esclave de ses émotions, au lieu d'en être le maître. Lorsqu'il aura appris à les gouverner, il ressentira au plus haut degré le plaisir et la douleur, et cependant son intelligence conservant toute sa sérénité s'appliquera calmement à la tâche qui l'occupe. Elle tirera parti de tout ce qui se présentera à elle. Par la douleur l'individu acquiert du pouvoir, de même que par le plaisir il augmente sa vigueur et son courage. Tout se transforme alors en forces qui l'aideront dans son œuvre, au lieu de constituer des obstacles à son progrès.

Le talent oratoire peut nous donner un exemple de la valeur des émotions. Voici un homme enflammé par la passion. Ses paroles sont sans suite, ses gestes saccadés ; l'émotion s'est emparée de lui et l'entraîne, et cependant il ne soulève aucun enthousiasme parmi ceux qui l'écoutent. L'orateur de talent, par contre, est maître de ses émotions ; il s'en sert pour charmer son auditoire ; il choisit avec soin et calcule chacune de ses paroles, même au plus fort de son discours, et ses gestes sont justes et pleins de dignité. Il ne ressent plus les émotions, car il les

a ressenties déjà, et il emploie ces émotions passées pour subvenir à ses besoins présents. Tout
le pouvoir qu'il montrera dans l'emploi de ces
émotions, dépendra de l'intensité avec laquelle
il les a ressenties auparavant, et du degré de
contrôle qu'il a sur elles. Un homme ne saurait
devenir un grand orateur, s'il n'a des émotions
puissantes ; mais le talent de tout orateur ne
grandit qu'en proportion du contrôle qu'il exerce
sur ces émotions. Une explosion aura certainement beaucoup plus d'effet si les explosifs ont été
disposés avec soin et allumés au bon moment,
que si on avait répandu ces explosifs au hasard
et jeté dessus une allumette, dans l'espoir de les
voir s'enflammer d'eux-mêmes.

Tant qu'une personne est influencée par les
émotions elle est privée de cette vision claire, si
nécessaire à une action vraiment utile. L'homme
dont l'aide a vraiment de la valeur est l'homme
calme, auquel rien ne saurait faire perdre l'équilibre, et qui, cependant, est plein de sympathie
pour ceux qui l'entourent. Que penserait-on d'un
docteur qui, au milieu d'une opération, fondrait
tout à coup en larmes? Et, cependant, beaucoup
de personnes sont si impressionnées par la vue
de la souffrance, que leur être tout entier en est
bouleversé ; elles ne font par là qu'augmenter la

douleur des autres. Toute émotion donne naissance à de puissantes vibrations qui se transmettent d'un individu à l'autre. Celui qui veut
véritablement aider ses semblables doit être
calme, d'humeur constante, inébranlable, et doit
rayonner la paix autour de lui. Un homme ac-
croché à un rocher, hors de l'atteinte des vagues,
pourra aider son frère qui se noie à se sauver,
plus facilement que s'il se débattait lui-même
au milieu des flots.

Celui qui est parfaitement maître de ses émotions peut s'en servir pour éveiller chez une autre
personne une émotion qui lui sera utile ? Qu'une
personne se trouve en proie à la colère ; la réponse qu'elle recevra de ceux qui l'entourent sera
naturellement de la colère, car toutes les vibrations ont tendance à se reproduire par sympathie ; comme chacun de nous a un corps des
émotions, tout corps vibrant d'une certaine façon
dans notre voisinage aura tendance à provoquer
en nous des vibrations semblables, si nous
avons dans notre corps de la matière appropriée. La colère engendre la colère, l'amour
éveille l'amour et la douceur engendre la douceur. Si nous sommes maîtres de nos émotions,
et qu'il nous arrive de sentir une poussée de
colère s'élever en nous, en réponse à des vibra-

tions de colère émanant d'une autre personne,
nous paralyserons instantanément cette réponse
à des vibrations étrangères ; nous laisserons les
vagues de colère venir se briser sur nous, tout
en restant nous-mêmes parfaitement calmes.
Celui qui a appris à conserver son corps des
émotions absolument calme, tandis que celui de
ceux qui l'entourent est en pleine vibration, a
fait un grand pas vers le contrôle parfait de soi-
même. Lorsqu'il est arrivé à ce résultat, il est
prêt à monter un degré plus haut, et à opposer
aux vibrations d'une émotion malsaine, les vibrations d'une émotion pure. De cette façon,
non seulement il ne se laissera pas aller à la
colère, mais il émettra lui-même des vibrations
qui auront tendance à apaiser la colère des autres. Il répondra à la colère par l'amour, à
l'emportement par la douceur.

Il faut tout d'abord que cette réponse soit faite
à dessein, dans un but déterminé, et l'on peut
s'exercer sur des personnes en colère. Nous pourrons le faire chaque fois que nous nous trouverons en présence d'une personne en colère. Il est
certain que, pour commencer, nos efforts seront
plutôt timides et dépourvus d'enthousiasme ; la
volonté d'aimer se montrera seule, sans la
moindre émotion ; mais peu à peu cette volonté

d'aimer éveillera une faible émotion et au bout
d'un certain temps, une habitude s'établira et
nous finirons par répondre spontanément par la
bonté à la malveillance des autres. En nous exerçant continuellement à répondre de cette façon
aux émotions malsaines venant de l'extérieur,
nous forcerons notre corps des émotions à
prendre l'habitude de répondre toujours d'une
façon juste.

Tous les grands Maîtres de morale nous ensei-
gnent la même chose : « Rendez le bien pour le
mal ». Cet enseignement est basé sur cet
échange réciproque de vibrations que provoquent
les émotions d'amour et de haine. Si au mal nous
opposons le mal lui-même, nous ne faisons que
l'intensifier ; si, au contraire, nous lui opposons
l'amour, nous le neutralisons. Le plus noble
usage que nous puissions faire de nos émotions,
dans la vie journalière, est de chercher à éveiller,
chez ceux qui nous entourent, des émotions
d'amour en leur envoyant un courant de ces
émotions, de façon à stimuler tout ce qu'il y a de
bon en eux et de réprimer tout ce qu'il peut y
avoir de mauvais. Il est bon d'avoir toujours à
l'esprit une série d'émotions correspondantes,
et de régler d'après elles notre réponse aux émotions venant de l'extérieur. Ainsi nous répon-

drons à la fierté par l'humilité, à la rudesse par la compassion, à l'arrogance par la soumission, à la dureté par la douceur, à l'irritabilité par le calme. Nous créerons ainsi en nous un état d'esprit qui nous permettra de répondre à toutes les émotions mauvaises par les bonnes émotions correspondantes, et d'apporter le bonheur parmi ceux qui nous entourent, en diminuant le mal et en encourageant le bien.

§ 5. — Importance de l'Émotion dans l'Évolution

Nous avons vu que l'émotion est le pouvoir moteur dans l'homme, et pour qu'elle devienne utile à l'évolution, il faudra l'employer à nous élever et non à nous abaisser. L'Ego a besoin pour évoluer de « points d'attraction » qui l'attirent vers le haut, dit *la Voix du silence,* car la montée est difficile, et l'on ne saurait trop estimer la valeur d'un objet attractif vers lequel tendent tous nos efforts. Il ne nous arrive que trop souvent de nous arrêter en route, n'ayant plus le courage de continuer notre marche ; toute aspiration est morte en nous, tout désir de monter plus haut nous a fui. C'est alors que nous pourrons appeler l'émotion à notre aide, en la concentrant sur quelque objet de dévotion ; nous retrouverons aussi un nouvel élan et la force nécessaire pour continuer notre chemin.

On donne souvent à ce genre d'émotion le nom de *culte des héros* ; c'est ce pouvoir qui nous porte à admirer et aimer de toutes nos forces un être plus noble que nous-mêmes ; et celui qui peut aimer et admirer ainsi a à sa disposition une des plus grandes forces qui puissent l'aider dans son évolution. On dédaigne souvent le culte des héros parce qu'il est impossible de trouver un idéal parfait parmi les hommes. Mais un idéal qui éveille notre amour et notre admiration, même s'il est imparfait, sera toujours un moyen puissant de hâter notre évolution. Il est certain que cet idéal imparfait présentera certains côtés faibles, et il sera nécessaire de distinguer les qualités vraiment héroïques des faiblesses qui peuvent s'y trouver mêlées ; mais c'est sur ces qualités qui nous stimulent et nous font progresser qu'il faudra fixer notre attention, et non sur les défauts qui ne sauraient que dégrader des hommes qui n'ont pas encore dépassé le stade humain. Reconnaître que toutes les faiblesses appartiennent au non-Soi, et qu'elles sont passagères, tandis que tout ce qui est noble et grand fait partie du Soi indestructible ; aimer tout ce qui est beau, élevé, et être capable de passer sans s'y arrêter sur tout ce qui est petit et mesquin, voilà ce qui fera de nous les disciples des grands Êtres. Celui qui s'adonne au culte des héros, tirera sûrement profit de son idéal, s'il rend hommage à sa grandeur, tout en dédaignant ses faiblesses, et c'est sur le héros lui-même que retombera le Karma engendré par ses fautes.

« Mais, dira-t-on, en reconnaissant ainsi toute la noblesse du Soi au milieu des faiblesses humaines, nous ne faisons qu'accomplir notre devoir, et pourquoi donner le titre de héros à un être chez lequel ces faiblesses sont encore représentées? » Simplement à cause de l'aide que ces héros nous apporte sous forme d'inspiration en nous donnant un modèle d'après lequel nous pourrons mesurer notre propre progrès. Nous ne pouvons faire un héros d'un homme ordinaire ; ce n'est que là où le Soi rayonne avec plus d'éclat que chez le commun des mortels que le culte des héros devient possible. L'homme est lui-même un héros, bien qu'il ne soit pas encore surhumain, et ses faiblesses ne sont que comme ces taches que nous apercevons sur le disque du soleil. Un proverbe dit : « Aucun homme n'est un héros pour son valet de chambre ». Le cy-

nique s'imaginera que cela signifie que l'homme
le plus héroïque doit sa grandeur à la distance
qui le sépare de nous. Ce proverbe ne signifierait-
il pas plutôt que l'âme d'un valet, qui ne voit pas
plus loin que des bottes bien cirées, ou une cra-
vate bien nouée, est incapable d'apprécier les
qualités qui font le héros ? Car cette âme n'a rien
en elle qui puisse vibrer en sympathie avec la
note qui vibre chez le héros. Celui qui est capable d'admirer est capable aussi d'atteindre le
but ; l'amour et le respect envers des êtres grands
et nobles montrent que celui qui les ressen
cherche à ressembler à ces êtres.

En cultivant ainsi nos émotions, il faudra que
nous nous jugions nous-mêmes, en prenant
comme modèle notre idéal ; il faudra que nous
nous sentions pris de honte lorsque nous agirons ou penserons d'une façon qui pourrait at-
trister celui que nous révérons. Nous devrions
l'avoir toujours présent à nos yeux, nous tendant la main pour nous aider dans notre ascension, jusqu'au jour où, comparant notre propre
progrès, aux sublimes hauteurs que lui-même a
atteintes, nous reconnaîtrons que nous aussi
nous approchons du but.

Il est certainement vrai que la lumière du Soi
ne saurait briller chez ceux qui foulent les sen-

tiers bourbeux de la terre ; mais il y a des êtres
chez lesquels cette lumière brille assez pour illuminer les ténèbres et nous aider à voir où nous
pouvons poser nos pieds. Il est plus sage de re-
mercier et d'honorer ces êtres, en nous réjouis-
sant de leur présence, plutôt que de les rabaisser
parce qu'ils ne sont pas absolument divins, parce
que leurs pieds sont encore lourds du fardeau
de quelques faiblesses humaines. Bien heureux,
en vérité, sont ceux qui possèdent en eux cette
nature héroïque et qui reconnaissent leurs aînés ;
des sentiers menant à des hauteurs plus sublimes
encore leur sont ouverts, et plus ils aimeront,
plus ils honoreront, plus vite ils atteindront
ces voies. L'homme ne saurait désirer un Karma
meilleur que celui qui lui permettra de rencontrer le héros qui viendra lui tendre la main
lorsqu'il entrera sur le Sentier ; mais il ne saurait
y avoir de Karma plus triste que de renier son
guide, après l'avoir entrevu dans un moment d'illumination, en se laissant aveugler par une imperfection dont on ne s'est pas encore complètement libéré.

CHAPITRE VI

LA VOLONTÉ

§ 1. — La Volonté a la conquête de sa Liberté

Revenons à ce pouvoir de l'homme que nous avions déjà commencé à étudier : la volonté. Rappelons-nous qu'il a été dit que c'est la volonté du Soi, du Soi individualisé — mais inconscient de son individualité — qui nous a appelés à la manifestation. Sans que rien l'y pousse, sans qu'aucune nécessité extérieure l'y incite, sans que rien s'oppose à lui, mais par la seule force de cette grande Volonté dont sa propre volonté n'est qu'une partie — de sa volonté individualisée sous forme d'un centre, mais d'un centre qu'aucune circonférence de matière ne sépare encore du reste — sa volonté

qui vibre en lui comme le sang vital de la mère
dans le corps de l'enfant qui va naître — le Soi
descend dans la manifestation, aspirant vaguement à cette vie si riche qui tressaille sous le
voile de la matière, cherchant à exercer ses pouvoirs prêts à entrer en activité, plein du désir de
passer par toutes les [expériences qu'offrent ces
mondes de tumulte et de mouvement. Tout ce
que le Logos — désireux de s'incarner dans un
univers — veut consciemment, tous les centres
de vie individualisée qu'Il renferme en Son sein,
le veulent aussi, mais d'une façon aveugle et ils
cherchent en tâtonnant une vie plus riche, plus
parfaite. C'est la volonté de vivre, de savoir ; et
cette volonté qui s'élance au dehors, entre en manifestation.

Nous avons vu que cette volonté, ce pouvoir
du Soi, devient sur les plans matériels plus
dense, ce qu'on appelle le désir, et que, aveu-
glée par la matière, incapable de trouver son
chemin, cette volonté est influencée par les attractions et les répulsions qu'exercent sur elle
les objets extérieurs. On ne peut donc pas dire
qu'à ce moment le Soi se dirige lui-même ; il est
dirigé par les attractions et les répulsions que son
entourage exerce sur lui. Nous avons vu aussi
que lorsque le désir entre peu à peu en contact

avec l'intelligence, et que ces deux aspects du Soi réagissent mutuellement l'un sur l'autre, les émotions prennent naissance ; et ces émotions montrent clairement quelle est leur origine : le désir, leur mère, et l'intelligence leur père. Nous avons étudié aussi les moyens de contrôler les émotions, de les employer à leurs véritables fins de façon qu'elles deviennent utiles à l'évolution au lieu de constituer un danger.

Nous allons voir comment cette volonté, ce pouvoir caché qui, dès l'origine, a été le promoteur de l'activité, sans toutefois la contrôler encore, marche à la conquête de sa liberté, c'est-à-dire à la détermination de sa volonté. Nous verrons dans un instant ce qu'on entend par le mot « liberté ».

Essentiellement et fondamentalement libre à l'origine, en tant que pouvoir du Soi, la volonté s'est trouvée enchaînée et limitée dans ses efforts pour maîtriser la matière dans laquelle le Soi s'est enveloppé. Nous sommes forcés de reconnaître que le Soi, au lieu d'être maître de la matière, est dominé par elle ; cela vient de ce que le Soi considère la matière comme étant lui-même et s'identifie avec elle ; comme c'est par son intermédiaire qu'il veut, qu'il pense, qu'il agit, cette matière devient « lui-même » à ses yeux, et dans son erreur il s'écrie : « Je suis cela ! » et tandis

qu'elle le tient enchaîné et le limite de toutes parts,
il se dit, croyant qu'elle est lui-même : « Je suis
libre ! » Et cependant ce pouvoir que la matière
exerce sur le Soi n'est que temporaire, car la matière se transforme continuellement ; elle apparaît, disparaît et, impermanente au plus haut
degré, se trouve sans cesse façonnée, attirée et
repoussée par les forces du Soi qui se développe,
forces qui seules sont permanentes au milieu de
ces transformations incessantes.

Nous voici arrivés maintenant à ce stade d'évolution où la mémoire est devenue une force plus
puissante que ce sentiment instinctif, poussant
l'homme vers les objets qui engendrent le
plaisir, le faisant fuir ceux qui provoquent la douleur ; ce stade où l'intelligence est devenue souveraine maîtresse du désir, où la raison a
triomphé des instincts. C'est maintenant que
vont être récoltés les résultats de longs âges
d'Évolution, et de cette moisson la liberté fait
partie.

Tant que la volonté se manifeste sous forme
de désir, qu'elle est influencée dans ses activités
par les attractions de l'extérieur, elle est loin
d'être libre ; elle est tout simplement enchaînée.
De même qu'un être vivant peut se trouver
poussé par une force plus grande que la sienne

à prendre une direction qu'il n'a pas choisie, de même la volonté est attirée par les objets attractifs et poussée sur le chemin du plaisir, qui semble plus facile à parcourir; elle n'agit pas comme une force qui se détermine elle-même : le Soi est attiré par une force extérieure à laquelle il ne peut résister.

Rien ne pourrait nous donner une image plus frappante des conditions au milieu desquelles se trouve le Soi, que ce passage, cité plus haut déjà, d'un livre sacré de l'Inde — dans lequel on nous montre le Soi sous l'apparence du conducteur d'un char de guerre, tandis que les sens, attirés par les objets qui engendrent le plaisir, sont les chevaux indomptables qui, dans leur course effrénée, enlèvent le char avec le corps du conducteur impuissant. Et cependant, la volonté est le pouvoir même du Soi ; mais tant que le Soi est emmené ainsi à la dérive par ces chevaux indomptables, il est loin d'être libre : il est bel et bien prisonnier. Il serait oiseux de parler de libre arbitre chez un homme qui est l'esclave des objets qui l'entourent. Cet homme est en pleine servitude, car il n'a pas la liberté de choix ; et bien qu'en apparence, en suivant le sentier vers lequel il est attiré par les objets extérieurs, il semble agir de son plein gré, en réa-

lité il ne choisit pas du tout, il n'y a même dans
son action aucune idée de choix. Tant que l'attraction ou la répulsion des objets extérieurs déterminent le sentier que l'homme doit parcourir,
il serait vain, ridicule même, de parler de liberté.
Même si l'homme s'imagine qu'il choisit lui-
même délibérément l'objet de ses désirs, ce sentiment de liberté n'est qu'une illusion, car en
réalité il agit sous l'influence de l'attraction que
l'objet exerce sur lui, et du désir intense de ressentir le plaisir que cet objet doit lui procurer.
Il a autant, ou aussi peu, de liberté dans ses actions, que n'en a une barre de fer attirée par un
aimant. La rapidité avec laquelle la barre de fer
se précipite vers l'aimant dépend de la puissance
de cet aimant et de la nature du fer qui répond à
son attraction.

Pour comprendre ce qu'on entend par liberté,
il faut nous débarrasser de la difficulté que nous
rencontrons d'abord lorsque nous cherchons à
expliquer le sens du mot « choix ». Lorsqu'il
nous semble que nous sommes libres de choisir,
cette soi-disant liberté de choix implique-t-elle
aussi la liberté de volonté? Ne serait-il pas plus
exact de dire que la liberté de choix indique
simplement qu'aucune force extérieure ne vient
intervenir pour nous pousser à agir de telle ou

telle façon ? Mais la question importante qui se
pose aussitôt, est celle-ci : « Qu'est-ce qui nous
pousse à choisir ? » Il y a une grande différence
entre être libre d'agir après avoir choisi, et être
libre de choisir ; ce choix ne serait-il pas déterminé par une force cachée derrière lui ?

On entend souvent des personnes dire, pour
donner une preuve de libre arbitre : « Je suis
parfaitement libre de choisir, de quitter cette
chambre ou d'y rester, de laisser ou non tomber
ce poids sur le sol. » Mais ces arguments n'ont
rien à voir avec la question qui nous occupe.
Personne ne niera qu'un individu qu'aucune
contrainte physique ne retient, n'aie le pouvoir
de quitter une chambre ou d'y rester, de laisser
tomber un poids sur le sol ou de le tenir en
l'air. La question qui nous intéresse est de
savoir : « Pourquoi est-ce que je choisis ? » Si
nous analysons notre choix, nous voyons qu'il
est déterminé par un motif quelconque. Ainsi
le déterministe nous dira : « Vos muscles ont
certainement le pouvoir de tenir le poids ou de le
lâcher ; mais s'il se trouve un objet fragile à l'endroit où le poids tombera, vous ne choisirez pas
de le lâcher ; votre choix se trouve donc déterminé par certains motifs et ce sera le motif le
plus puissant qui le dirigera. » La question

n'est pas : « Suis-je libre d'agir ? » mais bien :
« Suis-je libre de vouloir ? » Et il est clair que la
volonté est déterminée par le motif le plus puissant, et en cela le raisonnement du déterministe
est parfaitement juste.

En réalité cette détermination de la volonté
par le motif le plus puissant forme la base de
toute société organisée ; de toutes les lois, de
toutes les pénalités, de toutes les responsabilités,
de toute éducation. L'homme dont la volonté
n'est pas ainsi déterminée n'est pas responsable ;
c'est un fou, une créature dont on ne peut rien
exiger, un être sans raison, sans logique ni mémoire, dépourvu de tous les attributs de la créature humaine. Au point de vue législatif, un individu est considéré irresponsable lorsqu'il n'est
poussé à l'action par aucun motif, lorsqu'il
n'est influencé par aucune cause extérieure.
C'est un fou, et la loi ne saurait le condamner
légalement. On pourrait dire d'une volonté qui
ne serait qu'une énergie lancée dans une direction quelconque, et incitant à l'action sans
motif, sans aucune raison, sans aucun sens,
qu'elle est *libre* ; mais ce n'est pas là ce qu'on
entend par *liberté de volonté*. Reconnaissons
que la volonté est bien déterminée par le motif
le plus puissant, et alors nous pourrons dis-

cuter plus raisonnablement du libre arbitre.

Qu'est-ce donc qu'on entend par *libre arbitre* ? Ce ne peut être tout au plus qu'une liberté conditionnelle, relative, car le Soi séparé est une partie d'un Tout, et le Tout doit forcément être plus grand que les parties qui le composent, et doit les dominer toutes. Ceci est vrai aussi pour le Soi et les corps dans lesquels il s'enveloppe. Nous savons tous que les corps sont soumis à des lois, qu'ils agissent selon ces lois et ne peuvent agir que selon elles, et s'ils sont libres dans leurs mouvements, ce n'est que par rapport les uns aux autres, et cette liberté est due à l'action réciproque des forces innombrables qui s'équilibrent sans cesse les unes les autres de différentes façons ; de là naissent, à l'infini, des possibilités sans nombre, qui donnent naissance à une certaine liberté de mouvement, cachant une rigoureuse servitude. Le Soi est, lui aussi, soumis à un ensemble de lois ; bien plus, il est la loi elle-même, car il fait partie de cette essence qui est l'Être des êtres. Aucun Soi séparé ne peut sortir du Soi qui est le Tout — et, quelle que soit sa liberté d'action, par rapport aux autres Soi séparés, il n'a ni le droit, ni le pouvoir d'agir en dehors de cette vie qui anime tout ; qui est sa nature même et sa loi, au sein de laquelle il vit et agit. Les parties ne se gouvernent pas les unes les autres ; les Soi séparés ne s'influencent pas entre eux ; mais le Tout domine et contrôle les parties qui le composent ; le Soi universel domine et contrôle les Soi séparés. Et cependant comme les Soi séparés sont en réalité le Soi universel, la liberté naît ici encore d'une servitude apparente ; « rien d'autre n'oblige ».

Cette liberté d'une entité séparée par rapport aux autres entités — toutes étant ensemble sous la domination du Tout — nous apparaît clairement sur le plan physique. Nous sommes tous des parties d'un monde qui vole dans l'espace tournant continuellement sur son axe de l'ouest à l'est ; nous sommes inconscients de ce mouvement, car il nous emporte avec lui, et tout se meut en même temps dans une seule et même direction. Nous tournons tous vers l'est, avec le globe qui nous porte et nous ne pouvons absolument rien faire pour changer cette direction. Et cependant, par rapport les uns aux autres, et par rapport aux objets qui nous entourent, nous pouvons nous mouvoir à notre gré et changer de position. Je puis par exemple très bien m'éloigner à l'ouest d'une personne ou d'un endroit quelconque, bien que tous nous volions sans cesse vers l'est ; et j'aurai parfaitement conscience du mouvement d'une partie par rapport à une autre, tandis que je n'aurai pas la moindre sensation de ce mouvement vertigineux qui emporte notre globe à travers l'espace toujours en avant vers l'est, et dans mon ignorance je dirai : « Voyez, je me suis déplacé vers l'ouest. » Et les Dieux riraient de ce pygmée qui parle de diriger ses mouvements si, dans leur sagesse profonde, ils n'avaient conscience de ces mouvements particuliers au sein du mouvement universel ; s'ils ne connaissaient cette grande vérité qui est en même temps vraie et fausse.

Et ne voyons-nous pas aussi comme la grande Volonté va de l'avant sans jamais dévier de sa route, sur le sentier de l'Évolution, et force tous les êtres à suivre ce même chemin, tout en laissant à chacun la liberté de le parcourir à sa façon, d'agir à sa guise dans sa marche inconsciente. Car, pour mener à bien l'œuvre de cette Volonté, chaque genre de travail, chaque manière de progresser est nécessaire ; chaque chose est utile et trouve son emploi. Par exemple, un homme s'est fait un caractère noble et généreux ; il a nourri en son cœur des aspirations élevées, il a toujours cherché à servir loyalement et fidèlement ses semblables ; cet homme naîtra dans un milieu où de grands événements réclameront des hommes

de valeur, la volonté s'accomplira par lui dans
la nation qui aura besoin de son aide, et sa car-
rière sera celle d'un héros. Le drame est écrit
tout entier par le grand Auteur, et c'est par ses
propres efforts individuels que l'homme se rend
capable d'en remplir les différents rôles.

Voici maintenant un homme qui a cédé à toutes
les tentations, qui a toujours fait le mal et a employé à de mauvaises fins les pouvoirs qu'il pos-
sédait, méprisant toute justice, toute clémence,
toute honnêteté dans les affaires de la vie ordinaire ; cet homme naîtra dans un milieu où l'op-
pression est nécessaire, où la cruauté et les mauvais traitements sont choses coutumières, et la
Volonté se trouvera encore une fois accomplie
par lui dans une nation qui est en train d'épuiser
les résultats karmiques du mal qu'elle a fait dans
le passé ; il sera du nombre de ces lâches qui
bassement, cruellement, oppriment la nation qui
les a vus naître. Là encore le rôle est tout entier
écrit par le grand Auteur, et l'homme, par ses
propres efforts, devient capable de le remplir.
C'est ainsi que les volontés séparées agissent au
sein de la grande et unique Volonté.

Puisque la volonté se trouve ainsi déterminée
par le motif, conditionnée par les limites de la
matière qui enveloppe le Soi séparé et par le

grand Soi, dont le Soi manifestant la volonté n'est qu'une partie — qu'est-ce donc qu'on entend par la liberté de la volonté ? Cela veut, sans aucun doute dire que la liberté doit être déterminée du dedans, et la servitude du dehors ; la volonté est libre lorsque le Soi, qui veut agir, puise le motif de son acte volitif à une source intérieure à lui-même, sans qu'aucun motif extérieur ne vienne l'influencer.

Et cela, en vérité, c'est la liberté ; car le grand Soi au sein duquel il agit, est un avec lui. « Je suis Cela » ; et le Soi plus grand encore dans lequel se meut ce grand Soi est un aussi avec lui, et dit aussi : « Je suis Cela » — et ainsi de suite, à l'infini, toujours plus haut s'il s'agit de systèmes de monde ou de systèmes d'univers ; que le *moi*, même le plus intime, tourne ses regards vers l'intérieur, en lui-même, et non au dehors, qu'il sache qu'il est aussi un avec le Soi intérieur, le Pratyagâtmâ, l'Un, et que par conséquent il est parfaitement libre. Aussi longtemps qu'il tendra vers l'extérieur, aussi longtemps il se verra enchaîné, bien que les murs de sa prison s'élargissent sans fin ; mais qu'il regarde au dedans de lui-même, et il se trouvera éternellement libre, car il est brahman, l'éternel.

Lorsque l'homme a atteint à la détermination

de sa volonté, on peut dire qu'il est libre, dans
toute l'acception du mot ; et cette détermination
n'est point une servitude, dans le sens d'oppres-
sion, comme ce mot l'indique souvent. Tout
acte qu'au plus profond de moi-même je décide
d'accomplir, sans que personne m'y oblige, porte
l'empreinte qui distingue la liberté de l'esclavage. Jusqu'à quel point pouvons-nous, alors,
dire que notre volonté est libre, au sens que
nous venons de donner au mot liberté ? A vrai
dire, la plupart d'entre nous ne peuvent revendi-
quer cette liberté que dans une très petite mesure.
En dehors de la servitude — mentionnée plus
haut — que laissent peser sur nous les attractions et les répulsions des objets qui nous entourent, nous sommes encore emprisonnés entre
les limites étroites des sentiers que nos pensées
ont suivis jusqu'à ce jour ; nous sommes enchaînés par nos habitudes — et surtout par nos habitudes de penser — par les qualités acquises
dans nos existences antérieures, ou par l'absence de ces qualités, par nos pouvoirs et nos
faiblesses innés, par notre éducation, notre entourage, par les obligations impérieuses que nous
crée notre stade d'évolution, par notre hérédité physique et enfin par nos traditions natio-
nales ou familiales. Il ne reste donc qu'un

champ restreint à l'exercice de notre Volonté ;
elle se heurte à un passé qui, dans le présent,
s'érige en barrières insurmontables.

A tous les points de vue pratiques, notre volonté
n'est pas libre ; elle est en train de le devenir et
elle ne le sera complètement qu'au jour où le Soi
sera devenu le souverain maître de tous ses véhicules, et pourra s'en servir selon ses besoins,
lorsque chaque véhicule ne sera plus qu'un
simple véhicule répondant docilement à chaque
impulsion du Soi, et aura perdu cette qualité
d'animal fougueux et intraitable, plein de désirs
et d'appétits personnels (1). Lorsque le Soi se sera
élevé au-dessus de l'ignorance et aura vaincu
toutes ces vieilles habitudes, signes de l'ignorance
passée, il sera libre ; et c'est alors que deviendra
clair pour nous le sens de ce paradoxe : « au
service duquel on trouve la liberté parfaite » ;
car nous comprendrons que la séparation
n'existe pas, qu'il n'y a pas de volonté séparée,
que notre volonté, en vertu de notre nature divine, est une partie de la Volonté divine ; que
c'est elle qui, au cours de notre longue Évolution,
nous a donné la force nécessaire pour aller tou-

---

(1) Ceci n'a lieu que lorsque la vie du Soi remplaçant l'essence élémentale qui tend vers le bas, anime la matière de
ses véhicules, c'est-à-dire lorsque la loi de l'Esprit de Vie
prend la place de la loi du péché et de la mort,

jours de l'avant, et que réaliser l'unité de la volonté, c'est réaliser l'unité de la liberté.

C'est en suivant ces idées que beaucoup d'hommes sont arrivés à mettre fin à cette controverse, vieille de siècles, entre les partisans du « libre arbitre » et les déterministes, et tout en reconnaissant la justesse de raisonnement de ces derniers, ont pu conserver et justifier ce sentiment qui demeure au fond du cœur de chacun de nous : « Je suis libre, je ne suis lié par rien. » Cette notion d'une énergie spontanée, d'un pouvoir émanant des profondeurs les plus intimes de notre être, est basée sur l'essence même de la conscience, sur le *moi*, qui est le Soi, ce Soi qui est libre, parce qu'il est divin.

§ 2. — Pourquoi toute cette lutte ?

Lorsqu'on examine le cours de l'Évolution tout entière, et que l'on considère le lent développement de la volonté, on se pose inévitablement cette question : « Pourquoi toute cette lutte, toutes ces difficultés ? Pourquoi toutes ces erreurs, toutes ces chutes ? Pourquoi ce long esclavage avant d'atteindre à la liberté ? Avant de répondre à toutes ces questions, il nous faut prendre une position terme. Pour répondre à une question quelconque, il faut en considérer avant tout les limites, et si la réponse ne s'adapte pas à une deuxième question qui pourrait naître de la première, il ne faut pas en conclure que cette réponse est erronée. La réponse à une question peut être parfaitement juste, sans pour cela qu'il soit nécessaire qu'elle puisse s'appliquer à une nouvelle question, née de la première. Les désappointements qu'éprouvent les étudiants résultent la plupart du temps de leur impatience qui les pousse à s'occuper sans le moindre ordre de toutes les questions qui se pressent en foule dans leur esprit, et exigent une solution immédiate qui, en répondant à une question particulière, s'adapte aussi à toutes les autres questions. On juge ordinairement de la justesse des moyens d'après les résultats qui en découlent. Dans tous les cas, il faut juger de la justesse d'une réponse d'après la facilité avec laquelle elle s'applique à la question posée, et non d'après son impuissance à répondre à une autre question qui pourra naître de la première. Ainsi on admettra que certains moyens d'action, existant dans un univers, sont justes parce que cet univers tend vers un but reconnu, et l'on ne devra certainement pas juger de ces moyens

comme s'ils devaient répondre à cette autre
question :

« Pourquoi y a-t-il un univers ? » Ceci est
une question que l'on peut poser, et à laquelle
on peut très bien répondre ; mais la réponse ne
saurait prouver la validité des moyens employés
dans un univers quelconque pour conduire à un
but vers lequel on peut se rendre compte que
cet univers tend. Et même si l'on nous réplique :
« C'est entendu ; mais pourquoi y a-t-il un univers ? » cela ne saurait être non plus une preuve
de la fausseté de notre réponse à la première
question : « Pourquoi toutes ces erreurs, toutes
ces chutes sur le sentier de l'Évolution ? » Il faut
considérer l'univers comme une chose existante,
un point de départ, et il nous faudra l'étudier
pour découvrir le but, ou l'un des buts vers lesquels il tend. Pourquoi il tend vers ce but, est
une question toute différente, nous l'avons déjà
dit, et une question du plus haut intérêt, mais
c'est d'après ce but, lorsque nous l'aurons découvert, que nous pourrons juger des moyens employés pour y parvenir.

Une étude, même succincte, de la portion de
l'univers dans laquelle nous vivons, nous montre
que l'un des buts de l'univers — sinon son
but unique — est de produire des êtres vivants

d'une intelligence élevée, d'une volonté puissante ;
des êtres capables de prendre une part active à
l'Évolution, et d'aider la nature à réaliser ses
grands desseins. Par une étude plus approfondie,
aidée des écrits de l'antiquité et des pouvoirs intérieurs que nous pouvons développer en nous,
nous nous rendrons compte que notre monde
n'est pas seul, qu'il fait partie d'une série de
mondes ; que, pour évoluer son humanité, il a
reçu l'aide d'êtres plus avancés, provenant d'une
évolution antérieure, et nous verrons que sa
tâche est de produire des êtres capables de venir
en aide à des mondes plus jeunes qui naîtront
dans l'avenir. Nous verrons aussi qu'il existe
une vaste hiérarchie d'êtres surhumains qui dirigent et guident l'évolution, et nous comprendrons que le centre de l'Univers, c'est le Triple
Logos, le Seigneur et Maître du Système ; nous
nous rendrons compte que les produits de
chaque système sont non seulement une vaste
hiérarchie de puissantes Intelligences dont les
rangs décroissent en splendeur à mesure qu'ils
descendent plus bas, mais aussi cette perfection
suprême, le Logos, qui vient couronner ce grand
œuvre. Et cette étude nous dévoilera des horizons
d'une splendeur toujours plus grande, des univers dont chaque système ne serait qu'un simple

monde, et ainsi s'étaleront à nos yeux les gloires
infinies d'une vie toujours plus riche, toujours
plus puissante, d'une vie que rien ne saurait détruire. Et c'est alors que se posera cette question : « Comment ces grands Êtres seront-ils
évolués, ces grands Êtres qui, nés de la poussière
s'élèveront jusqu'aux étoiles, et de ces étoiles,
poussières elles-mêmes de Systèmes plus gran-
dioses encore, jusqu'à d'autres étoiles qui seront
à ce Système ce que la boue de la terre est à notre
soleil ? »

Et, poursuivant ainsi notre étude, il viendra
un moment où notre intelligence sera impuissante à découvrir d'autre sentier que ce sentier
que tous nous foulons en ce moment, le sentier
de la lutte et de l'expérience, par lequel ces Êtres,
maîtres d'eux-mêmes, peuvent atteindre à cet
équilibre parfait, à cette infaillibilité inébranlable dans leur sagesse, qui les rend aptes
à devenir la *nature* d'un Système. S'il existait
un Dieu extra-cosmique, un Dieu dont la nature
serait différente de celle de ce Soi que nous
voyons se développer avec une harmonie et une
certitude inébranlables tout autour de nous,
un Dieu au caractère instable, arbitraire, changeant, irraisonné, alors il pourrait se faire
que de ce chaos sorte tout d'une pièce un être

qu'on pourrait appeler *parfait*, mais qui en réalité serait loin de la perfection, étant limité sous tous les rapports, un être qui, n'ayant aucune expérience derrière lui, n'aurait par conséquent aucune raison, aucun jugement, un être qui pourrait agir *justement*, comme une machine, dans — d'accord avec — un Système quelconque, et répéter comme un automate la série des mouvements fixés pour ce Système. Mais un tel être ne saurait s'adapter qu'à un Système particulier ; en dehors de celui-là il serait absolument inutile et sans le moindre pouvoir. Et la Vie — qui n'est qu'une adaptation toujours variable à des conditions qui changent continuellement — ne pourrait exister dans un tel Système sans que son centre se perde, se désintègre. Les difficultés, dont est semé le Sentier que nous suivons actuellement, nous préparent à toutes les surprises que peuvent nous réserver les univers futurs — et ce résultat vaut bien les quelques souffrances que nous avons à supporter.

Il ne faut pas oublier non plus que si nous sommes ici-bas, c'est parce que nous avons voulu développer nos pouvoirs par les expériences qu'offre la vie sur les plans inférieurs ; il faut se rappeler que nous avons choisi nous-mêmes

notre destinée, sans que personne nous l'ait imposée, et que nous sommes ici en vertu de notre
volonté de vivre ; que si cette volonté ces-
sait de se faire sentir — ce qui, à la vérité, ne
pourrait guère se produire — nous cesserions
de vivre ici-bas, et nous retournerions au séjour
de Paix, sans récolter ce que nous sommes venus
chercher en ce bas monde. « Personne ne nous
y oblige. »

§ 3. — Pouvoir de la Volonté

Ce pouvoir — qui de tous temps a été reconnu
par les occultistes comme l'énergie spirituelle
dans l'homme, une par sa nature avec cette
essence qui a engendré et maintient les mondes
— est de nos jours l'objet d'une étude labo-
rieuse, et beaucoup, dans le monde extérieur,
s'en servent pour ainsi dire inconsciemment pour
arriver à des résultats autrement impossibles à
obtenir. Les écoles de Science chrétienne, de
Science mentale, de Thérapeutique suggestive
doivent leurs succès à ce pouvoir de la volonté.
Les maladies, non pas seulement les désordres
nerveux comme on le croit souvent, cèdent à ce
courant d'énergie. Les désordres d'origine ner-

veuse cèdent naturellement plus facilement parce
que le système nerveux a été créé pour permettre
aux pouvoirs spirituels de se manifester sur le
plan physique. On obtiendra les résultats les
plus rapides en agissant d'abord sur le système
sympathique, car c'est ce système qui est le plus
intimement lié à ces aspects de la volonté qui se
présente à nous sous la forme du désir ; tandis
que le système cérébro-spinal a plus de rapports
avec les aspects connaissance et volonté pure.
La réduction des tumeurs, cancers, etc., et la destruction des causes qui les ont provoqués, ainsi
que la guérison de lésions et de fractures, exigent ordinairement un profond savoir de la part
du praticien. Je dis « ordinairement », car il peut
arriver que la volonté se trouve guidée par une
influence venant d'un plan supérieur, même dans
le cas où les connaissances physiques font défaut, si l'opérateur a atteint un haut degré d'évolution. S'il possède les connaissances nécessaires,
il agira de la façon suivante : il formera d'abord
mentalement une image de l'organe atteint dans
un état de parfaite santé ; il créera cette image
dans la substance du plan mental, à l'aide de son
imagination ; il formera ensuite cette image dans
la matière astrale, la rendant ainsi plus dense ;
puis il emploiera sa force magnétique pour la

densifier encore dans la matière éthérique, et dans cette sorte de moule, il précipitera des matériaux plus denses, gaz, liquides et solides, en se servant des matériaux existant déjà dans le corps du malade, et en empruntant au dehors ceux qui pourraient lui faire défaut. Dans tout ceci, c'est la volonté qui est le pouvoir directeur, et la manipulation de la matière, que ce soit sur ce plan, ou sur des plans élevés n'est qu'une question de savoir. Les guérisons obtenues de cette façon sont exemptes des dangers qui accompagnent les méthodes — plus faciles, et par conséquent plus répandues qui consistent, comme nous l'avons dit plus haut, à agir sur le système sympathique.

Un grand nombre d'ouvrages populaires donnent des méthodes conseillant aux étudiants de concentrer leur pensée sur le plexus solaire et de *vivre sous son influence*. Le système sympathique gouverne les fonctions vitales — cœur, poumons, appareil digestif — et a pour centre principal le plexus solaire. Comme nous l'avons dit plus haut(1), c'est au cours de l'Évolution que l'exercice de ces fonctions vitales est passé sous le contrôle du système sympathique, à mesure que le système cérébro-spinal devenait plus pré-

(1) Voir 1re partie, chap. X, § 1.

pondérant. Chercher à ramener ces fonctions sous le contrôle de la volonté, par la concentration de la pensée, c'est revenir en arrière, au lieu d'avancer, même si l'on arrive, par là, à un certain degré de clairvoyance. Ces méthodes, comme nous l'avons dit, ont un grand nombre d'adhérents dans l'Inde et constituent le système de la Hâtha Yoga ; l'étudiant apprend à contrôler le mouvement du cœur, des poumons, de l'appareil digestif ; il peut arrêter à volonté les battements du cœur, le mouvement des poumons, renverser l'action péristaltique et ainsi de suite. Et lorsqu'il est arrivé là, on se demande : « Qu'a-t-il gagné à ces résultats ? » Il a réussi à ramener sous le contrôle de la volonté des fonctions qui, au cours de l'Evolution, étaient devenues automatiques, au grand avantage de l'individu, et il a reculé d'un pas dans son évolution. Et, à la longue, ceci le mènera certainement à une défaite, même si pendant un certain temps il arrive à des résultats incontestables.

D'ailleurs la concentration de la pensée sur un centre quelconque du système sympathique, et en particulier sur le plexus solaire, constitue un danger physique des plus grands, à moins que l'étudiant ne se trouve sous l'observation directe d'un Maître, et ne soit capable de recevoir

et de rapporter dans son cerveau physique les
instructions qui peuvent lui être données sur les
plans supérieurs. La concentration sur le plexus
solaire peut donner lieu à une maladie d'un
genre particulièrement pernicieux. Elle provoque
une mélancolie profonde, presque impossible à
combattre, donnant lieu à des crises de dépression
terrible, et parfois même à la paralysie. Ce n'est
point là le sentier que doit suivre l'étudiant sérieux qui désire arriver à la connaissance du
Soi. Lorsqu'on a atteint à cette connaissance,
le corps devient un instrument docile, sur
lequel le Soi peut exercer librement son influence ; tout ce que nous avons à faire pour le
moment, c'est de purifier, de raffiner ce corps
afin qu'il soit en harmonie avec les véhicules
supérieurs, et prêt à vibrer d'une façon ryth-
mique, en sympathie avec eux. Le cerveau deviendra ainsi plus responsif, et par la pensée
active et la méditation non pas sur le cerveau
lui-même, mais sur des idées nobles et élevées
— il s'affinera peu à peu par l'exercice et deviendra un organe parfait. En nous exerçant
de cette façon nous suivons le sentier de l'Évolution rapide, tandis qu'en agissant directement
sur les plexus sympathiques, nous revenons en
arrière. Bien des personnes sont venues se

plaindre des douloureux résultats de ces pratiques, demandant à être délivrées de leurs souffrances. Tout ce qu'on peut leur répondre, c'est
qu'il leur faudra des années pour réparer le mal
qui a été fait. Il est certain qu'en revenant en
arrière on peut obtenir rapidement des résultats,
mais il vaut cent fois mieux affronter les difficultés d'une longue ascension, et se servir de
l'instrument physique en partant d'en haut, et
non d'en bas.

Il y a encore un autre point important à considérer, lorsqu'on emploie la volonté pour guérir
les maladies : c'est le risque qu'on court de
transférer la maladie à un corps supérieur en
cherchant à l'éliminer du corps physique. La
maladie physique n'est très souvent que le résultat final d'un mal qui existait auparavant sur
les plans supérieurs, et dans ce cas, il vaut beaucoup mieux laisser ces résultats s'accomplir
d'eux-mêmes, sans chercher à les enrayer de
force, pour les rejeter sur un véhicule plus subtil. Ce n'est souvent que le résultat sur le plan
physique, d'une mauvaise pensée, d'un désir
malsain, et il est préférable d'avoir recours à des
moyens de guérison physiques, moins dangereux
que les moyens mentals, car ils ne peuvent pas,
comme ces derniers, refouler la maladie dans les

plans supérieurs. Le magnétisme curatif ne présente pas ces dangers, car il appartient tout entier au plan physique, et n'importe quelle personne dont les pensées et les désirs sont purs peut s'en servir. Mais dès qu'on fait entrer la volonté en jeu, dans le plan physique, on s'expose à une réaction, et on court le risque de refouler le mal dans les véhicules dont elle provient.

Si cette guérison mentale s'opère par la purification des désirs et des pensées, ces désirs et ces pensées, une fois purifiés, agiront doucement sur le corps physique, et il n'y aura aucun danger à courir, car la seule vraie méthode de thérapeutique mentale consiste à rétablir l'harmonie du corps physique, en favorisant l'harmonie des véhicules mental et astral ; mais cette méthode est moins rapide et certainement beaucoup plus difficile que la guérison par la volonté. Une intelligence saine implique un corps sain et bien portant ; c'est cette idée qui a poussé beaucoup de gens à adopter cette méthode.

L'individu dont le mental est parfaitement pur et équilibré n'engendrera plus de maladies physiques ; toutefois il peut se faire qu'il ait encore quelques dettes karmiques à payer, ou bien qu'il soit obligé de supporter les vibrations discordantes de son entourage. En vérité la pureté et la santé sont indissolublement liées l'une à l'autre. S'il arrive, comme on l'a vu maintes fois, qu'un saint ait à souffrir d'une maladie physique, c'est qu'il paye la dette de ses mauvaises pensées passées, ou qu'il supporte lui-même une partie des souffrances qui naissent du manque d'harmonie du monde, qu'il attire sur lui toute la puissance de ces discordes pour les harmoniser dans ses propres véhicules et les renvoyer au monde sous forme de pensées de paix et de bonne volonté. On s'est souvent étonné de voir que les êtres les plus nobles, les plus purs ont à souffrir physiquement et moralement. Ils souffrent pour les autres et non pour eux-mêmes, ils sont les vrais Magiciens blancs, qui transmuent par l'alchimie spirituelle, en les passant à l'athanor de leur corps physique martyrisé par la souffrance, les vils métaux des passions humaines, et en font l'or pur de l'amour et de la paix.

A part ce qui concerne la façon d'agir sur le corps par la volonté, la question qui se pose après un moment de réflexion est celle-ci : « Est-il vraiment recommandable de nous servir ainsi de la volonté pour notre avantage personnel ? N'est-ce point dégrader le plus grand pouvoir de ce Principe divin qui réside en nous, que de

l'employer ainsi, pour servir notre corps physique et le maintenir en parfaite santé? Est-il
juste que ce Principe divin, en nous, soit obligé
de transformer ainsi des rochers en pain, et de
devenir la victime de cette tentation dont le
Christ triompha? » Que cette histoire soit considérée comme authentique ou simplement comme
un mythe, elle n'en renferme pas moins une
profonde vérité spirituelle, et nous offre un
exemple d'obéissance parfaite à une loi occulte.
La réponse du Christ n'en reste pas moins vraie :
« L'homme ne vit pas de pain seulement, mais
aussi de chaque mot qui sort de la bouche de
Dieu. » Cette loi morale semble surpasser de
beaucoup celle qui oblige le Principe divin à se
mettre au service du corps physique. Un des plus
grands dangers de notre âge, c'est cette adoration
exagérée du corps, qui nous pousse, pour ainsi
dire, à le porter aux nues — réaction inévitable
d'un ascétisme trop rigoureux. En forçant la
volonté à servir le corps, nous la faisons son esclave, et en cherchant continuellement à nous
délivrer de nos petites souffrances, de nos petits
ennuis, en employant pour cela la volonté, nous
finissons par tuer en nous toute endurance. Et
il arrive que les personnes qui agissent ainsi,
s'irritent à la moindre souffrance physique qui

résiste à leur volonté, et le pouvoir supérieur de la volonté, qui contrôle le corps et le soutient même au milieu des pires souffrances est, chez ces personnes, complètement obscurci. Si nous hésitons à employer la volonté pour servir le corps, ce n'est pas parce que nous doutons de la valeur de la pensée qui préside à notre action, ou de la réalité de la loi sur laquelle cette action est basée ; cette hésitation ne saurait naître que de la seule crainte de voir les hommes céder à la tentation de faire de ce pouvoir, qui doit les élever aux plus sublimes hauteurs des mondes spirituels, un simple serviteur du corps physique ; car ils deviendraient ainsi les esclaves de leur corps et se trouveraient complètement désemparés si ce corps venait à leur refuser tout service au moment où ils en auraient le plus besoin.

Il y a une loi en occultisme, une loi qui frappe tous les Initiés sans distinction, qui défend d'user d'aucun pouvoir dans un but personnel ; si l'Initié refuse d'obéir à cette loi, il perd tout pouvoir d'aider les autres, et il serait insensé de sacrifier un tel pouvoir pour satisfaire une envie personnelle. L'histoire du Christ cache un sens plus profond que beaucoup de gens ne le supposent. S'il avait employé ses

pouvoirs occultes pour changer les rochers
en pain, afin de satisfaire sa faim, au lieu
d'attendre avec patience la nourriture que lui
apportaient les Êtres de Splendeur, il n'aurait
pas été capable d'endurer par la suite le sacrifice
mystique de la croix. Cette injure qu'on lui
lança alors à la face renfermait une profonde
vérité occulte : « Il a sauvé les autres et Il ne
peut se sauver Lui-même », Il ne pouvait pas,
pour s'épargner un peu de souffrance, se servir
de ses pouvoirs qui avaient rendu la vue aux
aveugles et guéri les lépreux. Que ceux qui
n'ont en vue que leur salut personnel aban-
donnent la mission divine de Sauveurs du
monde. Car, avec l'Evolution, il leur faudra
choisir une voie ou l'autre. S'ils choisissent la
voie inférieure et mettent les pouvoirs qu'ils ont
au service de leur avantage personnel, et du
bien-être de leur corps, il leur faut abandonner
tout espoir de devenir les rédempteurs de leur
race. L'activité intellectuelle est devenue si intense de nos jours qu'il sera plus que jamais
nécessaire de l'employer à des fins plus nobles.

§ 4. — MAGIE BLANCHE ET MAGIE NOIRE

La magie, c'est la mise en œuvre de la volonté

pour diriger les forces de la nature extérieure, et, comme son nom l'indique, elle est bien vraiment la grande Science. La volonté humaine, le pouvoir du Principe divin qui réside dans l'homme, peut subjuguer et contrôler les forces inférieures de la nature, et produire ainsi les résultats cherchés. Toute la différence entre la magie blanche et la magie noire réside dans le motif qui détermine la direction de la volonté ; lorsque cette volonté a pour but d'aider les autres, de travailler pour le bonheur et le bien-être de tous ceux qui se trouvent dans le champ de son influence, celui qui la met en œuvre est un magicien blanc ; les résultats qu'il provoquera, par la puissance de sa volonté entraînée, auront une influence bienfaisante sur tous, et hâteront le progrès de l'évolution humaine. En exerçant sa volonté dans le but d'aider et de secourir ceux qui l'entourent, le magicien blanc voit son être tout entier s'étendre, s'épanouir ; les barrières qui le séparent de ses semblables disparaissent une à une, et il devient un centre d'où rayonnent au loin la paix et l'amour. Mais si l'homme met cette volonté en œuvre dans un but égoïste, pour satisfaire à des désirs ou des ambitions personnels, et homme devient un magicien noir, un danger

pour sa race ; et les résultats de ses actions
retardent et arrêtent la marche de l'Évolution
humaine. Son être se replie tout entier sur lui-
même ; il se sépare de plus en plus de ses
semblables en s'enfermant lui-même dans une
enveloppe qui l'isole de tout ce qui l'entoure
et que l'exercice de ses pouvoirs rend de jour
en jour plus épaisse et plus dense. La volonté
du magicien est toujours puissante, mais celle
du magicien blanc tient sa puissance du pouvoir de la Vie elle-même ; pliant lorsqu'il le faut,
inflexible lorsque les circonstances l'exigent,
elle s'unit sans cesse à la grande Volonté, la
Loi de l'Univers. La volonté du magicien noir
a la rigidité du fer ; dirigée sans cesse vers un
but égoïste, elle se heurtera tôt ou tard à la
grande Volonté, et tôt ou tard elle s'y brisera
elle-même. C'est le danger que court le magicien noir, danger contre lequel l'étudiant en
occultisme est mis en garde lorsqu'on lui défend
d'user de ses pouvoirs dans un but personnel ;
car, bien qu'un homme ne puisse devenir un
magicien noir que s'il s'insurge délibérément
contre la grande Volonté en lui opposant sa
volonté personnelle, il est bon de bien comprendre l'essence de la magie noire et d'étouffer
le mal à son origine. Comme nous l'avons vu,

le saint qui harmonise en lui-même toutes les
forces antagonistes, est le véritable magicien
blanc ; le magicien noir au contraire met au
service de ses intérêts personnels toute la puissance qu'il a acquise par le savoir, et s'en sert
pour satisfaire son être séparé ; par ses désirs
égoïstes, il vient ajouter à la discorde qui empoi-
sonne le monde, tout en cherchant à conserver
l'harmonie au sein de ses véhicules particuliers.

§ 5. — PAIX

Lorsque le Soi a détourné son attention des
véhicules qu'il occupe, au point que ceux-ci
ne peuvent plus l'influencer ; lorsqu'il peut
s'en servir comme il lui plaît ; lorsque la clarté
de sa vision est devenue parfaite ; lorsque les
véhicules, ne renfermant plus en eux de vie élémentale, mais uniquement la vie qui leur vient
du Soi, ne constituent plus un obstacle à ses
activités, alors la Paix couvre l'homme de ses
ailes, car il est arrivé au but que si longtemps il
a cherché à atteindre. L'homme, uni dès lors
au Soi, ne se confond plus lui-même avec
ses véhicules. Il ne sont plus pour lui que des
instruments, des outils qu'il manie à son gré. Il

a réalisé cette paix qui réside dans le cœur du
Maître, la paix de celui qui contrôle absolument
tous ses véhicules et qui, par conséquent, est
maître de la vie et de la mort. Il recueille en
lui-même tontes les discordes du monde et les
transforme en une parfaite harmonie ; il ressent
la moindre douleur de ceux qui l'entourent,
mais pour lui-même il ne souffre plus, car il
est en dehors, au delà de toute désharmonie,
hors de son atteinte. Et cependant il est toujours là, prêt à se replonger au milieu du tumulte afin d'en ressortir en emmenant avec lui
une âme, sans perdre ce point d'appui, ce roc
inébranlable, qu'est la Divinité, qu'il reconnaît
en pleine conscience comme lui-même. Ces
êtres-là sont des Maîtres, en vérité, et leur paix
se fera sentir dès maintenant, pour quelque
temps au moins, pour tous ceux qui désirent
ardemment suivre le sentier qu'Ils ont parcouru ;
mais qui n'ont pas encore atteint ce point d'appui inébranlable : la conscience de la Divinité
en eux.

Cette union de la volonté séparée avec la
Volonté unique, afin de servir l'humanité, est
pour nous un but cent fois plus désirable que
tous les biens de la terre. Ne pas être séparé
des autres êtres, mais ne faire qu'un avec eux ;

refuser d'atteindre seul la paix et la félicité, et dire avec le Bouddha : « Jamais je ne goûterai seul la paix finale, mais toujours et partout je souffrirai et lutterai jusqu'à ce que tous les hommes y atteignent avec moi » — apothéose de l'humanité. Plus nous sentirons que nos souffrances et nos luttes sont d'autant plus utiles que nous souffrons des douleurs des autres, et non de nos douleurs à nous, plus nous nous rapprocherons de la Divinité, et nous parcourrons « le sentier plus étroit que la lame d'un rasoir » que les grands Êtres ont joulé, et nous comprendrons que la volonté, qui nous a conduit dans le Sentier et qui s'est réalisée elle-même dans notre entrée sur la Voie, est assez puissante pour souffrir encore, pour lutter encore, jusqu'à ce que la souffrance, la lutte aient pris fin pour tous, et que tous nous goûtions la Paix infinie.

Paix à tous les Êtres.

TABLE DES MATIÈRES

ERRATA

Page 5, dans la gravure, lire *Anoupâdaka*, au lieu de *Anupâdaka*.

Page 13, idem.

Page 27, idem, et *Sthoula* au lieu de *Sthula*.

Page 65, idem.

RENSEIGNEMENTS

La Société Théosophique se compose d'étudiants appartenant, ou non, à l'une quelconque des religions ayant cours dans le monde. Tous ses membres ont approuvé, en y entrant, les trois buts qui font son objet ; tous sont unis, par le même désir de supprimer les haines de religion, de grouper les hommes de bonne volonté, quelles que soient leurs opinions, d'étudier les vérités enfouies dans l'obscurité des dogmes, et de faire part du résultat de leurs recherches à tous ceux que ces questions peuvent intéresser. Leur solidarité n'est pas le fruit d'une croyance aveugle, mais d'une commune aspiration vers la vérité qu'ils considèrent, non comme un dogme imposé par l'autorité, mais comme la récompense de l'effort, de la pureté de la vie et du dévouement à un haut idéal. Ils pensent que la foi doit naître de l'étude ou de l'intuition, qu'elle doit s'appuyer sur la raison et non sur la parole de qui que ce soit.

Ils étendent la tolérance à tous, même aux intolérants, estimant que cette vertu est une chose que l'on doit à chacun et non un privilège que l'on peut accorder au petit nombre. Ils ne veulent point punir l'ignorance, mais la détruire. Ils considèrent les religions diverses comme des expressions incomplètes de la Divine Sagesse et, au lieu de les condamner, ils les étudient.

La Théosophie peut être définie comme l'ensemble des vérités qui forment la base de toutes les religions. Elle prouve que nulle de ces vérités ne peut être revendiquée comme propriété exclusive d'une Eglise. Elle offre une philosophie qui rend la vie compréhensible et démontre que la justice et l'amour guident l'évolution du monde. Elle envisage la mort à son véritable point de vue, comme un incident périodique dans une existence sans fin et présente ainsi la vie sous un aspect éminemment grandiose. Elle vient, en réalité, rendre au monde l'antique science perdue, la *Science de l'Ame*, et apprend à l'homme que l'âme, c'est lui-même, tandis que le mental et le corps physique ne sont que ses instruments et ses serviteurs. Elle éclaire les Ecritures sacrées de toutes les religions, en révèle le sens caché et les justifie aux yeux de la raison comme à ceux de l'intuition.

Tous les membres de la Société Théosophique étudient ces vérités, et ceux d'entre eux qui veulent devenir Théosophes au sens véritable du mot, s'efforcent de les vivre.

Toute personne désireuse d'acquérir le savoir, de pratiquer la tolérance et d'atteindre à un haut idéal, est accueillie avec joie comme membre de la Société Théosophique.

SIÈGE DE LA SOCIÉTÉ THÉOSOPHIQUE DE FRANCE

4, *square Rapp, Paris* vıı⁰

SOCIÉTÉ THÉOSOPHIQUE

Quartier Général : Adyar, Madras.

Présidente : ANNIE BESANT

ÉTUDE GRADUÉE
de l'Enseignement Théosophique

EXTRAIT DU CATALOGUE

Ouvrages élémentaires.

ANNIE BESANT. — Une Introduction à la Théosophie 0 50

C. W. LEADBEATER. — Précis de Théosophie . . . 1 25
Dr Th. PASCAL — A. B. C. de la Théosophie . . 0 50
— La Théosophie en quelques chapitres . . . 0 50
AIMÉE BLECH. — A ceux qui souffrent . . . . 1 »

Ouvrages d'instruction générale.

J.-C. CHATTERJI. — La Philosophie ésotérique de
l'Inde . . . . 2 »
ANNIE BESANT. — La Sagesse antique . . . 5 »
A. P. SINNETT. — Le Bouddhisme ésotérique . . 3 50
Dr Th. PASCAL. — Essai sur l'Evolution hu-
maine. 3 50

Ouvrages d'instruction spéciale.

ANNIE BESANT. — La Vie occulte de l'Homme . . 2 »
— La Réincarnation 1 50
— Le Karma . . . . 1 »
— La Généalogie de l'Homme. 2 50
— Le Pouvoir de la Pensée . . . . . . 2 »
— Des religions de l'Inde. . . . . . . 4 »
C. W. LEADBEATER. — Le Plan astral . . . 2 »
— Le Plan mental. . . . . 2 »
— Le Credo chrétien . . . . 2 »
L. REVEL. — Vers la fraternité des Religions. . 3 »
Dr Th. PASCAL. La Sagesse antique à travers les
âges 2 50
H.-P. BLAVATSKY. — Doctrine secrète (6 *volumes*)
Chaque volume . . . . 8 »

Ouvrages d'ordre éthique.

ANNIE BESANT. — Vers le Temple . . . . . 2 »
— Le Sentier du disciple. . . . . . . 2 »
— Les Trois Sentiers . . . . 1 »
H.-P. BLAVATSKY. — La Voix du Silence . . . 1 50
ALCYONE. — Aux Pieds du Maître . . . . 2 »
M. C. — La Lumière sur le Sentier. 1 50
La Bhagavad Gîtâ . . . . 3 »
Neuf Upanishads . . . . 2 »

PUBLICATIONS THÉOSOPHIQUES

81, rue Dareau, Paris. XIV⁰.

CONFÉRENCES ET COURS

SALLE DE LECTURE — BIBLIOTHÈQUE — RÉUNION

Au Siège de la Société : 4, square Rapp, VII⁰.

Le Siège de la Société est ouvert tous les jours de la semaine de 3 à 6 heures. Prière de s'y adresser pour tous renseignements.

www.ingramcontent.com/pod-product-compliance
Lightning Source LLC
Chambersburg PA
CBHW060950280326
41935CB00009B/673